U0555475

有效辩护

案例解析与实务精要

彭 坤 著

中国政法大学出版社

2022・北京

声　明　1. 版权所有，侵权必究。
2. 如有缺页、倒装问题，由出版社负责退换。

图书在版编目（CIP）数据

有效辩护：案例解析与实务精要/彭坤著. —北京：中国政法大学出版社，2022.7
ISBN 978-7-5764-0553-8

Ⅰ.①有…　Ⅱ.①彭…　Ⅲ.①刑事诉讼—辩护—案例—中国　Ⅳ.①D925.210.5

中国版本图书馆CIP数据核字(2022)第134361号

书　名　有效辩护：案例解析与实务精要
YOUXIAO BIANHU：ANLI JIEXI YU SHIWU JINGYAO
出版者　中国政法大学出版社
地　址　北京市海淀区西土城路 25 号
邮　箱　fadapress@163.com
网　址　http://www.cuplpress.com (网络实名：中国政法大学出版社)
电　话　010-58908466(第七编辑部) 010-58908334(邮购部)
承　印　保定市中画美凯印刷有限公司
开　本　720mm×960mm　1/16
印　张　17.75
字　数　290 千字
版　次　2022 年 7 月第 1 版
印　次　2022 年 7 月第 1 次印刷
定　价　88.00 元

循序渐进　开拓进取（代序）

——中国刑辩事业的有效维度之积极探索

近年来，随着我国法治建设的不断深入，律师工作越来越受到党和政府的重视。律师行业积极充分发挥职能作用，广大律师自觉履责、主动作为，深入践行以人民为中心理念，是我国全面推进依法治国的重要力量。

习近平总书记强调，“律师队伍是依法治国的一支重要力量”。这既是对律师价值和地位的肯定，也是对当代律师使命和职责的基本要求。最高司法机关也明确指出，“律师是公检法的朋友”，要重视发挥律师等“社会第三方”作用。广大律师队伍是法律职业共同体的重要组成部分，是司法运行中不可或缺的。特别是在刑事法治的发展和完善中，刑辩律师始终扮演着至关重要的角色，“你办的不是案子，而是别人的人生”，这是对刑辩律师地位和作用的最好写照。

在全面依法治国背景下，如何充分保障律师的辩护权和提高刑事辩护的质量等问题，已经成为衡量刑事辩护制度好与坏之决定性指标。其中，我们理论上关注和探讨已久的有效辩护问题，是指引刑事辩护迈向高质量发展的方向之一。

关于有效辩护，我曾指出，可以由以下方面构成：(1) 合格的律师主体。(2) 充分的庭前工作，基本有六项工作，可以总结为：一是律师的刑事辩护工作要从对簿公堂转向诉讼的协商。二是从非理性的辩护转为理性辩护。三是从低端辩护转向高端辩护，核心是要给委托人提供专业帮助，成为委托人的知心朋友。四是从无罪辩护转向多元辩护。五是从庭上对抗转向庭上与庭下相结合的辩护。六是从对抗性辩护转向合作协商辩护。(3) 诚挚的法庭辩护。

对于我国特色有效辩护制度的建构和完善，不仅需要理论体系的丰富和发展，还需要在实践中探寻真知并予以检验。这是一个系统性工程，不能操之过急。

实践层面的有效辩护，不只是刑事诉讼法规定的有效辩护制度及其相关规定、程序等，还应当包括在诉讼末端具有高质量结果的刑事辩护样态与模式。对“有效辩护”中“有效”之判断，也不能只满足辩护权的行使等形式要求，还要在实质上达到合法、满意与认同的辩护效果。而且，在操作层面，有效辩护应当是可遵循、能评估、好操作的标准体系，是为刑辩律师量身定制的法治手册。

更重要的是，为了实现有效辩护的初衷与效果，必须坚持贯彻与落实好习近平法治思想，坚持中国特色社会主义法治体系与要求，以刑事诉讼制度的全面高质量发展与整体支持为基础，以获得可持续的前进动能。具体地讲：

(1) 对当前司法改革中的前沿问题，要认真研究、调研、总结，使之法制化。主要包括：一是如何把以审判为中心的司法改革进行到底，如何把诉讼证据出示在法庭、案件事实查明在法庭、诉辩意见发表在法庭、裁判结果形成在法庭写进法典。二是认罪认罚从宽制度的完善。现在认罪认罚从宽制度是被“融”在简易程序、速裁程序之中的，能否把认罪认罚从宽制度形成一个完整独立的系统，需要进一步研究。三是刑事诉讼证据规则体系的完善和发展问题。四是刑事合规，即合规不捕、合规不诉、合规从宽能否写入法典，尤其是附条件不起诉的扩大适用。五是纠正冤假错案的救济程序，申诉、再审程序的完善。六是“互联网+”刑事诉讼法，也即刑事诉讼法与科学技术、互联网、区块链结合与发展。

(2) 全面推进刑事诉讼法学研究的高质量发展，坚持走哲理化研究之路，完善刑事诉讼法哲学的研究。其要点为：一是高质量发展是党中央十九届五中全会的决定，已成为今后我们各项事业发展的主题。二是部门法学哲理化研究，经历了近20年的实践，已经总结出成功的经验。三是刑事诉讼法学哲理化的内容包括“四论”，即诉讼认识论、价值论、人本论和实证论。刑事诉讼法学从注释法学转向理性法学或教义法学，是重大的转折。现在，若想从一般的教义转向诉讼认识论、诉讼价值论、诉讼人本论和诉讼实证论，就必须运用法哲学原理，从哲学基础的根本上说明诉讼问题，解决实践中的问题，这是走高质量发展的基本路径。我认为，只有强化哲理思维、联系实际需要，才能在已有研究的基础上，出思路、出观点、有新意，实现刑事诉讼法学的高质量发展。无论是录音录像、律师在场，还是法律真实等观点的出台，都是在法哲学研究基础上作出的创新。

(3) 务必坚守刑事诉讼制度的发展定力，建构全面发展的新纪元。我国刑事诉讼法四十多年来的发展和进步举世瞩目。我国刑事诉讼法的完善和进步，最根本还在于诉讼理念的适时转变。一是坚持“以人为本”的世界观和方法论，把“以人民为中心”“尊重和保障人权”等理念，作为刑事诉讼法修改和完善，以及贯彻实施的基本原则，从“人本主义”法哲学的高度，补短板，强弱项，才能制定现代化的刑事诉讼法。二是对于刑事犯罪的斗争和治理，要从“高压、从重、从快的控制犯罪型”转向“正当法律程序型”，充分认识程序的独立价值，正确处理“实体正义”与“程序正义”的关系，只有坚持程序正义的法律观，才能实现真正的公平正义。三是坚持我国刑事诉讼法发展的“定力”不动摇。所谓“定力”，就是沿着我国刑事诉讼法从“有法可依”到“无罪推定”再到“尊重和保障人权”这一发展的“科学、民主、文明”规律，行稳致远，坚定不移向前走，逐步形成具有中国特色的“诉讼文化”。这不仅是司法机关和辩护律师的任务，还要把这一诉讼文化建设普及到每一位公民。四是坚持与时俱进，紧跟诉讼结构和诉讼模式转型的步伐。四十多年来，我国刑事诉讼法在诉讼模式的转型上，已经做到从“职权主义”转向“职权主义与当事人主义相结合”的模式；诉讼类型从“压制型诉讼”转向“权利型诉讼”。2018 年，《刑事诉讼法》[1]修正，正式确立了认罪认罚从宽制度。这要求刑事诉讼类型必须从“权利型诉讼”转向“协商型诉讼”，促使司法工作人员与当事人从“对抗”走向“合作”，积极建构协商平台和制定协商程序是当前的一项重要任务。五是在司法部门和刑事辩护律师队伍建设方面，要走专业化道路，坚持理性思维。真正优秀的法官、检察官、警察和律师，要依靠自己的办案能力和努力，处理法律世界的难题。只会背诵法律条文，机械地套用法条，不会用理性解决法律问题，那就不是一个完整的法律人。可以说，必须从法律规定迈向理性，才能成为一名真正

〔1〕 为表述方便，本书中涉及的我国法律法规、部门规章直接使用简称，例如《中华人民共和国刑事诉讼法》简称为《刑事诉讼法》，全书统一，不再一一说明。

的法律人。

(4) 根据我国刑事诉讼制度的发展经验和逻辑，应做好以下工作：一是如何在立法和实施中保障司法机关依法独立公正地行使审判权和检察权，解决这一问题必须从立法上明确规定“各级党政机关和领导干部应支持法院、检察院依法独立公正行使职权”的具体制度。二是优化司法职权配置，建立健全和完善公检法各司其职、相互制约和监督的体制机制，并明确规定程序性制裁措施。三是立法要进一步规定和推进以审判为中心的刑事诉讼制度的改革和完善，以确保侦查、审查起诉的案件事实证据经得起法律的检验。四是刑事诉讼法必须建构完善的证据规则体系，主要包括完整地规定刑事证据规则；规定更为详细的收集、固定、保存、审查、判断证据的具体制度和程序；完善证人、鉴定人、侦查人员出庭制度；完善非法证据排除规则。五是建构刑事诉讼中的人权司法保障体系，详细规定诉讼过程中对当事人和其他诉讼参与人知情权、陈述权、辩护辩论权、申请权、申诉权的制度保障，尤其是刑事辩护制度体系的保障性制度和程序。六是建构完备的法律援助制度体系。七是完善对人身自由限制的各种强制措施制度，尤其是关于拘留、逮捕等强制措施的条件的规定，明确在新的历史时期，怎样才能真正做到少捕、慎诉、慎押。八是对诉讼中讯（询）问同步录音录像和律师在场制度的建构。九是建构更为完善的认罪认罚从宽制度。十是刑事案件的质量保障制度体系的建构，尤其是司法责任制的实施措施。

(5) 积极贯彻落实《法律援助法》，开辟刑辩事业的新篇章。应当确立刑事法律援助是我国法律援助制度的基石，确保法律援助立法契合全面推进依法治国的新要求，真正裨益于刑事司法人权保障体系。在现阶段，我国刑事法律援助的发展仍不平衡不充分，集中表现为范围相对有限、地位不鲜明、质量提升有限、保障措施不力等。我国《法律援助法》的颁布意义重大，是贯彻落实党中央关于推进全面依法治国的战略部署，是完善中国特色社会主义法律援助制度的必然要求，是努力让人民群众在每一个司法案件中感受到公平正义的重要举措，是更好地维护公民的合法权益、维护法律的正确实施、维护社会公平正义的基础制度。其中，《法律援助法》积极遵循了充分保障辩护权的立法指导理念，为刑事法律援助制度的进一步发展奠定了更加坚实的基础。在全面实施《法律援助法》的情况下，刑辩律师应当更加积极作为，敢于担当，让有效辩护的实践更上一个台阶。

与此同时，应当努力迈向更理性的专业法律人新时代。因而，律师的辩护工作要“走专业化、知识化、学术化的道路”。譬如，刑辩律师一定要认真学习证据法学，掌握运用证据的能力。对被害人陈述、物证、书证等每个证据应当如何质疑、如何质问，需要进行深入地研究探讨。其中，对于刑辩律师通过出版著作的方式，将办案方法、实践经验分享给同仁、大众，也有助于惠及或者影响律师群体甚至整个法律职业共同体。而且，以案例研究成书，也较生动地构建了理论与实践深度结合的研究方式。通过案例研究总结刑事辩护经验、塑造法律知识结构、构建案件证据标准，将极大地推动学术型、专家型、职业型的律师队伍建设。

本书选自作者所承办的疑难刑事案件，在内容上是按照“案情简介—辩护思路—案件结果—案件评析”的结构进行展开，基本上呈现了一个案例研究所应具备的全部要素。尤其是在辩护思路部分，对于本书的读者而言，不仅有助于快速抓住案件的核心问题，而且有助于总结塑造和培养律师思维、辩护意识的方法。相比之下，理论上对于刑事案例的研究，更侧重发掘案件背后的法理依据和裁判规则，并从中反思诉讼制度的缺陷、证据裁判理论的偏颇。当然，这是基于视角不同所导致的研究方向上的差异。对此，这两者应当是互为有益的补充。从学术研究的素材来看，本书提供了拓展研究视野的新素材、新方法，使读者更能切身体会刑事案件在司法实践中的运作过程。对于刑辩业务而言，刑事案例的法理与裁判研究，会启迪和开阔办案思维，有助于从不同角度切入刑事案件的辩护。

就具体内容来看，本书作者选取的刑事案例涉及经济犯罪、职务犯罪、人身犯罪等类型，都起到了良好的辩护效果，甚至有无罪判决。这让本书可以作为观察、了解和思考有效辩护的一个有益样本。随着我国刑事法治建设水平的提高，刑辩事业将面临更多的辩护机遇和选择。对此，广大刑辩律师应当敏锐把握司法改革的最前沿问题，善于思考和总结。例如，正在开展的企业合规不起诉改革试点，即具有非常广阔的发展前景。在本书的“郑某某被指控诈骗案”中，也对这一问题进行了较为前瞻性的分析，并不乏贴合实践的积极探索。例如，关于“企业刑事合规实务的原理运用”，要区分单位辩护角度的免责思路与个人辩护角度的免责思路，并以刑事合规理论重新解读单位行为、单位罪责。这在实体法上探讨了企业刑事合规的辩护契机。再如，“涉企业犯罪领域的辩护策略”，应确定附条件不起诉与企业合规检察建议等模式，这在程序法上讨论了企业刑事合规的辩护价值。

在本书即将付梓出版之际，经我的弟子孙道萃副教授推荐，作者邀请我作序。为了鼓励和支持持之以恒地积极探索有效辩护的一线刑辩律师，我欣然应允。同时，在翻阅完这本体系完整、内容详实的书稿后，我也特予推介给大家。

最后，祝愿彭坤律师在未来的刑辩事业上，能够一如既往地坚守“奋楫笃行，臻于至善”的准则与要求。与广大的刑辩律师一道，不断谱写我国特色的有效辩护制度及其实践的新篇章，为我国刑事法治建设的伟大征程继续锦上添花。

是为序。

樊崇义

影响中国法治建设进程的百位法学家

中国政法大学国家法律援助研究院名誉院长、教授、博士生导师

中国政法大学诉讼法学研究院名誉院长

北京师范大学“京师首席专家”、刑事法律科学研究院特聘教授

2022 年 3 月 7 日

目 录

第二部分　涉税、走私类案件

第三部分 生产安全类案件

第四部分 危害金融、市场管理等秩序类犯罪案件

第五部分　贪污、贿赂等职务犯罪案件

第六部分 其他类型案件

第一部分

侵犯财产类案件

本部分涉及刑民交叉的问题。根据《刑法》第二百六十六条的规定，诈骗罪是指以非法占有为目的，采用虚构事实或者隐瞒真相的方法，骗取数额较大的公私财物的行为。合同诈骗罪属于特殊诈骗罪，也具备诈骗罪的特点。民事欺诈行为则是指在民事活动中，一方当事人故意以不真实情况为意思表示，使对方陷入错误认识，从而引起一定民事法律关系的不法行为。

司法实践中，区分诈骗罪与民事欺诈，一般应从以下三个方面予以界分。[1]首先是欺骗内容，民事欺诈是个别事实或者局部事实的欺骗，诈骗犯罪则是整体事实或者全部事实的欺骗。其次是欺骗程度，如果行为人采用的欺骗手段达到了使他人产生错误认识并处分财物的程度，则构成诈骗罪；如果行为人虽然采用欺骗手段，但并没有达到使他人无对价交付财物的程度，则可能只构成民事欺诈。最后是欺骗结果，也可以从主观上理解为是否以非法占有为目的。

律师在辩护中要注意运用主客观相统一的刑法原则，紧扣诈骗的构成要件，即在主观上具有非法占有目的，在客观上具有欺诈行为、认识错误、财产处分和财产损失四个要素，而且每前后两个要素之间都具有一种引起与被引起的因果性关系。从事实和证据上打破上述任一环节都可以推翻公诉机关对行为人诈骗的指控。

---

〔1〕 参见中华人民共和国最高人民法院刑事审判庭第一、二、三、四、五庭主办：《刑事审判参考》，法律出版社2021年版，黄金章诈骗案。

曹某某被指控合同诈骗案（无罪）

在所有权保留买卖中以民法理论打破合同诈骗指控的辩护实务

案情简介

本案涉案人员曹某某系山东某经贸公司法定代表人、执行董事、经理，涉嫌合同诈骗罪，系第一被告人。李某，涉嫌合同诈骗罪，系第二被告人。

曹某某于2016年4月13日被某县公安局刑事拘留，因检察院不批准逮捕于同年5月21日被该县公安局取保候审，2016年7月22日被逮捕后一直羁押于该县看守所。彭坤律师、陶海洋律师介入该案后，经一年多坚持不懈的努力，曹某某最终于2020年4月24日被济宁市中级人民法院宣判无罪，于当日释放。

公诉机关指控情况如下：

(1) 2014年9月30日，A煤矿与曹某某所经营的B公司签订煤炭买卖协议，并口头约定由曹某某的合作伙伴李某提供场地存放，2014年10—12月，A煤矿发煤共计3.3万余吨，价值1000余万元。存放地点为四处，包括李某处、张甲处（2893.28吨）、房某两处（10 800吨）。2015年3月2日，曹某某为支付房某的262万元借款（李某提供担保），将在房某处储存的10 800吨煤炭中的9800吨以310万元（合同价格352.8万元）的总价折抵给房某。曹某某一直未支付A煤矿购煤款。

(2) 2014年12月，A煤矿与曹某某达成口头供煤协议，由A煤矿往曹某某指定电厂发煤。A煤矿按照曹某某要求发给淄川、黄屯两地7696.91吨。煤款277万余元被曹某某占有，一直未归还给A煤矿。

公诉机关认为应当以合同诈骗罪追究曹某某、李某的刑事责任。

原审法院经审理认为，被告人曹某某、李某以非法占有为目的，在履行合同过程中，骗取对方当事人财物，数额特别巨大，其行为均已构成合同诈骗罪。该案历经三次判决，两次发回重审裁定，其中三次判决结果均判处曹某某有期徒刑10年。

彭坤律师、陶海洋律师受被告人曹某某的委托，于曹某某第二次提出上诉时介入该案，担任其第二次上诉二审阶段、发回重审一审阶段的辩护人。辩护人认为曹某某不符合合同诈骗罪的构成要件，应宣告无罪。

辩护思路

针对本案检察机关在起诉书中对于曹某某合同诈骗罪的指控，经分析案情、研究卷宗，辩护人认为曹某某应属无罪。从构成要件角度出发，曹某某在与A煤矿签订煤炭买卖合同时，在案证据无法推定其具有非法占有的目的；客观上属于民事违法行为，不应上升为刑事犯罪。

根据双方的煤炭买卖合同，其中特意约定“不打款不发煤”，同时A煤矿指派专人监督、看管这批煤炭，且签订合同当时，曹某某、李某、A煤矿负责人袁某均在场，约定由李某负责安排煤炭的储存地点。根据1999年《合同法》第一百三十三条，标的物的所有权自标的物交付时起转移，但法律另有规定或者当事人另有约定的除外。就本案来讲，依据双方协议，A煤矿运来煤炭，煤炭并未发生物权转移的效果，涉案煤炭仍处于A煤矿的控制、监管之下。此时，曹某某为追回A煤矿的煤炭，经房某联合李某设计签署以煤抵债《证明》，属民事法律关系中的无权处分行为。对于A煤矿客观上造成的经济损失，应通过民事法律途径解决，在本案中，曹某某不构成合同诈骗罪。

本案获得无罪判决的关键在于辩护人以剖析所有权保留买卖合同的结构为切入点的辩护思路。在民法中，处理以物权变动为标的的债务关系时应坚持“物债二分”的分离原则。[1]物权行为是指以物权的得丧变更为直接内容的法律行为；债权行为又称负担行为，是指发生以给付为标的之权利义务关系为内容的法律行为。[2]二者在构成要件和法律效果上相互区别、各有不同。所有权保留买卖合同是以附条件转移所有权为标的的债权债务关系，同时包含物权行为和债权行为。具体而言，一次完整的交易分为三个法律行为：（1）合同行为，双方自由达成合意，签订合同。（2）物权交付行为，合同签订后，出卖方应将煤炭的所有权交付给买方，我国实行动产交付生效主义，不动产

〔1〕 参见朱庆育：《民法总论》，北京大学出版社2016年版，第161页以下。

〔2〕 参见王泽鉴：《民法物权》，北京大学出版社2010年版，第63页。

实行登记生效主义，本案是所有权保留买卖合同，合同明确约定每卖一吨煤必须先将煤款打入A煤矿账户，才能拉煤。在煤款未付之前，A煤矿对涉案煤炭享有完整的所有权，曹某某无权处分，物权交付行为没有发生，因此根本未取得煤炭及收益，原有的物权关系未被打破，新的物权关系未建立，尽管A煤矿损失了1000余万元，但是曹某某在主观上没有骗的主观意识，在客观上没有实施骗的行为，也未获得任何利益，因此责任不在曹某某，依法不构成合同诈骗罪。(3) 债权清偿行为，本案还未进行到这个阶段。

一、曹某某在以煤抵债《证明》上签字属于事后行为、无权处分，合同诈骗罪的犯罪故意不应存在事后的情形

本案中认定曹某某具有非法占有A煤矿9800吨煤炭的主要证据是2015年3月2日曹某某签订的以煤抵债《证明》。根据证据材料显示，房某对煤炭不属于曹某某而属于A煤矿是明知的，A煤矿对于煤炭存放在房某煤场也是明知的，同时曹某某在《证明》上签字前还征得了A煤矿负责人袁某的同意，即涉案财产由被害人占有转为行为人房某占有，曹某某于2015年3月2日签订以煤抵债《证明》属于事后行为、无权处分，将被告人曹某某的事后行为作为犯罪事实指控，不符合“责任与行为同时存在”的法理，合同诈骗罪的犯罪故意不应存在事后的情形。

从各个角度对该《证明》进行分析可知：被房某拉走的煤炭是李某背着曹某某让房某拉走的；李某和房某让曹某某在此《证明》上签字时，房某拉走的大部分煤炭已被其二人合伙出售；曹某某在3.3万余吨煤炭均已失控，并在事前征得A煤矿负责人袁某同意的情况下在房某起草的《证明》上签字，故《证明》并非其真实意思的表示。所以，从民事法律的角度看，曹某某在《证明》上签字的行为应认定为无效法律行为；从刑事法律的角度看，则对其行为依法不应认定为犯罪。

在本案中，没有证据证明曹某某是以非法占有为目的与A煤矿签订了《煤炭买卖协议》。但有充分和确凿的证据证明，曹某某是在A煤矿三万多吨煤炭已全部失控的情况下，为了能收回剩余的两万吨煤炭才在征得A煤矿同意后在《证明》上签字的。A煤矿的煤炭被他人非法侵占在先，曹某某同意以其中一部分无望收回的煤炭抵债在后，这足以证明其在签《证明》之前并没有追求这一结果的直接故意，所以，曹某某依法不构成合同诈骗罪。一审法院因曹某某在《证明》上签字同意以煤抵债给A煤矿造成损失为由认定其构成犯罪，这实际上是一种客观归罪，依法不能成立。

二、一审判决认定曹某某将A煤矿10 800吨煤炭发到房某煤场与在案事实相互矛盾，10 800吨煤炭系房某从李某煤场拉走，绝非曹某某安排将煤炭发至房某煤场

（1）签订煤炭买卖协议书时，曹某某与袁某、李某已约定由A煤矿直接将煤炭发至李某煤场，绝非发至房某煤场。

（2）曹某某安排池某负责往李某煤场发煤事宜，如变更发货地址池某必须经曹某某同意才会发煤。

在A煤矿将煤炭发至李某煤场的整个过程中，曹某某都是要求池某将煤炭发至李某煤场，留的是李某侄子王小某的电话，池某从未向曹某某提过变更收货地址。

（3）案发后当事各方至该县刑警大队说明情况时，房某承认其从李某煤场拉了13 000吨煤炭，刑警大队出具的情况说明可予以证实。

（4）A煤矿出具证明与房某所述相互矛盾，足以证明A煤矿并未将煤炭直接发往房某煤场。

（5）曹某某向房某出具的借条，足以证明A煤矿并未将煤炭直接发往房某煤场。

三、本案中一些最基本的事实在一审判决中未能查清

（1）A煤矿发出的3.3万余吨煤炭最终都被谁接收？

（2）按照协议运费由收货方承担，本案所涉200余万元运费由谁支付？

（3）李某在收到的煤炭中掺入多少煤矸石和劣质煤？

（4）煤炭流向何方，涉案赃款最终流向何方？

四、以程序促实体，通过程序公正实现本案公平正义

一审庭审笔录附随一审判决书送达曹某某，上诉期满后才将庭审笔录交由曹某某签字；第二次发回重审后，又出现了一审法院违反上诉不加刑原则，判决加重曹某某刑罚等严重违反法定程序的行为。

案件结果

本案历经数次回合，二审法院采纳了上诉人及辩护律师的上诉理由、辩护意见，判决撤销原判，宣告上诉人曹某某无罪，并于当日释放。

案件评析

2018年秋天的一个下午，按照约定时间，被告人曹某某的姐姐与一位朋友来到盈科律师事务所，初步交谈后，我了解到被告人的姐姐是内蒙古某大学教授，其担心能否找到满意的律师，遂特意请了一位法学院教授同行帮其把关。深入交谈后，我拿出一个初步的辩护思路（提前研究了判决书），双方当即决定合作。

第一次在看守所会见曹某某，刚开始其即提出一个尖锐的问题，问能否帮助传递信件，如果能传递就签委托书，不能传递就拒绝委托。其在看守所被羁押已久，心急如焚，我告诉他我完全感同身受，但是必须遵守规则，不能要求律师做违法的事情，如果帮他传递了信件，短期是迎合了他，帮助了他，实则是害了他，会见过程虽不能录音但是全程录像，司法机关必然会发现传递信件之事，这明显违法，办案单位可能会以此来掣肘律师，导致律师不敢充分辩护，最终受害的还是当事人。花钱请律师的目的是维护合法权益，获得公正审判，绝不只是为了传递信件等些许小事，况且，传递信件也不起什么作用，当事人明白这个道理后，不再坚持。在我详细阐述辩护思路及观点后，当事人半信半疑地问，这有用吗？有多大把握？很明显其对案件失去了信心，但是其宁愿把牢底坐穿，也不愿认罪。

介入上诉程序后，我及时与二审主审法官沟通，主要说明了以下辩护要点。一次完整的交易分为三个法律行为：（1）合同行为，双方自由达成合意，签订合同。（2）物权交付行为，合同签订后，出卖方应将煤炭的所有权交付给买方，我国实行动产交付生效主义，不动产实行登记生效主义，本案是所有权保留买卖合同，合同明确约定每卖一吨煤必须先将煤款打入A煤矿账户，才能拉煤。在煤款未付之前，A煤矿对涉案煤炭享有完整的所有权，曹某某无权处置，物权交付行为没有发生，所以根本未取得煤炭及收益，原有的物权关系未被打破，新的物权关系未建立，尽管A煤矿损失了1000余万元，但是曹某某没有骗的主观意识，没有实施骗的行为，也未获得任何利益，因此责任不在曹某某，依法不构成合同诈骗罪。（3）债权清偿行为，本案还未进行到这个阶段。主审法官是一位非常认真、有经验的资深法官，为办好这个案件，专门向民事审判庭的法官请教咨询，这也体现了一位资深法官的严谨，令人佩服。民事审判庭法官出具的意见是，本案事实是所有权保留买卖合同，这和我的辩护观点异曲同工，这一理论是本案的灵魂，是解开这个案件的钥匙，最终二审法院裁定撤销原判，发回重审。

发回重审后，被告人要求每月见律师一次，实际上没有必要，就像学习游泳一样，教练不可能一直在水里陪着游，律师把关键问题处理好即可，没必要经常去看守所会见，因为时间确实太紧张，我明确拒绝了继续代理重审程序，案件告一段落。大约半个月后，被告人的姐姐打电话说，“彭律师，我就认可您，如果您不代理这个案件，我就不请律师了”。态度之诚恳，令人动容，恰好当时陶海洋律师在我的办公室，于是我邀请陶律师一起办理这个案件，陶律师的介入壮大了辩护力量，为最终的无罪判决奠定了坚实的基础。

本案的实质问题还是诈骗类犯罪案件与经济纠纷的区别，尤其是在被害人受到巨额经济损失时，办案机关很容易会客观归罪。因此辩护人在处理此类案件时一定要运用主客观相统一的刑法原理指导辩护思路。

首先，是否具有非法占有的目的是区分诈骗类犯罪行为与民事违法行为的重要依据。认定是否具有非法占有的目的，既要避免单纯根据损失结果客观归罪，也不能仅凭被告人自己的陈述，运用推定的方法加以认定。运用推定必须是在有证据证明基础事实的前提下，运用逻辑和经验法则，推断行为人主观的目的。具体到本案，一审法院以曹某某在《证明》上签字同意以煤抵债从而给A煤矿公司造成经济损失为由认定其构成犯罪，这实际上是一种客观归罪。在办理该类案件时应避免单纯以客观结果入罪，必须审慎运用推定，准确判断行为人的主观目的。“外行看热闹，内行看门道。”本案难度大，各种法律关系极其复杂，无论是辩护方案的制订、证据的收集，还是对案外因素的把握、应对，都会对结果产生致命的影响。我们组建了最强刑辩团队，共同努力，为最终的无罪判决提供了坚不可摧的法律保障，有理、有据、有节地维护了当事人的合法权益。

其次，在客观上区分诈骗罪的欺骗与民事欺诈的本质在于，行为人具有主观恶意的欺诈剥夺了被害人处分财产的意思自由以至于被害人丧失了获得合法救济的机会。根据《民法典》相关规定，民事欺诈的利益受损方拥有确认合同无效的诉权和获得损害赔偿的请求权，即使欺诈方拒绝履行债务或者去向不明，利益受损方依据法院生效判决依然可以强制执行欺诈方的财产从而填平损害或至少有获得赔偿的公权力保障。与之形成鲜明对照的是，在刑事诈骗中，由于巨大的信息落差和诈骗者高明的骗术，被害人不仅在事中无法意识到自己被骗的事实，在事后也无从找到诈骗者的任何蛛丝马迹。因此，在客观上区分民事欺诈与刑事诈骗有三个关键点。其一，双方是否有真实的债务关系？其二，双方的权利义务关系是否对等？其三，债务人是否有履行债务的意愿和能力？通常，一个以非法占有被害人财物为目的的犯罪骗局从一开始就不存在正常的民事交易，犯罪人的欺诈行为直接指向决定被害人处分财物的基础事项，从而不具有民事欺诈中“矫饰细节”之类能够被生活允许的社会相当性。因此，只要辩护人从上述三个方面入手，寻找被告人意图从事正常交易或者尝试积极履行合同义务的证据，就能在构成要件层面打破检方对被告人的诈骗指控，进而收获一纸宝贵的无罪判决书。

人最深刻的需求是自由。刑事案件无小事，每个案件都牵涉个人的自由甚至生命，刑辩律师所有的努力都是为了避免造成冤案、错案，毕竟一念天堂，一念地狱，数十载的牢狱是每个生命的不堪承受之重。作为一起历时四年，经六次审判，两次发回重审，三次上诉，且之前的判决均为十年以上，最终改判无罪的刑事案件，对当事人来讲，四年的牢狱之灾，几乎失去了一切！人生遭到毁灭性打击，其中的煎熬、所受的灾难很难用语言描述，斑斑血泪更能印证这份无罪判决对其人生的伟大意义！

承办律师：彭　坤　陶海洋

郑某某被指控诈骗案（一审全案无罪）

在跨境电信诈骗中从企业合规角度寻找责任阻却事由的辩护实务

案情简介

山西省五寨县公安局自2020年3月起，先后接到8起网贷诈骗报案，受害人通过网络支付被骗金额共计60.39万元。办案机关在侦查过程中发现其资金流向有9万元最终进入云南省西双版纳某贸易进出口公司法定代表人郑某某、主营业务员方某某的账户，并被财务人员金某某取现。郑某某等三人因涉嫌诈骗罪，于2020年4月13日被五寨县公安局决定刑事拘留，5月20日被批捕。山西省五寨县人民检察院以五检一部刑诉（2020）33号起诉书指控被告人郑某某、方某某、金某某犯诈骗罪，向山西省五寨县人民法院提起公诉。

辩护思路

接受委托后，我们的第一感觉是涉案金额在总交易额中占比极小，故从这一反常情形入手，并还原了案情原貌，渐次形成了“发现疑点—找出症结—克服障碍—切入辩点”这一办案逻辑路线。实操过程远比描述复杂许多，需要辩护律师不断切换视角、延伸因果关系脉络、处理复杂的信息流、分步逐段地纠错修偏、综合全案分析论证。下面笔者将展示这一辩护逻辑链路的形成过程。

我在接受委托后，首先从该公司对缅甸外贸交易额入手。该企业拥有雄厚的资金和丰富的贸易资源，每年对缅甸交易额达到数亿元，而涉嫌诈骗的数额仅仅9万元，该比例仅为总资金流入量的千分之一。对于公司的法定代表人郑某某及主营业务员方某某而言，极小的收益与极大的刑事风险明显不成比例。如果构成犯罪，那么其犯罪动机是什么？退一步讲，即使构成单位犯罪，那么企业也会因为这极少的违法所得面临极为严重的后果，收益和风险完全不成正比——对这样规模的企业来讲，罚金完全不是问题，但若信誉受损或者特许经营资格被取消，那就意味着企业的发展将被迫终结。我们在会见中能够清晰地感受到，涉案人对赃款进入其公司账户内持强烈的反对态度。

据此，我们一方面对该公司的国内贸易和出口情况进行了解，另一方面对中缅交易背景问题给予特别关注。笔者从侧面了解到：缅甸政局不稳，货币汇率波动较大，有时会严重贬值，而且贬值幅度往往高达两位数，而缅甸惯用的美元等国际货币近来也出现贬值的情况。特别是在 2020 年，美元指数下跌了 6.7%；而人民币全年涨幅达 7%，人民币结算已经成为两国边贸结算的主要方式。同时中缅边境严峻的电信诈骗现状也是办理该案必须面对的问题。我们经常会在媒体中看到缅甸境内各种花样翻新的诈骗手段，被害人往往是中国公民。在人民币广泛作为结算手段的大背景及严峻的电信诈骗防控形势下，笔者推断云南省金融部门、公安部门必定会出台各种防控、治理措施。据此判断：如果公司在中缅贸易过程中的所有交易行为是在对缅边贸政策、规定框架下完成的，那么企业合规就成为无刑事责任的抗辩事由。

会见时了解到的具体情况印证了笔者的判断。虽然涉案人受认知的局限只能从该地域的行业规则、交易习惯等生活经验阐述其公司边贸行为的正当性，但笔者顺着该重要线索找到了行业规则、交易习惯背后的国家层面的政策和法律支撑，这成为扭转局面的关键。经调研发现，我国基于缅甸金融机构不健全、无法对我国出口单位直接结汇付款的现状，允许缅方商户或缅方商户委托的第三方把人民币汇入国内出口单位法定代表人的个人账户，再从法定代表人个人账户取现存入缅方商户在中国境内设立的 NRA 账户[1]，最后再与国内出口单位进行结汇付款。至此，行业规则、交易习惯对应的法律规范为无责任抗辩提供了有力的支撑。

鉴于该公司是完全按照中缅外贸政策和法律规定进行交易的，这就从根本上解决了本案辩护的障碍。既然国家允许缅甸个人及其委托的其他个人将人民币汇入我国境内出口单位法定代表人的个人账户，这就意味着客观上根本无法避免赃款混入外贸公司账户。实际上，该公司一直想方设法反对赃款

〔1〕 Non-Resident Account 的简称，中文全称为“境外机构境内外汇账户”，是指境外机构按规定在境内银行开立的境内外汇账户。

流入其公司账户，因为客观因素赃款无法识别。这种情况下，行为人的合规事由就是犯罪的阻却事由。但企业合规在我国刑法领域并没有相应的免责机制，立法更没有将合规引入刑事诉讼程序之中，该涉案地域也没有列入企业刑事合规试点范围。所以辩护律师需要按照合规逻辑向深层延伸，从实体辩护的犯罪构成要件切入，把是否具有主观犯意作为核心，并围绕这个“核心”析理论证。

一、郑某某不具有犯诈骗罪或掩饰、隐瞒犯罪所得罪的主观故意

（1）本案被告人郑某某不构成诈骗罪。根据《最高人民法院、最高人民检察院关于办理诈骗刑事案件具体应用法律若干问题的解释》第七条、《最高人民法院、最高人民检察院、公安部关于办理电信网络诈骗等刑事案件适用法律若干问题的意见》第四条第三项，只有明知他人实施诈骗，帮助他人转移诈骗犯罪所得及其产生的收益，套现、取现的，才有可能构成诈骗罪的共犯。本案没有任何证据证明郑某某事先知道所谓的 9 万元赃款来自他人诈骗所得，郑某某是在被抓获后、在警方的提示下才意识到这 9 万元可能是由他人诈骗或赌博而来。

（2）本案被告人郑某某也不构成掩饰、隐瞒犯罪所得罪。根据本案犯罪嫌疑人郑某某和方某某的多次供述，自 2017 年云南省西双版纳某贸易进出口公司账户被河南焦作警方冻结后，他们曾多次要求缅方商户杨某菊在委托第三方支付货款时加强审查、确保货款来源合法。从二人的供述来看，他们没有掩饰、隐瞒犯罪所得的主观故意；从他们接受货款的行为方式来看，完全符合当地对缅贸易惯例和规定，不符合《最高人民法院、最高人民检察院、公安部关于办理电信网络诈骗等刑事案件适用法律若干问题的意见》第三条第五项及《最高人民法院关于审理洗钱等刑事案件具体应用法律若干问题的解释》第一条第二款所列举的任何一种可以推定行为人有掩饰、隐瞒犯罪所得主观故意的行为。从犯罪动机上分析，该公司每年合法贸易额达数亿元，涉案人不仅坚决反对而且完全没有必要在没有任何额外收益的情况下去掩饰、隐瞒区区 9 万元的所谓犯罪所得，让自己遭受巨大的刑事风险，这对公司来讲也是得不偿失。从其事后态度来看，某贸易进出口公司对因无法识别而流入该公司的 9 万元赃款愿意积极退还，表明其对于该笔款项不具有侵占的意图。

二、郑某某在没有犯罪故意的情况下，却造成极少数犯罪所得流入某贸易进出口公司的客观后果，是由国家认可的但尚不健全的对缅贸易制度造成的

由于缅甸金融机构不健全，无法对我国境内出口单位直接结汇付款，国家允许缅方商户或缅方商户委托的第三方把人民币汇入我国境内出口单位法定代表人个人账户，再从法定代表人个人账户取现存入缅方商户在中国境内设立的 NRA 账户，最后再与国内出口单位进行结汇付款。国家允许缅甸个人或委托其他个人将人民币汇入境内出口单位法定代表人个人账户，公司没有能力鉴别哪一笔是赃款，这就意味着在客观上无法绝对避免赃款混入外贸公司账户。本辩护人在办案中了解到，整个生存下来的云南对缅贸易公司有 200 多家，而且全部被司法机关冻结过账户，目前已有超过 80%的账户解封，足以说明这一客观情况。与此同时，为避免各地公安机关因对法律理解偏差，造成错误冻结，影响云南经济发展，云南省政府和省公安厅高度重视，已将此事反映到公安部，目前，云南对缅边贸公司被冻结资金的情况已大幅减少。

根据郑某某知道某贸易进出口公司的账户曾在 2017 年因有不法资金流入而被河南焦作警方冻结这一事实，侦查机关就此推定郑某某对本次 9 万元诈骗资金的流入具有犯罪故意。辩护人认为侦查机关的这一推定是不能成立的。过往经历只能推理出郑某某知道以后可能还会有类似情况发生，而不能推出郑某某对以后类似情况的发生持希望或放任态度。恰恰相反，郑某某显然对类似情况的发生持反对态度，只是因客观原因无法完全预防此类事件的再次发生，除非彻底放弃对缅边贸业务。该公司每年对缅贸易业务额达数亿元，可能混入的赃款不到 10 万元，彻底放弃对缅贸易业务是不可取的。行为人如果对于赃款混入进出口贸易公司账户持希望或放任态度的，可以依法追究刑事责任；如果对此持反对态度，已经采取力所能及的防范措施、仍不能完全阻止的，且案发后积极配合司法机关退赃的，显然不能作为犯罪处理。

三、前面是从行为人对赃款流入外贸公司的主观态度区分罪与非罪，辩护人继而从行为人对赃款的认知程度区分刑事责任与行政责任

郑某某在接受汇款时，无法识别里面是否有赃款以及哪些钱是赃款，因而无法得出郑某某明知是 9 万元诈骗赃款而接受的结论；过往被冻结的经历只能说明后面有赃款再次混入的风险和嫌疑而不能直接推出行为人具有主观故意。依据《治安管理处罚法》第五十九条之规定，收购有赃物嫌疑的物品，可处罚款或者拘留。该法较掩饰、隐瞒犯罪所得罪对行为人主观故意的认定标准不同，只要接受的财物有赃物的嫌疑即可，而掩饰、隐瞒犯罪所得罪要求对所接受的财物必须明知是赃物。因此，从郑某某、袁某某对所接受资金的认知程度来看根本达不到受刑事处罚的程度。

如果说对郑某某和方某某的错误刑事追究是对法律理解存在偏差造成的，那么对金某某的错误刑事追究的原因恐怕超出"偏差"的范畴。金某某只是听说过公司账户在2017年被冻结，至于被冻结的原因并不清楚。事实上，公司账户被冻结不仅由于赃款流入，还有可能因为欠债被法院冻结合法资产。因此，据此推定金某某具有犯罪故意在逻辑上有重大漏洞并且不符合刑事诉讼"排除一切合理怀疑"的证明标准。

案件结果

山西省五寨县人民法院（2020）晋0928刑初53号刑事裁定书载明："本院认为，五寨县人民检察院的撤诉要求符合法律规定。依照《最高人民法院关于适用〈中华人民共和国刑事诉讼法〉的解释》第二百四十二条之规定，裁定如下：准许五寨县人民检察院撤诉。"

案件评析

笔者在辩护过程中虽然将企业以及内部人员的合规事由作为出罪的责任阻却事由，但企业合规在我国刑法领域并没有相应的免责机制，更没有将合规引入刑事诉讼程序之中，且该案件当时没有在企业刑事合规试点区域内。故本案中，辩护律师只能做变相的处理，即从企业及员工合规逻辑链延伸至犯罪构成要件中的主观犯意。下面将阐释一些个人的见解和体会，希望有助于律师在办理涉企业刑事案件辩护实务中打开思路。

一、企业刑事合规的司法现状和未来发展趋势

近两年，受新冠肺炎疫情影响，在中美贸易冲突、构建国际国内经济双循环格局的大背景下，为发挥企业作为市场主体的积极作用，争取国际竞争优势，保障总体经济稳步、健康发展，国家司法机关不断更新司法理念，推出针对企业的建设性意见和措施。2020年3月，最高人民检察院在两会工作报告中明确提出，积极、稳慎试点，对民营企业负责人涉经营类犯罪，依法

能不捕的不捕、能不诉的不诉、能不判实刑的提出适用缓刑建议。并确定在上海浦东、金山，江苏张家港，山东郯城，广东深圳南山、宝安6家基层人民检察院试点开展“企业犯罪相对不诉适用机制改革”，对犯罪企业探索适用合规不起诉制度。2020年12月，最高人民检察院召开企业合规试点工作座谈会，张军检察长强调：“要加强理论研究，深化实践探索，稳慎有序扩大试点范围，以检察履职助力构建有中国特色的企业合规制度。”作为刑辩律师，要想更好地维护委托人的利益，务必要放宽眼界、善于捕捉信号，这样刑事辩护的专业化脚步才能更加坚实。就企业合规而言，笔者在这里断言，随着经济双循环格局的构建，为了发挥民营企业在国家体系内的积极作用并使民营企业更好地参与国际竞争，司法工作为整个经济构建和社会稳定保驾护航已成必然趋势。从目前的总体形势来看，2021年6月3日，最高人民检察院已会同财政部、司法部等八部门联合印发了《关于建立涉案企业合规第三方监督评估机制的指导意见（试行）》以及企业合规改革试点典型案例，中央正有力指导着全国各地开展的企业刑事合规试点工作。笔者预判，在不久的将来，企业合规将成为全新的辩护角度、空间甚至领域，企业刑事合规必然会像认罪认罚制度那样进入刑法和刑事诉讼法领域。

二、辩护律师对于企业刑事合规实务的原理运用

刑事辩护的最后落脚点是责任问题，对于辩护律师来讲，办理涉企业主管人员犯罪，务必要厘清到底是个人责任还是单位责任，要充分考虑单位和个人的义务是什么，从这个基点出发在法律框架内找寻免责出路。我们有以下两种可以采取的辩护思路。

（1）站在单位角度确定免责思路。从刑事合规的维度来讲，企业有义务识别可能遇到的内外刑事风险也有义务配合外部行政监管（若达到严重程度或具备附加要件可构成法定犯）。刑事合规就是要把这些外部义务要求〔1〕内化成公司管理规章并嵌入员工工作流程之中，形成科学严谨的合规管理制度，制订有效的合规计划，从而降低刑事风险和避免实施犯罪行为。如果做到了

〔1〕具体为法律法规、监管规定、行业准则、企业章程、规章制度以及国际条约、规则等方面的要求。

就是合规，否则就需要承担责任。我国“合规无罪抗辩第一案”[1]中，雀巢公司就将雀巢合规章程作为书证提交给兰州市中级人民法院，作为已建立合规管理体系的证据，实现了责任的切割。

（2）从个人的辩护角度确定免责思路。我国对待单位犯罪采取的是双罚制，处罚力度比照个人犯罪在量刑上大幅降低。于辩护律师而言，从单位犯罪的角度去辩护是常规模式，但若出现单位极力切割责任的局面，辩护律师就要特别注意，需从以下两个角度去对照、研判。

第一种辩护角度比较直接，即从犯罪是否以单位的名义、为单位的利益、体现单位的集体意志等角度去分析。如果全部符合，那么相应主管、员工及关联人员不构成个人犯罪而构成单位犯罪，相关人员的刑罚将大幅减轻。这一点显而易见，不再赘述。

第二种情况相对特殊，即某一犯罪行为不是单位集体决定的，没有经过集体讨论和决议，也不是集体授意实施的，而仅是企业某一员工、某一高管或某一关联人所实施的。如果辩护律师要向单位犯罪角度贴靠，就可以从企业合规的角度分析该问题，可以灵活运用以下两个原则阐述构成单位犯罪的理由（站在单位的角度进行辩护，也可以运用这两个原则进行免责的反向论证）。

一是“集体意志原则”。一个单位要构成犯罪，特别是由内部员工、代理人实施的犯罪，要将其归责于单位就必须要有犯罪意志。而企业意志集中体现于企业发布的文件和管理规章制度。如果企业没有制定合规体系，比如没有制定合规章程、不建立合规防控构架、没有合规的管理流程、没有员工行为手册，而是放任自己的员工、代理商或第三方犯罪，就说明企业存在明显的失职或者过错，应当为员工、高管或其他关联人员的行为承担责任。在这一问题上，我国刑法已经确立了拒不履行信息网络安全管理义务罪，这就属于企业因不实施合规管理义务而承担失职责任的典型例证。

二是“严格责任原则”。合规是对义务的履行，这种义务不是任意性义务，而是一种强制性义务，这种强制性义务包括必须作出一定的行为或者禁止作出一定的行为，如果违反了相关的义务，就得承担一定的法律责任。企

[1] 雀巢公司员工侵犯公民个人信息案，详见兰州市中级人民法院（2017）甘01刑终89号刑事裁定书。

业员工只要实施了犯罪，而企业不建立合规体系的，企业就应当承担无过错责任。我国刑法没有相关的规定，但我国2017年《反不正当竞争法》第七条已引入了连带责任，规定员工只要有商业贿赂的，企业承担行政行为，但企业能够证明自己有合规的除外。

三、对涉企业犯罪领域的辩护策略选择应着眼于整个办案阶段

企业刑事合规辩护如果得到无罪判决自然是最好的结果，但刑事案件极低的无罪率让我们清醒地意识到，即使抓住了企业刑事合规这个重要发力点，距离无罪判决仍路途遥远。对此陈瑞华教授有个形象的比喻："一旦刑事侦查程序启动，案件就像一列在铁轨上奔驰的列车，会一直冲向定罪的终点，而没有强大的外部干预力量，要使列车中途停车，可能是非常困难的事情。"〔1〕而这个外部干预的力量就是律师的辩护，在这里笔者按照全阶段辩护理念，把辩护阶段渐次前移，按从后至前的序列做以分享。

第一个辩护策略，庭审中进行直接的无罪辩护。将主要的精力放在庭审上，即期望法庭辩护成为使天平倾斜的最后一克砝码。这样做有利有弊，有利的方面自不必说，关键是不利方面。无罪辩护在实践中是异常困难的，因为这是对办案机关工作的完全否定，而直接将辩护律师与刑事追诉机关置于完全对立的状态，会招致追诉机关的强烈反对，如若辩护方向错误，无疑会给委托人造成巨大的利益损失。我始终认为，刑事辩护要把对辩护效果的追求置于首位，且涉企刑事案件触及的很多罪名都是"休眠"条款，动辄就是所谓的域内"大案、要案"，如果贸然进行无罪辩护，结果却是顶格判罚，这样的效果不但没有说服力而且还要面对指责。

第二个辩护策略，符合相对不起诉条件的辩护。即将辩护重心前移至审查起诉阶段，说服检察机关将企业内部合规系统的有效性、健全性作为审查起诉的重要考量情节，突出该酌定情节，辩护律师从犯罪情节轻微入手，对具有刑法总则、分则及司法解释规定的免除处罚情节，或即使没有法定免除处罚情节但能够从犯罪手段、危害后果、犯罪动机等方面综合案件事实情节和犯罪嫌疑人表现，证明犯罪嫌疑人主观恶性较小、社会危害性和危险性不大，属于犯罪情节轻微不需要判处刑罚的情形，进而推动检方作出不起诉决

〔1〕 参见陈瑞华：《企业合规基本理论》，北京大学出版社2021年版，第4页。

定。而一旦检察机关作出不起诉的决定，从法律意义上讲被决定不起诉的人是作为无罪处理的，这与实际宣告无罪在效果上等值。

第三个辩护策略，争取附条件不起诉的辩护。目前，最高人民检察院正创新开展涉案企业的合规改革试点，主要是在落实“少捕慎诉慎押”的刑事司法政策，避免出现“办了一个案子，搞垮一个企业”的情况，进而防止出现影响社会正常运行的“水漾效应”等次生危害。对于最高人民检察院正在尝试推行的“企业合规不起诉”改革方案，辩护律师可以尝试从“企业犯罪附条件不起诉”角度切入，即在检察机关审查起诉时建议检察机关根据涉罪企业及关联犯罪嫌疑人的犯罪情节和性质、认罪认罚情况、企业刑事合规建设意愿等因素，与符合适用条件的企业签订协议并启动刑事合规监管程序，责令企业在指定期限内履行协议约定的义务，以此换取检察机关作出不起诉决定。2020 年 3 月，最高人民检察院启动了企业合规监管试点工作，并确定上海市浦东新区和金山区人民检察院、广东省深圳市南山区和宝安区人民检察院、江苏省张家港市人民检察院、山东省郯城县人民检察院为试点单位，一定程度上标志着合规不起诉制度改革在中国正式拉开帷幕，对于刑辩律师来讲这无疑是很好的尝试。目前，在试点区域内，合规不起诉制度可以适用于可能判处三年有期徒刑以下刑罚的涉企轻微刑事案件，对于依法应当被判处三年以上十年以下有期徒刑的涉企刑事案件责任人员也在初步的探索中，而涉企刑事案件诸多“休眠”条款的法定刑就在这个范围之内。

第四个辩护策略，促成检方出具“企业合规检察建议”。“企业合规检察建议”也是目前的试点之一，与“附条件不起诉”多有交集，但较之“附条件不起诉”适用条件更加广泛，尤其在时间节点上更具延展性，可以划分为审查逮捕环节、审查起诉过程、不起诉决定时以及提起公诉后的企业合规检察建议几种样态。在时间上贯穿整个办案过程，可以针对不同阶段的工作侧重作出实质意义上的辩护前移。笔者想特别强调的是逮捕环节，我们律师如果在审查批捕前提出有说服力的法律意见书并说明企业愿意积极履行合规义务，说服检察机关作出“企业合规检察建议”同时作出不批捕决定，这意味着刑事辩护取得了实效，实现了委托人合法利益最大化。我们常年深耕于刑辩领域，都明白批捕与否将直接影响侦查程序乃至整个刑事诉讼的最终走向，“十捕九诉”这句话就是对长期办案经验的凝练，把批捕与否比喻成定罪量刑的方向标也毫不违和。辩护律师若能在该阶段促成不批捕决定的作出，侦查机关通常会变更强制措施、作出变更为取保候审的决定甚至极有可能作出撤销案件的决定；即便被移送审查起诉，检察机关也可能作出不起诉决定；即便检察机关提起公诉，法院通常也会作出适用缓刑或者定罪免刑的裁决，这样的结果就相当于把有罪判决挡在门外。

四、辩护律师对涉企业刑事合规辩护的注意事项

笔者在长期的刑辩实践中感到，企业家之所以能够成功，在于其有丰富的学识、过人的智慧以及市场搏击的冒险精神，然而这种冒险精神难免有追求违法利益的驱动，这也是企业家与律师的区别所在——企业家为追逐利润，往往不顾及现有的规则，总想着突破规则，一个劲往前冲；律师则趋于保守，总想说服别人遵守规则。两种不同的思维都符合各自的职业利益，而中国的企业家往往是一只脚在市场，另一只脚在看守所的大门内，风险之大，只有经历过才明白其中的利害。人们的法治意识在逐步提高，我们的营商环境确实越来越好，法治越来越健全，市场经济说到底是法治经济，作为企业家必须合理规避刑事风险，建立不违法的企业内控制度，为企业的长久发展保驾护航。这一点对中小企业尤其重要，很多企业在初始阶段，往往不够重视，待企业壮大后因为自己不够重视而使企业遭受重大损失，轻者损失财物，重者面临牢狱之灾。大量的经验、教训告诉我们，有些风险是完全可控的或者是可以合理规避的，笔者在此呼吁企业家要重视刑事风险防控，有如消防一样，重在预防，把风险控制在摇篮里，一旦“有事”，损失将无法弥补，甚至只能听天由命，所以时时都要有刑事风险防控意识。

（1）对待涉企刑事辩护不要寻求权力的救济途径更不能影响法律实施。笔者有一个最大的感触，有时企业和实际控制人对司法环境存在误读、误判，仍然以固化的市场思维去理解刑事问题。在接受企业及相关人员的委托、辩护过程中，他们往往会要求或者变相要求律师找公权力资源、寻求公权力挂靠，寄希望于公权力和其他外围因素对案件结果产生影响。我们刑辩律师可以从保护企业、企业家的角度进行辩护，但是绝不能从该角度去寻求权力寻租，这是我们的“红线”也是“底线”。随着我国反腐工作的深入，承办人对案件的终身负责制和干预办案记录制度已全面铺开，司法环境越来越好，办案以外的工作人员对于案件信息唯恐避之不及，何谈干预？刑辩律师一定要有鲜明的办案态度，要明确除法律本身作为救济手段之外再无其他，若还

不行就一定要直接拒绝委托、毫不迟疑。

（2）要有清醒的意识做好涉企辩护的自身风险防控。企业刑事合规问题很大程度上是利用形式上的合法、合规，进行实质上免责的操作，但在司法实践领域，司法机关是以是否具有社会危害性为判断标准的，即使一个行为表面合法，如若有严重的社会危害性也非常容易被追诉，很容易“类推”解释或者被“兜底条款”列入犯罪之中。企业和实际控制人一旦认为自己有了合规这根“救命稻草”，更愿意把这种具有免责功能的“事前防控”手段异化为“事后补救”措施，往往会要求相关人员以伪造的“事前防控”提出免责要求，很可能借助律师的专业实现其非法目的。以这种规避处罚的态度对待严肃的刑事问题，会给侦查机关造成巨大的干扰和障碍，这种“抖机灵”和“耍聪明”不但不能影响整个案件走向，而且会引起办案机关的“格外关注”，辩护律师也往往会陷入无法辩驳的困境。须知在实际的控辩对抗中，基本没有书本上罪与非罪的理想范式，却有办案实务中非黑即白的主观推定，刑辩律师距离“红线”和“底线”越近，也就越容易面临危险。

承办律师：吴桂阳　彭　坤　刘　静　于建新　杨文俊

冯某被指控诈骗案（无罪释放）

“一物二押”借贷纠纷中抵押权可以实现而不构成诈骗罪的辩护实务

案情简介

被告人冯某，2015年3月11日因涉嫌诈骗罪被刑事拘留，同年4月17日被逮捕。

公安机关认定冯某涉嫌诈骗罪。

D市公安局E区分局经侦查认定，冯某明知自己名下的陕A05×××劳斯莱斯轿车已于2013年4月18日作为抵押物在某银行贷款330万元的事实，经陈某担保又用该劳斯莱斯轿车和一套位于某市的住房作为抵押物，与邓某签订借款协议及承诺书，从邓某处借款300万元。

2014年3月还款期间届满，邓某因无法联系到冯某，遂报案。

D市公安局E区分局据此认为，冯某的犯罪事实清楚、证据确实充分，其行为已触犯刑法关于诈骗罪的规定，涉嫌诈骗罪。

检察院以诈骗罪对其提起公诉。

D市E区人民检察院指控冯某的犯罪事实如下：2013年12月20日，被告人冯某隐瞒自己名下的陕A05×××劳斯莱斯轿车已于2013年4月18日作为抵押物在银行贷款330万元的事实（案发时尚有211万余元未还），经陈某担保又用该劳斯莱斯轿车和一套位于某市的住房作为抵押物从邓某处借款300万元，加上之前借的100万元，共400万元，期限3个月，利息为三分五厘，邓某将款项打入冯某账户。2014年3月还款期限届满，担保人陈某找冯某催还借款时，冯某已不知去向。

D市E区人民检察院以被告人冯某犯诈骗罪，向D市E区人民法院提起公诉。

辩护思路

针对本案检察机关在起诉书中对被告人冯某涉嫌诈骗罪的指控，辩护人制订了如下诉讼方案。

一、调查取证

经调查，发现冯某不仅没有“失联”，而且发现与被害人“关系密切”的相关线索，就此取得了冯某、邓某、陈某在2014年年初一同去厦门旅游的住宿发票及照片，提交承办法官。

二、申请对抵押和抵债的财产进行评估

以证明冯某提供的抵押物以及以实物抵债的财产足以清偿债务（或已远远超过债务本息），以此证明诈骗犯罪事实是不存在的。

三、与办案人员沟通

在与承办检察官沟通的过程中，辩护律师了解到这样一个事实：在本案刑事立案后，双方亲属曾就本案涉及的债权债务达成一致意见并签订了和解协议（以另外一辆轿车和一些高档红木家具抵债），且已经实际履行（车及家具已经交付）。这一事实对被告人非常有利，但卷宗中却没有相关证据予以证实。

经与承办检察官进一步协调，承办检察官给辩护律师提供了该部分证据的复印件。辩护律师将其提交给法庭。在案件进入审判阶段后，辩护律师又多次与主审法官交换意见，强调本案不构成犯罪的具体事实和理由。主审法官在基本认可辩护律师意见的基础上，还给辩护律师提出了一些其他的宝贵建议。

关于冯某的行为不构成诈骗罪的辩护意见：

第一，抵押的先后只是债务清偿的先后顺序，不影响债权的实现。

据冯某本人供述，其在签订抵押合同时，已明确告知邓某劳斯莱斯轿车已经抵押给银行的事实。

本案中，债权人受到的影响也只是担保财产在执行分配上的先后顺序。债权人及银行作为抵押权人较普通债权人均享有优先受偿权。抵押先后顺序不同，抵押权优先受偿的法定次序不同，但抵押权实现的位次在后不代表无法受偿。优先受偿权的位次性只是一种债权实现的顺序，而不具有对其他债权实现的排他性。

根据法律规定，即便是以欺诈方式损害债权人清偿顺序，也不符合诈骗罪的构成要件。况且，本案中，邓某的债权已经得到了完全实现，其债权并未受到任何损害，冯某的行为不构成诈骗罪。

第二，认定是否具有非法占有的目的，应坚持证据裁判规则和主客观相一致的原则。

本案不能单纯以未能偿还债务的结果客观归罪。

本案事实不清、证据不足，非法占有的目的难以认定，司法机关不能仅凭债务不能清偿（或对以物抵押、以物抵偿存在争议）的结果，就推断冯某具有非法占有的目的。

陈某所做的担保是真实、合法有效的，冯某抵押的财产价值足以保障邓某债权的实现，冯某不具有非法占有他人财产的目的。

2013 年 12 月 20 日，陈某在冯某出具的借条上签字担保，自愿承担保证责任至主债务本息还清时为止，其所做的担保真实、合法，这也间接证明邓某借钱给冯某时已经预料到风险的存在，为保障自己债权的实现，其要求陈某做担保，同时要求冯某提供实物抵押，邓某为此获得高额利息，这完全是合法的民间借贷商事行为，商事行为本身就伴随着商业风险，绝不能将正常的商业风险“转化”为刑事责任。

根据“法秩序统一”原理，刑法作为其他部门法的保障法应当严格界分具体犯罪的处罚边界，刑法理应始终保持其谦抑性，“不该出手，决不能、不应出手”。对于诈骗罪等财产类犯罪，正常的、被社会生活所允许的一般民商事交易行为必然伴随风险，此处的关键在于行为人的交易行为是否具有社会相当性以及行为人行为与对方所遭受风险之间是否具有因果关系。市场经济与计划经济的最大不同，在于具有能动性的市场主体靠自发的经济活动促进整体的繁荣，为了保持市场的活力，一定程度的风险是正常且合理的，对此要让民事法自身的制度维护市场运行的秩序，而非动辄启动刑罚让高压态势笼罩在国民正常交易的上空。

第三，邓某、陈某的财产权益未受到损害。

邓某在冯某不能履行还款义务时，完全可以通过行使抵押权实现自己的债权或通过担保人的保证责任实现自己的债权，其债权完全可以通过民事诉讼的方式来实现。因此，邓某依然有合法的权利救济途径，使得行为人的行为不具有刑事诈骗的危害性程度。即便是担保人陈某已经替冯某履行了还款义务，以物（另外一辆轿车和一些高档红木家具）抵债和解协议的达成和实际履行，也使陈某的财产权益没有受到损害。

由此而论，本案所指控的诈骗犯罪因被害人没有财产受损而不成立。

案件结果

D 市 E 区人民法院经过公开审理后，以事实不清、证据不足为由将案件退回 E 区人民检察院；E 区人民检察院将案件退回 D 市公安局 E 区分局补充侦查；经补充侦查后，E 区人民检察院重新起诉；E 区人民法院重新开庭审理，因在案证据仍不足以证明冯某的行为符合诈骗罪的犯罪构成要件，E 区人民检察院最终申请撤诉；E 区人民法院裁定准许 E 区人民检察院撤回对被告人冯某的起诉。

由此，被羁押长达两年半之久的冯某被无罪释放。

案件评析

“客观归罪”违背了责任主义，特别是消极责任主义：无责任则无刑罚。犯罪目的作为责任要素，在定罪阶段，特别是在认定目的犯的阶段，起着决定性作用，关乎罪与非罪。

诈骗罪是典型的目的犯，犯罪目的是认定诈骗罪的必备构成要件。缺之，则违背构成要件符合性，行为人的行为则不受刑法的评价。

非法占有的目的作为主观要素难以直接认定，需以外在事实予以推定。2001 年《全国法院审理金融犯罪案件工作座谈会纪要》汇总了七种成立金融诈骗罪中非法占有目的的情形：（1）明知没有归还能力而大量骗取资金的；（2）非法获取资金后逃跑的；（3）肆意挥霍骗取资金的；（4）使用骗取的资金进行违法犯罪活动的；（5）抽逃、转移资金、隐匿财产，以逃避返还资金的；（6）隐匿、销毁账目，或者搞假破产、假倒闭，以逃避返还资金的；（7）其他非法占有资金、拒不返还的行为。凭借孤立的事实认定非法占有的目的难以排除合理的怀疑，牵强的认定更是违反了“疑罪从无”的刑事诉讼原则。

被告人冯某与邓某签订了借款合同、抵押合同，并由陈某提供担保。在此情形下，债权人的债权是否能够实现，就成为认定行为人主观上是否具有非法占有他人财物目的的关键点。本案从检察院到法院，在司法机关内部一直有两种截然不同的意见。一种意见认为，被告人冯某故意隐瞒自己名下的陕 A05×××劳斯莱斯轿车已于 2013 年 4 月 18 日作为抵押物在银行贷款 330 万元的事实，又向邓某借款，2014 年 3 月还款期限届满，担保人陈某找冯某催还借款时，冯某已不知去向，具有非法占有他人财物的目的，构成诈骗犯罪；另一种意见认为，冯某故意隐瞒自己名下的陕 A05×××劳斯莱斯轿车已于 2013 年 4 月 18 日作为抵押物在银行贷款 330 万元的事实，又将该车作为抵押物向邓某借款 300 万元，抵押的先后只是债务清偿的先后顺序，不影响债权的实现，不能证明冯某具有非法占有的目的及邓某因冯某的行为而遭受财产损失，因而不能认定冯某构成诈骗犯罪。

第二种意见一直是辩护律师的主要观点之一。邓某的债权实现是具有充分保障的：首先，按月支付利息，表明冯某有还款的能力和意愿；其次，冯某将自己名下价值 575 万元陕 A05×××劳斯莱斯轿车抵押给银行借款金额仅为 330 万元，仅为其价值的 57%，不能因为陕 A05×××劳斯莱斯轿车已经抵押就认定冯某故意隐瞒事实、具有非法占有他人财产的故意；最后，冯某同时又将一套房屋抵押给邓某，以确保邓某的债权能够充分实现，事实上邓某的债权未受到损害。

刑法是法律保障的最后一道防线，只有其他部门法不能调整、难以调整时，才可适用刑法，这是刑法的严厉性所决定的。市场经济应鼓励意思自治，只要不损害公序良俗，不损害他人利益，刑法就应当尽可能保持其谦抑性。在市场经济占主导地位的历史时期，法律应尽可能地尊重私权，充分尊重权利人的意志，这样才能更好地物尽其用，促进经济发展。

承办律师：彭　坤

刘某“套路贷”诈骗案

从刑民交叉视角区分“套路贷”诈骗与民事欺诈的辩护实务

案情简介

一、公诉机关指控的主要内容

刘某系个体经商户，因涉嫌犯诈骗罪，于2019年6月11日被羁押，次日被刑事拘留，同年7月19日被逮捕。北京市大兴区人民检察院以京大检一部刑诉（2020）57号起诉书指控被告人郑某某、刘某、张某、何某、胡某犯诈骗罪，于2020年4月15日向北京市大兴区人民法院提起公诉。北京市大兴区人民检察院指控：

（1）被告人郑某某伙同张某、何某，于2017年1月至2018年1月间，在北京某公司（郑某某经营的借贷公司，位于北京市大兴区），以民间借贷为名，通过签订虚假借款合同、虚增债权债务、故意制造虚假资金流水、肆意认定违约等方式，骗取被害人陶某151.8万元。其中，被告人何某帮助郑某某骗取陶某36.8万元，被告人张某帮助郑某某骗取陶某95.5万元。

（2）被告人郑某某伙同刘某、胡某、郭某（另案处理），于2018年1月间，在北京某公司，以被害人陶某位于北京市大兴区某地的两套房产为抵押，通过签订虚假借款合同、制造虚假资金流水、转单平账、虚假诉讼等手段，欲骗取陶某281万元。

（3）公诉机关认为，被告人郑某某伙同刘某、张某、何某、胡某等人，以非法占有为目的，虚构事实、隐瞒真相，骗取他人财物，被告人郑某某、刘某、张某、胡某诈骗数额特别巨大，被告人何某诈骗数额巨大，五位被告人的行为触犯了《刑法》第二百六十六条之规定，应当以诈骗罪追究刑事责任。

二、阅卷和会见了解到的信息

（1）2018年1月，刘某的老乡胡某给其打电话说郑某某的借贷客户陶某需要贷400万元做生意，时间2个月，月利息5%，可以先扣除两个月的利息共计40万元，实际借贷360万元即可，并可以用两套回迁房抵押（每套按照200万元的价格计算），刘某同意。

（2）2018年1月26日，刘某、胡某、陶某夫妇相约在郑某某的公司，郑某某将借款条件和时限讲明后，刘某称：400万元借款每月5%的利息不受法律保护，如果不还钱没法起诉。郑某某提出：可以做500万元的贷款合同，2%的月息，还不了钱按照500万元起诉陶某夫妇。陶某夫妇同意。

（3）2018年1月29日，刘某筹足360万元，与陶某签订了一份金额为500万元、月息2%的借款合同及两套房子的买卖合同，每套房子作价200万元（以卖代押）。签完合同后刘某转给陶某360万元，郑某某通过刘某又转了140万元，形成500万元的转账记录。并约定：若两个月能够还清就按照400万元还款，并把签订的合同和房子交给陶某，否则就不退房子，并按照500万元起诉。而后在郑某某授意下由胡某占据其中一套房产。

（4）2018年4月，2个月借款期限届满，陶某夫妇以资金未周转开、无能力支付为由，拒绝还款400万元。而后，刘某和胡某、陶某夫妇、郑某某等商议还款事宜，未果。

（5）2018年5月，郑某某提出让刘某和胡某拿着20万元现金去找陶某，将该应还利息作为借款重新打借条，并拍照固定证据。5月底，刘某见还款无望，便找到郑某某，提出不想再参与此事，因郑某某实际操控此事，便主张郑某某返还400万元，且不再主张利息，郑某某称手里没钱。再找陶某夫妇催款，回复说再延长一个月期限，同时陶某把另一套房子腾出来了，在郑某某授意下由胡某控制。

（6）2018年6月，郑某某又让刘某和胡某拿40万元现金，继续采用打借条、拍照固定的方式，计算两个月利息。其间催款，陶某夫妇称无钱返还。

（7）2018年10月，陶某夫妇跟胡某说无地方居住，让胡某将一套房子归还。2019年5月，陶某又将另一套房子要走。而后刘某见钱款已无法保障返还，就以500万元的借款合同为依据起诉陶某。

辩护思路

该案的第一个难点在于，刘某的行为虽具有民间借贷逐本索息（高利贷方式）的目的，但又具备“套路贷”犯罪中惯常的诸如“手续费”“下户”“走账”“以卖代押”“占有对方房产”“虚假诉讼”等典型的套路手段。但从其维护自身权益的角度看，其提出虚假诉讼的金额又不大于实际借款预期应得金额。第二个难点在于，刘某提出高额的借贷风险却没有任何的收益，认为是郑某某和陶某合谋骗他，其不具有骗取对方财产的主观目的，认为自己无罪，不认罪认罚。然而整个案件又完全符合“套路贷”诈骗犯罪中，“借贷”是假，侵犯被害人的财产权利是真的外在表象，可以就此推定其具有非法占有目的。考虑到以上两个难点，同样的问题往往有多种不同的辩护方案，两害相权取其轻，两利相权取其重，辩护方案的选择必须建立在对可能的判决结果有科学准确的预判和跟委托人充分沟通的基础上，争取辩护利益最大化。下面笔者结合对案件的判断，就辩护思路做以下展示。

结合该类案件的特点，该借款合意是双方真实意思表示并没有陷入错误认识的观点，不能在辩护中作为主要观点使用，而只能作为辅助观点。回顾案情，刘某确实出借给了陶某夫妇360万元，签订500万元合同，制造流水在本质上是基于真实借款对陶某违约逾期的预测，而这种风险预估尽管存在不妥的成分，却不符合诈骗罪“虚构事实、隐瞒真相”的构成要件。但如果从这个角度辩护，存在较大障碍。司法实践中的处理观点是，“套路贷”给人以符合双方真实意思表示的外在假象，依托出借人近似完美的举证能力，造成表面上符合合同真实意思表示的特征，而掩盖“非法占有”这一根本目的。在司法实践中，只要出借人套路设计时存在多重收费、虚构或虚增借款本息、不平等设定单方违约条款、侵占或变相侵占对方财物等情况，不论借款人对此明知与否，均不影响对出借人非法占有目的的认定。

首先，刘某是否具有初始犯意是一个重要的切入点。该案中，刘某作为套路的最后“接盘人”，是享有合法债权的出借人，没有证据显示其事前对整个案件知情，即使后期知情，其在整个案件中的影响力和作用也比较有限，该情节影响定罪量刑。案发前，陶某已经没有能力偿还郑某某的借款，郑某某在供述中明确“我想把陶某的钱收回来，需要找人接这个事，刘某是我老乡，所以就介绍他们认识”，郑某某的目的就是让刘某接盘，而且郑某某不仅是中间介绍人也是整个借贷过程的操控人，刘某不了解真相，被蒙在鼓里，没有获得任何收益，是实际的受损害方。对于在合同签订、履行过程中产生的民事争议，如无确实充分的证据证明符合犯罪构成的，不能作为刑事案件处理。

其次，不能排除刘某非但不是侵害者而是受害者的事实，从这个“以攻为守”的角度思考，有事实依据，也具有一定的可行性。申请证人陶某出庭，把影响法官对整个案件判断的疑问挖掘出来，以使法官作出相对有利的判决。陶某的借贷情况在卷内比较清晰，其借贷方式和金额垒高与“滚雪球式”或“断崖式”累积造成的金额畸高是有所区别的，其包含实际借贷成分。从案内证据上看，陶某在借款转至刘某这里已是三易其手，尤其是最后一次，陶某还掉160万元给郑某某后，有190万元的真实借款，这并非转账平单后的虚高，而是真实的借贷关系。但这些借款分文未还，而且所抵押的房屋都是回迁房，且在其母亲名下，该抵押权利的实现是有客观障碍的。借款去向如因其受害人地位而没有查明，则不能排除陶某夫妇存在利用其被害人的地位、借助公权力达到非法占有该借款的目的。需知如果将本案认定为“套路贷”诈骗犯罪，借款本金和利息均不受法律保护，本金是犯罪工具、利息则作为违法所得均予以没收。在实际的操作中，陶某是完全可以规避该笔款项返还的，那么最后的实际受益人毫无疑问将会是陶某。因此，能否查明借款的具体去向，也能从侧面左右案件的走向。从这个点还可以延伸出另外一个问题，即假使认定刘某构成犯罪，但作为实际的受损方必然涉及既遂、未遂问题，这也是影响法官判断的一个重要辩点。

基于公诉机关与刘某关于罪与非罪的对立态度，以及起诉书中刘某被列为第二被告的不利地位，去选择合理的辩护方式和辩护模式。从选择辩护方式上看，笔者在审查起诉阶段已经与办案机关进行过多次沟通，从列为第二被告人这个情形看，公诉方认为刘某构罪、系主犯的态度非常明确。但刘某坚称本人无罪，辩护律师在辩护方式的选择上认为，既然该案不涉及认罪认罚的问题，那么利用交涉性辩护争取利益最大化的方式已无出路，重心无疑转至庭审环节，采取对抗性辩护方式是最后的选择。从选择辩护模式上看，分析该案中刘某的全部行为，结合既有判例对待该类型案件的判定标准，以及司法实践无罪判决比例极低的现状，在出现“无罪或轻罪”的选择困难时，应当在向委托人深入说明利害关系的基础上，将尊重委托人的“自由决定”作为优先的价值取向。在委托人选择无罪辩护这个前提下，辩护律师再从专业的角度去争取。最好的结果是法官采纳辩护观点，如果不能达到这个效果，退而求其次也一定要让法官充分吸纳辩护意见中的合理成分，对委托人的合法利益从一而终地“锱铢必较”，力求当事人利益最大化。

辩护中，笔者主要是在把握“套路贷”本质的基础上，利用主客观一致原则，判断刘某是否与郑某某有共谋还是只是作为纯粹的“接盘人”；刘某所追求的是约定好的“本金利息”还是意图占有“对方房产”；是刘某利用“套路手段”骗取陶某财物还是陶某利用公权力手段达到占有借款的目的。下面将主要的辩护要点做以展示。

一、刘某不具备“虚构事实、隐瞒真相”骗取对方财物的犯罪故意

刘某真实出借给陶某夫妇360万元，但签订500万元的合同、制造流水、控制房屋等套路手段均在郑某某的控制下，对该“套路手段”的认知与郑某某等人有本质的差别，其是对陶某违约逾期的预测，尽管这种风险预控方式不妥，但其并不具备“虚构事实、隐瞒真相”骗取对方财物的犯罪故意。

（1）刘某与陶某签订借款协议是权益保障手段，与诈骗犯罪中的套路手段有本质区别。400万元借款于2018年3月28日到期，刘某提出利息5%的风险所在，在郑某某的建议和陶某的强烈要求下，双方签订了一份500万元的借款合同，月利息2%，制造流水、签订该份合同的目的不是骗取陶某的财物，而是保障自己的本息在陶某违约时有救济途径，其是为了保障自己的合法权利，虽有不妥之处，但是不等同于诈骗罪意义上的虚构或捏造事实，应当区别评价。

（2）陶某的借款需求虽没有落空，但并未真实经营，有部分偿还能力也从未偿还。陶某从刘某处借贷并获得了360万元，约定借款期限为2个月，但至案发共有15个月，而且刘某借款数额要超出陶某所需还款数额190万元。该笔款项在出借前的用处说明是用于生产经营，但陶某并未有任何实际经营，有部分还款能力但分文未还，如要把遭受损失的一方即刘某作为犯罪嫌疑人予以打击，与事实不符。相反陶某在明知无还款能力的情况下，伙同郑某某将所有债务打包转移给毫不知情的第三人刘某，至今刘某没有任何收益，并使刘某陷入刑事风险，不能排除陶某存在规避还款之恶意的可能。

（3）刘某不是以放贷为职业，未参与过郑某某等人的其他放贷行为，“套路”模式均在郑某某控制、胡某实施下进行，刘某被裹挟其中，并无犯意。客观上，郑某某通过胡某来间接控制整个过程，包括牵头拟定500万元的协议、制作房屋买卖合同、实际控制房屋、让刘某以新增利息额做借款等。刘

某多次催要的目标很明确，即本金和利息，没有占有陶某住房的目的，更没有肆意制造违约或者使用暴力的行为，而是在多次催要无果，且陶某已经收回住房的情况下提起诉讼，我们不能以事后人的眼光或者上帝视角去看待他的行为，该诉讼手段已经是刘某唯一的救济途径，与套路手段有本质的区别。

二、根据本案案内证据无法证明刘某有非法占有的目的

刘某的投资与收益基本符合市场的行情、规律，对于诈骗罪成立与否、罪与非罪的问题，还是应当结合全案事实以及刘某的实际投入、支出等来认定，根据本案案内证据，无法证明刘某有非法占有的目的。

（1）刘某支付高额的交易成本，应收利息均在双方可接受预期范围内，跟骗取财物有本质的不同。诈骗罪的本质不是为了进行真实交易来赚钱，而是为了欺诈骗钱。因此，诈骗犯并不会付出应有的交易对价，而是无对价或以微小代价来骗取他人钱财。而本案事实是，刘某已经付出高昂的交易成本，其所付出的成本是为了进行真实交易，并从中赚取利息。至于利息高低，只要不违背法律规定、行业惯例并且符合借款人的意愿和可接受范围，就不能认定为非法、无效，更不能认定为犯罪。且大额的出借款项本身就包含着巨大的风险，任何一个拥有正常思维的人，拿出 360 万元的巨额款项去诈骗，绝对是一件违背常理的事情，如果还期待刘某不要求抵押或者其他担保，不仅违背常理，简直是不可思议。

（2）全案事实证据显示，刘某系受骗一方，对其是否具有非法占有目的不能仅靠“套路”手段判断，还要注意到其出于自我救济且未超出必要限度的事实。本案中，不能以“套路手段”作为推断行为人存在非法占有目的的事实依据。具体而言，陶某、郑某某、胡某共同通过欺骗的手段来获取刘某的信任，利用刘某掌握信息的不对称，设计了骗中骗、局中局，基于本案特殊性我们无法期待刘某具备完全的识别能力，其所做的无非是为了保护自己出借款项的安全，而不是非法占有他人钱财。从约定的 5%利息来看，该约定利息并没有超出市场调节和一般借款人可接受的合理范围。如果当时刘某知悉“拆迁安置房”的实际属性（过户受限）以及产权不在陶某名下（在陶某母亲名下）的事实，即使利息再高也绝不会借款。

（3）刘某自始至终追求的都是自己的本金和利息，即使提出虚假诉讼也是迫不得已，且诉讼标的额没有超出收回本息的预期。陶某夫妇对刘某的还款一直处于消极状态，期间刘某反复催要均被二人以各种理由推托，相反陶某陆续要回了其被占有的住房。回溯整个过程，此时的刘某已经非常清楚自己的借款可能没有保障了，也意识到很可能被陶某、郑某某二人骗了。事实上刘某的债权也的确无任何可靠保障。在经过15个月的反复催要而无果后，2019年5月，刘某只能拿着500万元的借款合同到北京市大兴区人民法院红星法庭起诉陶某还款。按照本金400万元、利息按照约定的5%计算，本利达到640万元。刘某用500万元的借款协议起诉，利息2%，本利620万元，该诉讼协议比照应履行协议金额还要低20万元。

三、陶某具有非法占有的目的，其行为涉嫌诈骗

陶某为获得刘某的出借款，与郑某某等人合谋，明知自己无力偿还借款，仍虚构事实、隐瞒真相，骗取刘某的出借款，且在客观行为和证据上可以推断其具有非法占有的目的，其行为涉嫌诈骗。

（1）陶某、冯某某、郑某某等人虚构事实、隐瞒真相，合伙欺骗刘某借款。郑某某向刘某介绍陶某夫妇时说他们要做生意，用两套房子抵押，可以把房子腾出来，贷款400万元，用时2个月，陶某也承诺钱肯定能按时还清；为了使刘某借款，让刘某控制房屋（实际上仍是由郑某某控制），还说冯某某家房子快拆迁了，能补偿1000多万元，冯某某说一个月左右一个朋友会给他150万元，可以先还，让刘某放心，目的就是让刘某消除对陶某是否具有偿还能力的疑虑。但直到案发，陶某夫妇未有任何经营获利，也未偿还刘某任何款项。

（2）陶某明知自己无归还能力，且借款后无归还表现，从客观行为和证据上可以推断出其具有非法占有的目的。案发前，陶某已经没有能力偿还郑某某的借款，同时还和郑某某共同为房屋出卖寻找买家来还款，二人都知道陶某已无偿还能力；郑某某在2019年6月11日的讯问笔录中陈述：“我想把陶某的钱收回来，需要找人接这个事，刘某是我老乡，所以就介绍他们认识。”事后陶某借完钱后直接将钱转给了郑某某，用于偿还其对郑某某的欠款。这足以证明郑某某和陶某二人对陶某无归还能力是有明确认识的，目的就是利用虚假信息蒙蔽刘某，让刘某接盘。

（3）陶某夫妇根本没有将借款用于生产经营，其对刘某所称的做生意急用完全是谎言，且对陶某实际获利的190万元不能说明去向。卷内信息显示：

陶某第一次借款对象是董某，额度为105万元，转到郑某某手中为120万元，通过垒高后达到160万元，陶某将160万元直接转移至郑某某名下，用于偿还其欠款，后借刘某360万元，最终到陶某手中为190万元，该190万元的去向如何，陶某称其中105万元还董某。前后明显矛盾，因为转到郑某某手中的120万元已经包含上家董某的105万元，岂能重复返还？陶某明显在说谎。陶某在排除刘某对其房产的表面控制后，对于刘某的借款完全没有返还的意思，不能排除其意图达到占有该190万元的目的。从陶某在公安机关的询问笔录中称其夫冯某某吸毒这个片段信息来看，能否查清190万元的去向影响该案的整体评价。

综上所述，在该案中刘某放贷是受郑某某、陶某等人的欺骗所致，整个过程也是在郑某某的支配控制之下，且刘某与郑某某相识时间不长，在生活中并无交集与合作，没有参与过任何郑某某的其他放贷行为。刘某不但不是施害者，反而是承受巨大损失的受害者，把刘某定位为诈骗犯罪的共犯、主犯，有违社会的一般观念，更与事实相悖、于法理不通。

案件结果

北京市大兴区人民法院判决如下（节选郑某某和刘某部分）：

（1）被告人郑某某犯诈骗罪，判处有期徒刑12年，剥夺政治权利2年，并处罚金24万元。

（2）被告人刘某犯诈骗罪，判处有期徒刑5年6个月，并处罚金6万元。

（3）责令被告人郑某某退缴违法所得139.3万元，依法予以没收，其中被告人张某与郑某某共同退缴违法所得87万元，被告人何某与郑某某共同退缴违法所得36.8万元。

案件评析

该案最终刘某被认定为诈骗罪，判处有期徒刑5年6个月，并处罚金6万元。从判决结果上看并没有达到无罪，但法院充分考虑了案中的各个情节，与第一被告郑某某做了区别对待（郑某某判处有期徒刑12年，剥夺政治权利2年，并处罚金24万元）。回顾整个案件，不难发现本案具有的特殊性，因此在策略选择上也须做到因时而异、相机而动。我想每名刑辩律师都会在实践中有这样的体会：几乎每一个案件都能从不同的立场和角度得出不同的解读，甚至演绎出不同故事。尤其“套路贷”诈骗案件作为新型犯罪类型，演变自高利贷且始终伪装成高利贷，因此具有高度的迷惑性。“套路贷”案件表现出来的那种“似是而非”，更让律师体会到“如坠烟云、亦幻亦真”的感觉，但“千举万变，其道一也”，区分好民间借贷和“套路贷”诈骗犯罪是进行有效辩护的关键所在。下面笔者将结合该案，简要阐述“套路贷”诈骗案件的办理心得。

一、要始终辨明“套路贷”手段，认清“套路贷”的诈骗犯罪本质

“套路贷”诈骗案件是利用合法形式（民商事证据规则）掩盖非法目的的典型模式，放贷人假借“行规”之名行“诈骗”之实，在整个过程中必然贯穿着不断虚增和垒高金额这条主线，让借款人在完全被动甚至不得已的情况下坠入纷繁复杂的“套路”之中，最终通过抵押、买卖、诉讼等手段实现侵占当事人财产的目的。现实中，确实存在大量的套路手段假借行业规则招摇行骗却难以区分的情况，常见的就有伪装成高利贷领域惯用的“砍头息”“息转本”“以旧还新”这些行业规则，实际上进行诈骗犯罪中“虚增借贷金额”“制造资金走账流水”“多平台借款平账”等套路手段，二者之间在外在表象上确实也存在对应关联，但如果将高利贷意义上的“套路”直接涵摄为“套路贷”犯罪中的“套路”，不但违背立法意图，也会给辩护工作带来较大的困难和障碍。这就要求刑辩律师精准判断出行业规则和套路贷手段，不仅要了解民间借贷这个行业的特点，更要弄清这些行业规则的出发点和归宿，还要读懂读透“套路贷”犯罪中法律规定的本意，进而对界定工作作出精准的分析判断。

二、要从两个方面掌握“套路贷”与民间借贷的主要区别

《最高人民法院、最高人民检察院、公安部、司法部关于办理“套路贷”刑事案件若干问题的意见》专门对二者的区分从主客观方面进行了明确，笔者认为，这是主要的法律依据也是重要的切入点，务必细细体会、熟练掌握。

（1）在主观上，要注意把握行为人有无非法占有他人财物的目的，这是“套路贷”与民间借贷的本质区别。民间借贷的目的是获取利息收益，借贷双方都对实际借得的本金和将产生的利息有清晰认识，出借人通常希望借款人按时还本付息。而“套路贷”是以借款为幌子，通过设计套路，引诱、逼迫

借款人垒高债务，最终达到非法占有借款人财产的目的。

（2）在客观上，要注意把握行为人是否处心积虑设计各种套路、制造债权债务假象、非法强占他人财产。加害人往往会以低息、无抵押等手段作饵，钓鱼上钩，以行业规则为由诱使被害人签订虚高借款合同，谎称只要按时还款，虚高的借款金额就不用还，然后制造虚假给付痕迹，采用拒绝接受还款等方式刻意制造违约，通过一系列“套路”形成高额债务，达到非法占有他人财物的目的。

三、辩护律师在办案实践中需要着力解决的矛盾和问题

《最高人民法院、最高人民检察院、公安部、司法部关于办理“套路贷”刑事案件若干问题的意见》在以主客观一致原则进行判断的前提下，又指出：民间借贷的出借人是为了到期按照协议约定内容收回本金并获取利息，不具有非法占有他人财物的目的，也不会在签订、履行借贷协议过程中实施虚增借贷金额、制造虚假给付痕迹、恶意制造违约、肆意认定违约、毁匿还款证据等行为。这相当于对“套路手段”作出了与“具有非法占有目的”变相等同的评价，如果办案机关机械地适用该条款，将会对案件结果产生非常不利的影响，这要求律师在操作层面，对民间借贷中的“行规套路”和套路贷诈骗中的“套路”作出科学的区分与界定。我结合办案经历，讲几个可以增加辩护权重的观点。

（1）虽然借款协议对应的借款事实不是真实的，但是借贷双方都明白该协议是用于掩饰高利率的事实，并不是出借人想要虚增借款金额，所以与“套路贷”中非法占有虚增部分款项的手法是有本质不同的，其既未实施虚增借贷金额的行为，二者也未形成虚假债权债务关系。借贷双方对于“息转本”的数额，以及配合走账、签署收款凭证都是有合意的，应该认为这是对自己权利的一种处分，出借人是为了掩饰高利率，并期望依约取得本金和利息，与欺骗、非法占有他人财产的行为有根本的区别。

（2）如果认为只要具有“转单平账”“以贷还贷”的行为并出现债务垒高就属于“恶意垒高债务”，继而推断出放贷人具有非法占有的目的，这样做显然是不合理的，应当把审查放贷者之间的关联关系作为前置条件，只有放贷者安排其所属公司或关联公司、人员为借款人偿还借款，继而与借款人签订金额更大的虚高借贷协议，通过这种转单平账、以贷还贷的方式不断垒高

债务，才能认定为“恶意垒高债务”。

（3）还要将本金与利息的预期总额与“垒高债务”进行横向的对比，当事人各自从对自身有利的角度阐释“套路”手段时，要注意“虚高或垒高”的债务与预期发生的债务总额的对比关系，如果“虚高或垒高”的金额等于或者低于预期本息，那么这种情况应该认为是双方在真实意思表示下对权益的处分，即使存在诸多的“套路”手段，但追求的本息目标是明确的，因此不具有刑法意义上的可责难性。

（4）关于如何进行“套路贷”诈骗犯罪与“民间借贷”区分的理论。《民法典》关于民间借贷的内容规定于第六百六十七条、第六百七十条、第六百七十六条至第六百八十条中。“民间借贷”是指自然人、法人和非法人组织之间进行资金融通的行为。“套路贷”是披着民间借贷外衣行诈骗之实的骗局。张明楷教授指出〔1〕，“套路贷”并不是一个刑法概念，也不是一个犯罪构成或者某个犯罪的构成要件，更不是一个独立的罪名。如果未明显使用暴力或者威胁手段，主要通过虚构事实、隐瞒真相等方式“骗”取得资金的套路贷，一般应当以诈骗罪论处。但这并不意味着所有的“套路贷”都直接构成诈骗罪，还要根据证据事实及刑法规定具体判断行为人是否采取了虚构事实、隐瞒真相的方法骗取他人财物，以及主观上是否具有非法占有目的。在实践中“套路贷”的手段五花八门，还有可能构成敲诈勒索罪、强迫交易罪、非法拘禁罪等其他多种犯罪，应当透过手段围绕诈骗罪的构成要件加以区分。

承办律师：彭　坤　于建新

〔1〕参见张明楷：“不能以‘套路贷’概念取代犯罪构成”，载《人民法院报》2019年10月。

沈某某被指控诈骗案（撤销原判、发回重审）

征地拆迁补偿款诈骗案中不具有“非法占有目的”及“欺诈行为”的辩护实务

案情简介

沈某某系河北省任丘市农民，2016年8月3日因涉嫌犯诈骗罪被任丘市公安局刑事拘留，同年8月17日经任丘市人民检察院批准由任丘市公安局执行逮捕，羁押于任丘市看守所。2016年9月14日，河北省任丘市人民检察院以任检刑诉（2016）503号起诉书对其提起公诉。2016年11月25日，任丘市人民法院作出（2016）冀0982刑初558号刑事判决书。该案一审判决：（1）认定被告人沈某某犯诈骗罪，判处有期徒刑11年1个月，并处罚金2万元；（2）责令被告人沈某某退赔违法所得1 007 026元。

被告人沈某某不服一审判决，以其不构成犯罪为由提出上诉。2017年5月10日，河北省沧州市中级人民法院作出（2016）冀09刑终647号刑事裁定书，裁定撤销原判，发回重审。

公诉机关认为：2015年，任丘市津保南一期绕城段工程征地拆迁涉及永丰路街道办事处季家铺村村民沈某某，沈某某以非法占有为目的，在征地拆迁补偿过程中，隐瞒真相，向永丰路街道办事处工作人员提供虚假信息，骗取征地赔偿款1 007 026元，数额特别巨大，应当以诈骗罪追究刑事责任。

辩护思路

笔者在二审阶段接受委托，完成阅卷后即前往羁押处会见沈某某。沈某某称，2014年在任丘市津保南一期绕城段征地拆迁过程中自家村南400多平方米院子被征收，一处是儿子沈某明的（面积230.08平方米，有土地使用证），另一处是儿子沈某鹏的（面积233平方米，没有土地使用证）。这个院子因为东边不能走人，西边是街，只能在西边开门通行，故认为应算作一处宅基地。市政府和永丰路街道办事处工作人员对征地情况进行调查时，沈某某提供了他和妻子、继母、长子夫妻、次子夫妻、女儿（属于城镇户口）、女婿（在村里）的户籍资料，同时提供了两个宅基地使用证。按照农村一户一宅的土地政策，沈某某可以申请五个宅基地使用证。故沈某某认为，其符合再申请宅基地的条件，确权给沈某鹏的一处宅基地并非瞒报所得。笔者在反复阅卷、调查取证、查阅大量法律资料、会见被告人沈某某的基础上，确立了无罪辩护的方案，具体思路如下：

第一，诈骗罪的构成要件之一是“以非法占有为目的”，本案从证据达不到确实、充分的标准入手，证明沈某某没有“以非法占有为目的”；

第二，从宅基地公示材料入手，沈某某所在的村民会议确有部分村民不知道其宅基地，但这些材料都是街道办事处交到村里的，被告人沈某某并没有欺骗村里的行为；

第三，笔者认为，沈某某最终并不是以欺骗方法取得了永丰路街道办事处的拆迁补偿款，故而，从街道办事处这一点也可以主张沈某某不构成犯罪。

在办案过程中，笔者认为应牢牢把握诈骗罪的构成要件，以不“以非法占有为目的”、没有“欺骗行为”为重点，结合案件证据和事实，为被告人沈某某进行无罪辩护。

第一，诈骗罪的构成要件之一是“以非法占有为目的”，本案证明沈某某“以非法占有为目的”的证据达不到确实、充分的标准。

本案沈某某在村里面的八间房涉及两处宅基地，在村南边有一处登记在沈某明名下的宅基地，在以沈某鹏的名义申请第四处宅基地之前，沈某某家已经拥有三处宅基地。要证明沈某某具有非法占有的目的，就必须有确实、充分的证据证明沈某某明知不能再申请第四处宅基地，还申请了第四处宅基地，以达到骗取国家拆迁补偿款的目的。沈某某辩称，他家不仅能申请第四处宅基地，还能申请第五处宅基地，理由是他和妻子算一户应当拥有一处宅基地，两个儿子均已成家分户，应当拥有两处宅基地，女儿已结婚，女儿户口虽然不在村里但女婿户口在村里，应当拥有一处宅基地，继母户口在村里，应当拥有一处宅基地，所以共可以申请五处宅基地。笔者认为，沈某某辩称前三户应当拥有三处宅基地，无论是村里、永丰路街道办事处，还是司法机关均没有争议，这里不再赘述。要为被告人进行无罪辩护，必须解决如下三个争议问题。

第一个争议问题是，沈某某的继母曲某某，能否申请宅基地。笔者认为如果沈某某的供述属实，其父亲沈某江的老房子早在10多年前就已经被卖掉。那么根据《土地管理法》第六十二条第四款、2004年国土资源部《关于加强农村宅基地管理的意见》第五条第二款、《河北省农村宅基地管理办法》第九条的规定，其继母曲某某和其父亲沈某江同属一户，是不能再申请宅基地的。但现在有书证证明，被卖掉的房子是沈某的，不是其父亲沈某江的，因此这并不影响和其父亲沈某江同属一户的继母曲某某申请宅基地。

第二个争议的问题是，根据从沈某某家搜查到的《出让协议书》证实，沈某某曾将属于村里的一块空地擅自卖给他人。这是否影响其申请宅基地？笔者认为，在我国卖房和卖地是两个性质不同的法律问题，所引起的法律后果也是不同的。出让土地是违反法律强制性规定的无效合同，取得的财产应收归国家所有或者返还集体、第三人。而卖房则不一定是违法行为，在一定条件下宅基地是可以随上面的房子一起被转让、出租或赠与的，村民出卖、出租或赠与房子所签订的合同不一定都是无效合同，只不过不能再申请宅基地而已。上述三个文件强调的也是村民出卖、出租或赠与房子后不得再申请宅基地，标的物并非土地。因此，沈某某曾经擅自出卖村里空地的行为，是另一种法律问题，应当引起另外一种法律后果，这并不影响其申请宅基地。

第三个争议的问题是，沈某某女儿的户口不在村里但其女婿的户口在村里，二人能否作为一户申请或保留一处宅基地？这个问题也是决定本案被告人沈某某是否有罪的关键问题之一。笔者主张本案不能排除沈某某的女儿、女婿有权在村里申请或保留一处宅基地，并援引《河北省农村宅基地管理办法》第七条进行论述。该条规定中的“外来人口落户”“没有宅基地”这两个条件容易判断，难以判断的是怎样才算是“成为本集体经济组织成员”。关于集体经济组织成员资格如何认定的问题，最高人民法院、河北省人民政府和沧州市人民政府均表态，在这个问题上还没有一个明确标准，仍存在很大的争议。故而，沈某某和永丰路街道办事处主管季家铺村拆迁工作的李某认为宋某某和沈某娈算一户，可以申请或保留一处宅基地，并不违法。笔者赞同上述观点。

关于沈某某的女婿宋某某能否作为本村的集体经济组织成员申请或保留一处宅基地的问题，也曾经困扰过侦查人员。侦查人员通过“取证”似乎证明了，宋某某虽然有本村户口，但不具有本村集体经济组织成员资格，不能申请宅基地。侦查人员首先向任丘市国土资源局党组成员李某修取证，李某修认为根据《河北省农村宅基地管理办法》《村民委员会组织法》规定，像宋某某这样的外地女婿落户本村的，申请宅基地需要有村民会议或村民代表会议讨论通过，如果村里认同则是可以的。侦查人员再向季家铺村支部书记石某某取证，石某某认为宋某某虽然户口在村里，但不在村里居住，所以不能分得宅基地。根据这两个证人的证言及法律规定，宋某某似乎不能从季家铺村分得宅基地。《村民委员会组织法》是赋予了村民会议或村民代表会议对村民申请宅基地的讨论决定权，但为了防止“多数人暴政”的出现，2007 年《物权法》第六十三条同时规定了村民有权向法院起诉要求撤销村民委员会或其负责人作出的侵害其合法权益的决定。因此，宋某某是否有权申请宅基地，最终还是要回到其是否具有本村集体经济组织成员资格这个疑难复杂的问题上来。因此村民会议或村支部书记不同意，并不必然否定宋某某获得宅基地的权利。

前面笔者论述的是本案不能排除宋某某具有季家铺村集体经济组织成员资格，即不能排除其有权申请或保留一处宅基地。下面接着论述沈某某女儿沈某娈虽已落户城镇，却并不必然丧失集体经济组织成员资格从而丧失对宅基地的使用权。根据上述相关政策性文件，农民工落户城镇并不必然丧失原集体经济组织成员资格，即使自愿退出原集体经济组织，也是以获得相应补偿为条件的。本案沈某某的女儿沈某娈虽已落户城镇，但并没有获得相应的退出原集体经济组织的经济补偿，就难以认定沈某娈一定失去了原集体经济组织成员资格、失去了对原有宅基地的使用权。

根据 2012 年《刑事诉讼法》第五十三条的规定，证据确实、充分指“综合全案证据，对所认定事实已排除合理怀疑”。现在综合全案证据不能排除沈某某认为其女儿女婿应该算一户、应该拥有一处宅基地的理由成立。故而，笔者为被告人辩护称：认定沈某某“以非法占有为目的”，在证据上达不到确实、充分的标准，故沈某某不构成诈骗罪。

第二，在村民会议这一层，确有部分村民不知道沈某某在村里的八间房拥有两处宅基地，但这些公示材料都是街道办事处交到村里的，沈某某并没有欺骗村里的行为。

退一步讲，即使沈某某欺骗了村里，也不能以欺骗方法的认定来替代对“以非法占有为目的”的认定。最高人民法院刘为波法官撰写的《〈最高人民法院关于审理非法集资刑事案件具体应用法律若干问题的解释〉的理解与适用》，其中对"关于集资诈骗罪中非法占有目的要件"的认定，最高人民法院的法官就特别强调不能以"骗取方法"的认定来替代对"以非法占有为目的"的认定。最高人民法院又通过郭建升被控贷款诈骗案、张福顺贷款诈骗案、江树昌骗取贷款案、陈恒国骗取贷款案的案例指导，强调不能以"骗取方法"的认定来替代对"以非法占有为目的"的认定。在这四个案例中，四个被告人均以欺骗的方法取得了银行贷款，但认定被告人具有非法占有他人财物之目的的证据不足，因此这四个被告人均不构成贷款诈骗罪。在骗取贷款罪设立之前，被告人被宣告无罪，设立之后是按照骗取贷款罪处理的。以此为辩护要点，笔者对被告人沈某某进行无罪辩护。

第三，在街道办事处这一层，沈某某最终也并不是以欺骗方法取得了永丰路街道办事处的拆迁补偿款。

街道办事处主管季家铺村拆迁工作的李某，在证言里承认在调查过程中就知道沈某某家的八间房是两处宅基地，一处有证无档，另一处是有档的。李某的证言显然不利于侦查机关指控沈某某犯诈骗罪。于是侦查机关后来询问李某时，就同样的问题再次询问，但是李某并没有如侦查人员所愿翻证。侦查人员在第五次询问李某时，采用"技巧性的询问方法"，得到其想要的答案。本次询问中，侦查人员反复和重点询问谁负责沈某某家提交的资料审核工作，这种反复和重点询问的方式，就已经暗示审核可能出了问题，在追查责任。李某当然会顺着侦查人员的意图回答：在补偿之前，是不知道这个问题的，是赔偿之后，复核档案的过程中，才知道沈某某提供的土地证和档案不一致。侦查人员处心积虑，终于使李某翻证，得到了自己想要的答案。但在询问的后半程，李某还是无意暴露了，自己其实在赔偿之前的调查过程中就知道沈某某提供的八间房的证档不一致，从中可以推断出这八间房是两个土地证。前面是从侦查人员非法取证的角度分析李某的翻证是不能成立的。接着从证明力的角度分析李某的翻证是不能被采信的——根据 2012 年《最高人民法院关于适用〈中华人民共和国刑事诉讼法〉的解释》第一百零九条第二项的规定，与被告人有利害冲突的证人所作的不利于被告人的证言，应当慎重使用。

据此，笔者在办案时为被告人辩护称：本案李某和沈某某存在利害冲突，因此他在侦查人员的技巧性询问下，作出有利于自己、不利于被告人的翻证，其证明力不可靠，不应被采信。无论沈某某在村里的八间房是一处宅基地，还是两处宅基地，在街道办事处这里都不影响沈某某的儿子沈某鹏再申请一处宅基地，因为街道办事处已经认定沈某娈和宋某某算一户，应该拥有一处宅基地，沈某某家至少还缺一处宅基地。

综上所述，笔者在处理本案时，将辩护要点集中于“以非法占有为目的”和“采取了欺骗的方法”这两点的证据不足上，主张其均达不到证据确实、充分的证明标准。故请求二审法院以证据不足、指控的犯罪不能成立为由，宣告被告人无罪。

案件结果

最终，河北省沧州市中级人民法院经依法组成合议庭审理之后，出具了本案的刑事裁定书。

河北省沧州市中级人民法院认为，原一审判决认定上诉人（原审被告人）沈某某犯诈骗罪的事实有的尚不清楚，依照《刑事诉讼法》第二百二十五条第一款第三项、第二百三十三条之规定，裁定如下：

（1）撤销任丘市人民法院（2016）冀 0982 刑初 558 号刑事判决；

（2）发回任丘市人民法院重新审判。

案件评析

回顾沈某某的案件，该案从原审的“认定被告人沈某某犯诈骗罪”到上诉后的“撤销原判，发回重审”，历经波折。其中有个小插曲。二审开庭时，公诉人开口说，“本院认为，本案事实不清，证据不足，建议发回重审”。当时我怀疑自己的听力是不是有问题，低声问另一辩护律师，另一位律师也怀疑是不是听错了。后来确认，公诉人确实是这么发表的公诉意见，这种情况在我的职业生涯中是第一次，目前还未经历过第二次。控辩双方意见罕见一致，足以说明一审判决确实存在重大的实质性问题。本案辩护人在办案过程中，牢牢把握诈骗罪的构成要件，以不以非法占有为目的、没有“欺骗行为”为重点，结合案件证据和事实，选择了为被告人沈某某进行无罪辩护的思路。

首先，从诈骗罪要求“以非法占有为目的”出发，证明沈某某“以非法占有为目的”的证据不足。引出三个争议焦点问题并对其逐一论述分析，主张沈某某并不具有非法占有的目的，若要强行认定的话，在证据上就达不到确实、充分的标准。从河北省沧州市中级人民法院的刑事裁定书来看，二审法院认为原一审判决认定上诉人（原审被告人）沈某某犯诈骗罪的事实有的尚不清楚，要求撤销原判，发回重审，可见是认可了辩护人的主张。

其次，从无法认定被告人沈某某“采取了欺骗的方法”出发进行无罪辩护，也是非常有效的辩护思路。在村民会议这一层，论证宅基地公示材料都是街道办事处交到村里的，沈某某并没有欺骗村里的行为；在街道办事处这一层，论证沈某某最终也并不是以欺骗方法取得了永丰路街道办事处的拆迁补偿款，无论在哪一层都可以将沈某某在原审判决中的诈骗罪落到“证据不足”上，从而主张其均达不到证据确实、充分的证明标准。

虽然最终二审法院并没有改判沈某某“不构成犯罪”，仍有遗憾之处。但是从二审刑事裁定书来看，“撤销原判，发回重审”已经获得了预期的办理结果，辩护律师做到了有效辩护，最大限度地维护了当事人的合法权益。根据《刑事审判参考》公布的指导案例，发回重审的案件，在没有新证据的情况下，不得作出与原审相同的判决，一审判决时，公诉方已经充分举证，一审法院离案发地更近，事实业已查明，控辩审三方都认为一审判决有问题，完全可以直接改判。实务中，二审不直接改判的原因，笔者认为有以下几点：一是一审事实不清；二是程序违法，可能涉及当事人的上诉权；三是二审法院可能不想否定一审法院的结论，进而影响改判率。上诉的案件很多都不开庭而选择书面审理，这固然有助于节约司法资源，提高审判效率。但是对于一个劳动争议的案件，只要上诉，法院都会开庭，概无例外，刑事案件涉及人的自由甚至生命，为什么就可以不开庭？笔者建议刑事案件二审要一律开庭，除非上诉人书面要求书面审理。

承办律师：吴桂阳　彭　坤

丁某某诈骗案

销售型诈骗案中对产品的夸张宣传不构成“虚构事实或隐瞒真相”的辩护实务

案情简介

公诉机关指控：被告人郑某任某公司的董事长，全面负责和实际控制公司业务。在2015年9月至2018年4月，被告人郑某伙同周某、卫某、丁某某、李某、金某（另案处理）、吕某（另案处理）等人，以某公司为载体，以非法占有为目的，通过全国各地的代理商（运营商）联合美容院，以“老客户赠送免费旅游”及“低价旅游”等名义诱骗客户参加赴泰医疗、赴深医疗，后分别让某公司员工冒充医生对体检报告的异常指标进行夸大、曲解，安排卖手以虚构风水迷信等方式推荐治疗项目，由代理商（运营商）美容院等陪同人员通过“压单”等方式予以配合，使被害人对自己的身体健康和项目疗效产生错误认识，从而支付费用并接受“医疗项目”。截至案发，涉及被害人1466人，诈骗金额共计437 173 700元，某公司实际获利153 181 500元。基于以上案件事实，起诉书指控，被告人郑某结伙周某、卫某、李某等人，以非法占有为目的，采取虚构事实、隐瞒真相的方法共同骗取他人财物的行为触犯《刑法》第二百六十六条，以诈骗罪移送审查起诉。

被告人丁某某在某公司担任深圳某门诊部负责人。2018年4月25日因涉嫌诈骗罪被嘉兴市公安局秀洲区分局刑事拘留，同年5月31日经嘉兴市秀洲区人民检察院批准被逮捕。2018年7月26日经嘉兴市人民检察院批准延长侦查羁押期限1个月，至2018年8月31日。2018年8月20日经浙江省人民检察院批准延长侦查羁押期限2个月，至2018年10月31日。2018年10月22日经浙江省人民检察院批准延长侦查羁押期限2个月，至2018年12月31日。

丁某某共参与19起诈骗，合计诈骗金额20 098 419元。

辩护思路

本案争议点主要集中在：（1）某公司提供的体检报告是否为虚构、作假或者是否对报告做了完全违背事实的解读；（2）某公司提供的产品、治疗是否具有功效；（3）成本与销售价格之间的差价以及冒充美国 NHC 医师或国际医学专家的行为对案件定性有何影响。

首先，体检报告及其解读内容的真假，以及产品和治疗是否具有实际疗效，关涉行为人在手段行为上是否存在虚构内容，这对于本案定性产生关键性影响。其次，由于保健产品的定价不具有统一性，不适用其他行业的成本加合理利润的定价策略，成本价格与销售价格之间的差价对于本案的认定而言不是关键问题。在具有合法经营资质的场合，保健产品的成本价与销售价的价差，对于证明行为人具有非法占有的目的，不能达到证据确实、充分的程度。再次，某公司员工冒充美国 NHC 医师或国际医学专家的行为，不是被害人处分财产购买产品的决定根据和对价内容，因而也不是本案中认定诈骗罪成立的关键问题。最后，尽管保健品行业市场定价混乱，虚假广告以及夸大效用已然成为普遍现象，还是要坚守刑法的谦抑性原则，不宜适用刑法对此类案件“一刀切”。具体到本案中，应进一步查证核实虚构事实、隐瞒真相的行为及证据，查明被告人主观上是否具备非法占有的目的，严格把握保健产品的不合规销售与诈骗犯罪的边界。

一、某公司没有对体检报告作假；基于真实体检报告所作的夸大解读也不是诈骗罪意义上的虚构事实

在某公司采取的系列手段行为中，为客户所出具的体检报告并非伪造或者虚构；在解读体检报告的过程中，虽然具有夸大的成分，有违医师职业伦理道德，但夸大解读不等同于诈骗罪意义上的虚构或捏造事实，应当区别评价。

起诉书指控，某公司安排客户参加某医院的体检，后对客户的体检报告结果进行解读，以体检报告中的指标异常为切入口，再根据事先掌握的被害人的身体状况、家族病史、治疗需求等信息，夸大体检报告中的指标异常的危害后果、虚构重金属超标、患癌风险高等体检结果及危害结果，进而灌输如果客户不进行治疗即将或者必将发生癌症或其他重大疾病等危及生命的严

重后果的观念，对客户进行“下危机”“刺痛点”，诱骗客户购买某公司事先策划的以癌盾治疗、荷尔蒙治疗、排毒治疗等为幌子的“美国 NHC 三大治疗项目”。

根据上述指控，可以得知某公司确实存在安排客户参加某医院体检的客观事实。且该事实又得到了秀洲区人民检察院起诉书［秀检公诉刑诉（2019）443 号］中查明事实的进一步确证：某公司安排客户进入某医院免费体检，该体检内容为抽血检测。从证据材料上看，不存在证明某公司提供的体检报告系伪造或者虚构的证据。结合公诉机关认定的案件事实以及现有的证据材料来看，可知某公司所出具的体检报告真实、有效。

进一步而言，某公司工作人员向客户灌输如果不进行治疗即将或者必将发生癌症或其他重大疾病等危及生命的严重后果的观念，同时夸大特定治疗项目的功效，虽然其行为偏离了一般医师、保健师的职业伦理，但是基于真实体检报告的夸大解读，仍然有别于虚构事实、隐瞒真相。诈骗罪中所指向的“虚构事实、隐瞒真相”，是一种对于被害人决定处分财物所依据的关键性事实无中生有或者完全不披露的状态。本案中，众多客户的确存在健康方面的问题。起诉书中采用“以体检报告中的指标异常为切入口”的表述，足以表明体检者的体检报告中确实存在“异常指标”。在这个基础上，某公司安排医生夸大解读体检报告中的指标异常给身体带来的患癌风险高、虚构重金属超标（据查仅有一例）等危害结果，这种说法在某种程度上是一种对客观事实夸张性的风险预估，它可以套用于任何疾病。任何疾病不及时治疗都有发展和恶化甚至癌变的可能，因此这并不是诈骗罪意义上的虚构事实。

综上，某公司确实为客户安排体检并且出具了真实记载体检结果的报告，至于对体检报告的夸大解读，在本质上是基于真实身体健康状态的夸张预测。而这种风险预估尽管存在夸大的部分，但也不符合诈骗罪“虚构事实、隐瞒真相”的行为特征。

二、某公司销售的产品、治疗也具有一定疗效

认定是否构成销售型诈骗罪，关键要看销售的产品是否具有实际功能或效果，因为这才是客户处分财产所要换取的对价物。本案中，某公司为客户提供的抗衰老保健产品以及癌盾疗法，并非假冒伪劣保健品或虚假疗法，而是能够被客户回访记录证明、能够改善客户身体状况的真实、有效的产品和

治疗，因此客户在财产对价方面没有受到欺骗。

基于材料，可得知某公司为客户提供的量身定制服务，以癌盾疗法输液为主，口服液（或口服片剂）为辅。癌盾疗法涉及两次治疗，第一次是在体检过后在该医院输液，第二次是在某总医院补充干细胞，所注射的是某公司的合作伙伴北京某公司所提供的细胞产品。另外，口服液（或口服片剂）是由上海某公司自主研发的，主要成分为番茄红素和青花素，确有一定的抗氧化和提高免疫力的作用。某公司关于产品和疗法的疗效宣传，重点强调它通过提高身体免疫力来预防癌细胞。换言之，某公司所提供的产品以及疗法并不是针对身体已经存在的问题的临床治疗，而是以预防为主的保健治疗。

而判断这种预防宣传是否为虚假宣传抑或虚构事实，还要结合产品的真实疗效加以分析和说明。本案中，至少有三组客户回访情况表明，赴泰国、深圳的医疗项目确实是有效果的。客户的健康管理是通过项目组合以及长期健康跟踪来实现的。三组客户在赴泰体检报告前后对比中，多项指标得以改善或者业已恢复正常，客户回访高度认可效果。虽然，某公司在商业活动中，利用广告或者其他方法对商品或服务提供与实际内容不相符的虚假信息，夸大产品或服务本身的质量、性能，但是在现有证据能够证明该项目真实、有疗效的情况下，只能说明某公司将商品、服务的小疗效夸大为大疗效，而并非将无疗效虚构为有疗效。

在此意义上，某公司对于真产品、真治疗、真疗效的夸张宣传，不宜被评价为销售型诈骗罪中的虚构事实或隐瞒真相。客户处分财产购买到对自己身体状况有改善效果的产品和治疗方案，也没有在对价物上落空，因此并未遭受财产损失。

三、成本价与销售价之间的差价不是认定诈骗罪的关键问题

在涉及保健品的案件中，实践中有时候会以成本价与销售价之间存在巨大价差，作为证明行为人存在非法占有目的的事实依据。但是，基于保健品行业的定价特殊性以及成本价格的结构来看，作为衡量全案是否存在欺骗行为与非法占有目的的依据，应综合全案的事实、证据（包括公司销售过程中在组织旅游、体检等方面实际投入的成本）来认定。

目前，中国市场上保健品的定价不能完全遵循其他行业的常见定价原理。在没有全国统一定价的情况下，各种保健品的销售价格基于市场、消费关系，

围绕成本价格大幅波动。本案中，某公司给客户提供的癌盾口服药，是对采购单价约为 2. 34 元/片的压糖片进行组装、打码、包装后形成的不同型号的口服癌盾产品。基于癌盾片剂的成分、计量不同，价格也会不同。保健品行业不同于其他行业领域，在销售价与成本价之间产生较大差价是一种普遍存在的客观现象。以成本价与销售价之间存在巨大价差证明行为人具有非法占有的目的，有违市场以及消费规律。

此外，也不应当忽略涉案产品的成本并非全部局限于产品本身，还有另一部分人工成本、渠道成本等隐形成本，包括雇请员工、组织体检、宣讲会、组织旅游等方面的费用。从起诉书可得知，美容院获取终端项目款的 50%、代理商（运营商）获取终端项目款的 20%—25%，而某公司实际获利只不过是终端项目款的 25%。其中，某公司支付给美容院和代理商、运营商多达 75%的部分，都可以归属于成本，而并非仅限于采购单价约为 2. 34 元/片的压糖片。在某公司、某医院具有相应资质以及许可证书的情况下，对产品价值的认定，还要结合在雇请员工、组织体检、宣讲会、组织旅游等方面投入的成本进行综合评价。

综上，在保健产品行业，成本价格与销售价格之间较大的差价不是认定成立诈骗罪的关键性因素。对于诈骗罪成立与否、罪与非罪的问题，还应当结合全案事实以及公司实际投入、支出等，进一步具体核实是否具备欺骗行为、是否具有非法占有的目的。

四、某公司的工作人员冒充美国 NHC 医师或国际医学专家本身不是认定诈骗罪成立的关键问题

起诉书指控，某公司员工李某、夏某等人冒充美国 NHC 医师或国际医学专家在医疗项目说明会上授课，对自身医学身份及专业性进行鼓吹，对被害人在某医院的体检报告进行解读，并同时对所谓的“美国 NHC 三大治疗项目”的功效进行虚构、夸大，使“被害人”对李某等人的美国医学专家身份、美国治疗项目的功效产生错误认识。

但是，结合案件具体情况来看，冒充美国 NHC 医师或国际医学专家身份进行授课以及对“美国 NHC 三大治疗项目”的功效进行虚构、夸大，是某公司在促成交易和盈利驱动下的一种夸张宣传行为。授课、鼓吹医疗专业性以及对商品、治疗服务性质、效用的夸张，仅仅涉及对辅助事实的虚构和夸张。

这些辅助事实的作用，是获得消费者购买产品的信任和认可，但是不等于直接骗取消费者的财产。消费者不会因为对方是美国医生就处分财产，其处分财产是为了换取对方给付的产品和治疗。而这一点如上所述，产品的疗效是真实有效的。

因此，某公司员工李某、夏某等人冒充美国 NHC 医师或国际医学专家进行授课、鼓吹自身专业性的事实，对于认定张某是否构成诈骗罪不具有关键性影响。

案件结果

一审判处丁某某构成诈骗罪，判处有期徒刑十年。

案件评析

本案争议性较大，控辩双方立场不同、观点对立，经过中央电视台《焦点访谈》报道后，引起各方关注，委托人先后委托国内顶尖专家学者进行了三次专家论证，一致认为不构成诈骗罪。

一、本案的行为应当定性为民事纠纷，通过民事途径处理即可，尚未达到刑事入罪的程度。即使存在部分夸大，也属于民事欺诈，不应以刑法规制

《刑事审判参考》在总第 122 集［第 1342 号］黄钰诈骗案中，确定了诈骗罪与民事欺诈的界限，即，民事欺诈与刑事诈骗，在客观上，行为人都实施了占有他人财物的行为。但是，客观上的占有，与行为人主观上是否具有非法占有的目的，并不具有必然的对应关系。不能从客观上存在占有的事实即直接推定行为人主观上具有非法占有的目的。判断一个行为是民事欺诈还是诈骗犯罪，关键看其是否具有非法占有的目的。认定诈骗罪，行为人主观上就必须具有非法占有的目的。反之，即使行为人在取得财物时有欺诈行为，只要没有非法占有的目的，就仍属于民事纠纷，不应认定为诈骗罪。回归本案，诈骗应是“空手套白狼”，是建立在假冒伪劣产品的基础上的；而民事欺诈则是建立在合格产品基础上，而其中涉及夸大宣传、冒充身份等手段，也是以营利为目的而不是以非法占有为目的，这是二者的本质区别。

本案的体检报告真实、提供的药品正规，并向客户提供了正常的医疗服务，即使服务中双方存在争议纠纷，但不属于刑法规制的范围。因此，本案仅可认定为民事欺诈，如肆意将应属于民事法律调整的事项归于刑事法律，则违背刑法的“谦抑性”原则，也将过分限制国民的交易自由、对正常的经营活动产生阻碍。

二、本案事实不清、证据不足且部分证据的采集程序违法

第一，公司业务模式及流程决定某门诊部的模式，但丁某某在中间不发挥作用，不能以某门诊部接待过的客户消费金额作为丁某某的犯罪数额。

公司业务模式为各美容院收集客户信息及建立与客户之间的信任关系，然后将客户带到某门诊部进行免费的二次治疗。这种业务模式流程决定了某门诊部涉及面广、接触客户多，但是对客户决策起到决定作用的首先是美容院的人，其次是医院会诊中给客户“下危机”的专家。丁某某并非美容院的人，也并非会诊的医生，对客户决策不起决定性作用。且深圳某门诊部二次治疗是免费的，即使认定为诈骗罪，犯罪数额也应当以“危机”之下在某门诊部新购买的产品或治疗为准，而不应当将之前已经形成的与某门诊部无关的犯罪数额囊括在内。

第二，对丁某某参加的届数、地点、数额的统计方式不合理。

指控丁某某参与众多届犯罪，诈骗金额 20 098 419 元。但是案卷中没有看到丁某某具体参与相应届数的依据；某门诊部的大部分届数和金额丁某某并未参与，泰国出差也只有 2015 年的二次，第一次为前期观摩，第二次是否带客户成功消费还存疑。起诉意见书粗放地将所有深圳某门诊部的总金额及泰国医疗的很多金额算作丁某某参加的金额，与事实不符。

第三，金额计算的依据不准确，没有形成完整的证据链条。

鉴定机构在计算诈骗数额时，是根据会计凭证、电子台账、员工提成、公司利润表计算出来的，但是，本案中存在美容院人员垫付款的问题，某公司账户内收到的款项很多并非来自所谓的“被害人”，而是来自随行的美容院人员。因此，除非公诉机关能够证明这些被垫付的“被害人”实际还款，否则不能证明被害人遭受的实际损失，这些有待证明的垫付款就不能计算入诈骗数额；本案中，公诉机关不仅没有查清究竟有多少客户被垫付款了，提供的证据也不能证明这些被垫付款的客户实际偿还了借款，因此，在共有多少被垫付款的客户实际还款这一问题上，属于事实不清、证据不足的存疑状态，

鉴定机关贸然就断定所有被垫付款的客户都还款了并且依据此虚假的前提推算诈骗总额，此种鉴定方法推导的结论必然错误。

第四，鉴定机构是以一个未经证实的假前提作出的鉴定结果，即鉴定机关在公诉机关未能证明“被害人”购买的治疗产品的成分作用不具有防癌功能的情况下，就贸然断定这些药物产品属于不具有防癌作用、毫无价值的药品，可见，鉴定机关根据虚假前提作出的结论也必然错误。

第五，涉案司法会计鉴定报告的形式要件不完备，检材不真实、不充分、不可靠，程序不合法，存在重大瑕疵，不能作为认定案件事实的证据。检材来源手续不完备，未见现场封存笔录、提取笔录、送检笔录，扣押物品清单等手续，不排除被污染、被替换的可能性；依据《人民检察院司法会计工作细则（试行）》第十一条的规定，司法会计鉴定报告程序违法，不具备证据主体资格。

根据卷宗材料以及我国《刑法》及《刑事诉讼法》的有关规定，笔者认为：第一，现有证据不足以认定某公司存在对体检报告作假、虚构的事实，且基于真实体检报告的夸大解读应当区别于虚构事实、隐瞒真相。另外，某公司销售的产品对于治疗确实有效，也有被客户回访证明具有一定疗效的事实基础，因此，指控被告人实施诈骗行为的证据还不能达到确实、充分的程度。第二，从保健品行业的定价特殊性以及成本售价的结构来看，成本价与销售价之间的差价不是认定本案构成诈骗罪的关键问题。某公司的工作人员冒充美国 NHC 医师或国际医学专家本身，不是“被害人”处分财产的根据，因而也不是认定诈骗罪成立的关键问题。综上，丁某某的行为不构成诈骗罪。

承办律师：吴桂阳　彭　坤

齐某合同诈骗案

在侦查阶段提供证据还原合同纠纷原貌证实不构成合同诈骗的辩护实务

案情简介

齐某，系某有限责任公司的实际控制人，2019年9月22日与贺某某签订合作协议书，约定贺某某出资500万元，由齐某支配该笔资金用于办理新公司成立事宜，并约定新公司成立后，挂靠至某国有公司名下成为全资子公司，挂靠期限为5年，明确了齐某收益情况与挂靠年限挂钩，同时齐某以自有房产抵押，作为5年内挂靠担保。而后，齐某与北京某公司签订《资产托管经营服务协议》，该公司按照约定进行了新公司注册（某佳人力公司）、取得营业执照等业务，并完成了变更为国有新疆某公司的全资子公司等事宜。后作为该公司高管的齐某、刘某等人在该国有新疆某公司不知情的情况下违规设立子公司20余家，以收取管理费的方式营利，该国有新疆某公司得知该情况后，遂撤销与某佳人力公司的挂靠关系，贺某某见无法继续通过挂靠子公司的模式获利，便以其遭受合同诈骗为由向山东省某市公安局报案，控告齐某合同诈骗犯罪，诈骗金额为500万元。齐某因涉嫌合同诈骗罪于2021年6月4日被山东省某市公安局采取强制措施，辩护律师分别于6月8日和6月11日前往看守所会见，并于11日会见时得知某市公安局已于6月10日向某市检察院报捕，而后辩护律师搜集相关证据并于6月15日向某市检察院提交《齐某涉嫌合同诈骗案建议不予批捕法律意见书》，现场与办案检察官进行了意见交流。

辩护思路

笔者发现在办理涉及合同诈骗与合同纠纷的刑民交叉案件中，往往是合同目的不能实现或出现较大阻碍造成缔约一方的财产性损失，缔约人（控告方）不愿意接受损失，并在回溯整个签订、履行合同的过程中，认为在“某个事项”上受到欺骗，以此控告对方涉嫌合同诈骗犯罪。不排除有的控告动机卑劣，意图通过公权力施压或者利用公权力追回损失。一旦立案，公安机关会跟进查看资金走向，看资金有无进入约定之外的领域、资金损失有无相关担保、资金有无被消耗、挥霍，如果资金存在较大损失风险或者已无法止损，并在表象上符合推定非法占有目的的列举情形，如此，判定构成合同诈骗罪的基础逻辑关系和构罪结论就形成了。辩护律师着手改变这一被动局面，可以从以下几个要点切入。

第一个要点，需考虑能否破坏这个构罪逻辑关系的闭合链路。

重要的切入点是判断行为人有无可以对抗被害人的权利，看进行抗辩的理由是否充分、合理，如果有，那么被害人的权利空间就能够被压缩，这种空间的压缩达到一定限度时，即使属于通过民事途径主张权利特别困难的情形，也不能认定行为人有罪。

第二个要点，需判断在案件中虚构的内容是否属于重要基础事项。

要从交易的性质或者目的来看，该虚构是否属于一般性的、类型性的重要事项，同时还要兼顾当地或者行业的交易习惯，只有在被害人因重要事项陷入错误认识作出有瑕疵的意思表示时，才能算被欺诈和遭受不法侵害，如果行为人不是就这种基础性的重要事项进行欺诈，则不能认定行为人有罪。

第三个要点，需通过合同看权利义务关系是否特定、清晰。

如果合同中约定的权利义务关系特定、清晰，而且在合同履行中，对方已经付出相关的对价，这种对价不是超出常识的畸低，即使存在付出和获取对价不相当的情况，但当事人通过提起民事诉讼进行权利救济是可行的，那么刑法也应保持谦抑性，不能认定行为人有罪。

合同纠纷和诈骗犯罪在办案实务中是非常复杂的问题，很多时候因为客观情形的变化使合同无法继续履行，具体原因五花八门，表现形式光怪陆离，是否具备履行合同的能力和诚意很难判断，这就需要律师把握好要点，能够有的放矢，做到有效辩护。以下展示主要辩点。

齐某不构成合同诈骗罪，本案应属民事经济纠纷，根据《刑法》第二百二十四条的规定，除要满足其规定的五种行为方式之一外，合同诈骗罪还需要发生在签订合同时或合同履行过程中，要求行为人具有非法占有的目的和故意施骗的主观罪过心理与行为。本案中齐某主观上没有非法占有的目的，在合同签订、履行过程中也无虚构事实、隐瞒真相的行为，不符合合同诈骗罪的构成要件。

一、涉案协议真实有效，合同标的真实，内容不违反国家的效力性强制规定

（1）齐某与贺某某于2019年9月22日签订的《合作协议书》，属于正常的经济活动。从该合同内容上看，缔约双方在合同订立时均有相应的缔约能力，当事人意思表示真实，并没有导致合同归于无效或撤销的欺诈、胁迫等事由，且该合同条款没有违反法律和社会公共利益，因此该合同在形式上并不存在无效的事由。由《合作协议书》的内容可知，协议书对双方的权利、义务关系约定清晰，同时约定了违约责任及救济途径，合同内容能够履行且合同目的可以实现，事实上齐某的合同义务已经履行完毕。退一步讲，即使齐某不能履行合同义务，但其以自有房产提供担保，足以保障贺某某的利益，这些条款均是为了保障合同的履行，并最终实现协议目的；签订协议时，双方已经考虑到万一合同目的不能实现的救济途径，齐某以其自有的房产做担保，如果这种情况发生，该纠纷完全可以通过民事途径解决。从这一情节足以判断出签订、履行合同过程中，贺某某从未陷入错误认识，对合同的结果有明确的预期、判断，双方这种经济活动符合正常的商业逻辑，合情、合理、合法，理应受到法律保护。

（2）齐某在合同签订、履行过程中没有提供过任何虚假信息，不存在欺诈行为所要求的虚构事实、隐瞒真相。且在该《合作协议书》第七条特别约定的第三款第三项中，已经明确了齐某的获利模式，即在5年合同履行期内，以递减退还投资款的模式获利，该合同条款并没有违背法律、法规的强制性规定，属于合同签订双方的真实意思表示，合同真实有效，应受法律保护。因此，齐某并没有利用欺诈手段谋求不正当或非法利益。

（3）在《合作协议书》第七条的特别约定中，对能够确保公司5年经营期限的实现、佳某投资公司不再收取任何费用、出现三种情形时还款和承担利息的违约责任均进行了约定——“乙方（齐某）以其自有的一套位于北京市某独栋别墅的房产为退还款项目为甲方（贺某某）提供担保，并约定如果乙方未办理抵押登记手续，乙方以其个人合法财产优先偿还甲方债权。如目标公司依法、依约办理完工商登记手续，抵押条款自动解除”。齐某提供的房产真实，其购买的价格为1524万元，交通银行房贷数额为914万元，剩余价值完全能够覆盖最高数额为500万元的违约退款。因为该房产目前尚未办理房产登记，虽无法办理抵押，但该房产真实，该抵押条款有效，抵押权能够实现，不属于用虚假房产作担保的情形。同时该条款约定“未能办理抵押则以齐某个人财产优先偿还甲方债务”。因此抵押条款真实有效，如果出现违约情形，贺某某可以依照条款保障相应权益。

二、齐某与贺某某系合作关系，双方明确知悉各自的权利义务，贺某某按照协议书约定提供资金，并非因齐某欺骗陷入错误认识而交付财物

《合作协议书》约定，贺某某出资500万元，齐某有权自由支配资金用于办理新公司的成立事宜。贺某某明确知悉协议的内容，对于齐某在合作协议实施过程中的身份以及负有的合同义务均知晓，并且通过双方的沟通情况，可知对公司成立、办理挂靠、托管过程均明确知情。所以齐某在整个签订、履行合同的过程中，并不存在欺骗的行为。

三、齐某已经履行了合同约定的全部义务，且目前涉案合同已经履行完毕，齐某并不具有非法占有的目的

本案中齐某在《合作协议书》签订后，积极履行合同，并与优某公司签订协议，付款250万元，中某公司于2019年9月29日注册成立并取得营业执照，2019年10月31日中某公司进行工商登记信息变更，法定代表人由张某某（贺某某的妻子）变更为刘某某。2019年11月5日齐某将相关证章、营业执照正副本、税控盘、银行U盾、银行开户许可证、密码封等10项内容交接给中某公司董事张某某，从国家企业信用信息公示系统（天津）查询，中某公司相关信息与营业执照信息一致，股东及出资信息显示为：股东为中某公司100%控股，且齐某将相关证章手续全部交接完毕，至此齐某与贺某某签署协议的主要条款内容已经履行完毕，中某公司开始独立运营，合同目的业已实现。

四、贺某某控告齐某的真实目的是想毁约，双方属于民事经济纠纷，不应以刑事手段予以规制

要求齐某返还协议约定用于办理公司设立、托管过程中的资金。贺某某并非受害者，而是合同关系中不诚信的一方。

（1）齐某依照协议，积极履行合同义务，无任何逃避合同义务的行为，并支付费用，最终公司成功设立并建立挂靠关系。

（2）新疆某某公司出具声明是中某公司违规设立子公司的行为导致的，且这种情况发生在齐某履行完合同义务之后，与齐某无关，况且，公司出具声明后又撤销该声明，最终并没有影响齐某、贺某某设立的公司。

（3）《合作协议书》约定托管5年，实际只能托管1年，齐某无法控制这一变量，事先也不知情，且这种情况在合同内有约定，完全属于民事纠纷。

综上所述，齐某、贺某某签订《合作协议书》属于双方真实自由的意思表示，《合作协议书》目前已经履行完毕，履行过程有瑕疵，但不影响合同目的的实现；即使有影响，也属于民事违约行为，不能上升为刑事责任。建议对齐某不予批捕，立即释放。

案件结果

2021年6月17日，某市检察院作出不予批捕的决定，随即公安机关通知取保候审。

案件评析

该案从案发到释放仅有14天时间，特别是公安机关从采取强制措施到侦查终结只用7天且未告知律师报捕情况，这使得最初的局面对当事人非常不利。根据以往经验，对于是民事纠纷还是合同诈骗的判断是比较复杂的，需要在调取正反两个方面的证据材料后慎重作出决定，而快速的报捕没有给辩护律师留有足够消化吸收案情以及申请调取相关证据的时间，更没有给辩护律师提供向侦查机关提出有效法律意见的机会，如果检察院只根据这些提交的有罪证据材料进行审查判断，笔者认为百分之百会批捕。毫不夸张地讲，如不能在审查批捕阶段完成“拦截”，任由该案随惯性推进，很可能出现对当事人更为不利的形势局面。正是因为尽早地介入案情、尽最大可能地争取时间，才使该案在侦查阶段取得实质性进展，下面笔者结合该案谈谈在侦查阶段介入的几点心得体会。

一、侦查阶段介入时做好预判工作，让犯罪嫌疑人避免陷入慌乱和恐惧

一旦犯罪嫌疑人被刑事拘留，刑辩律师介入就变得非常重要，普通人在强大的国家机关面前天然就是弱势的存在，一旦进入司法程序，出于自身地

位和职权的侧重，侦查、公诉机关往往会以犯罪、追诉的角度看待问题。一个普通人作为犯罪嫌疑人进入看守所后，就会与外界失去所有联系（办案人员除外），在身体和思想都受到强制的情况下也会对自己的行为是否属于犯罪产生疑问，任何人面对刑事追究的时候都会感到无比的恐惧，焦虑、绝望的心理相伴而生，特别是在合同纠纷中，动辄数额以百万计，如果定性为诈骗犯罪，后果不堪设想。而这些涉案人往往不具备专业的法律知识作支撑，不知道如何正确应对侦查人员的讯问，甚至违背客观事实作出了不利于自己的供述，此时刑辩律师的介入就十分必要。辩护律师向侦查机关了解到犯罪嫌疑人的罪名和相关的情况，通过会见，做好对所涉罪名的解释和说明，让犯罪嫌疑人对涉案行为性质和法律后果有一个大致的判断，帮助其消除恐惧心理，正确面对审讯，增强个人信心。

二、批捕阶段适时递交法律意见是无罪辩护的最佳时间窗口

本案中，由于公安机关的快速申请批捕，我们立即与主办检察官沟通并提交相关法律意见和证据材料，因为我们非常清楚批准逮捕阶段是无罪辩护最佳的时间段，这也是人们常说的“七天黄金辩护期”。《国家赔偿法》第二十一条第三款规定“对公民采取逮捕措施后决定撤销案件、不起诉或者判决宣告无罪的，作出逮捕决定的机关为赔偿义务机关”，这也就意味着批准逮捕阶段是错案赔偿责任从侦查机关向检察机关“转移”的时间节点，辩护律师的法律意见客观上也是在帮助检察机关进行“风险防控”。本案办案速度很快，刑事拘留后 14 天即报送检察院提请批捕，多次会见后，我们了解到当事人之间就是正常的经贸往来，只要是正常的经贸往来，就必然会有相关证据，根据当事人提供的线索，我们及时通过家属全面收集到相关证据，还原了整个经贸往来的真相，在不疑处生疑，吃透案件，组织好证据，准备好法律意见书，与承办检察官面谈。面谈时提交系列证据，据理力争，主要观点如下：其一，双方签订的合同真实有效，且双方都已按照约定履行了合同义务，我方提供的证据足以证明双方都已全部或部分履行了合同义务；其二，强调合同签订的背景，合同的文本是对方聘请专业律师起草的，这足以说明其对双方的权利义务有清楚的了解，对合同的风险有清醒的认识，我方在签订合同、履行合同的过程中没有弄虚作假、没有欺骗对方；其三，我方也履行了后合同义务，主合同义务履行完毕后，我方本着诚信原则，完全尽到了后续义务，没有非法占有对方财物的故意；其四，合同约定了违约救济途径，该违约条款明显对我方不利，对方完全可以通过民事救济途径来解决问题；其五，对方报案时隐瞒了重要证据，公安局主要是因为只看到部分证据，采信了对方的片面之词才导致错误立案；其六，报案人之前有通过报案向合作对方索要款项的记录，检察院在我方提供充分证据的情况下，采信了我们的辩护意见，最终作出不予批捕的决定。

三、证据为王，没有依据的说理很难被检察官采信

任何一个案件如果认真去做，都有可能探索到理论的边界。长期的刑事执业过程会使刑辩律师对问题性质的判断保有一种特殊的直觉和感受，有时紧握那倏然而逝的闪光便会让整个案件峰回路转，而这些离不开刑辩律师的业务积累和对案件的深刻理解。况且人都有趋利避害的心理，一个案件介入得晚，从当事人那里得知的案情往往都已经经过裁剪和加工，会严重影响律师的分析判断，甚至影响辩护律师辩护策略的制定与实施，人为地增加很多障碍和困难。而且刑事辩护过程还涉及合规问题、边界问题、辩护技巧等众多问题，越早介入就越能够充分地理解案件，越能跳出案件看案件，越能充分发挥个人的专业素养、技能和经验。

本案能在批捕阶段为当事人争取立即释放主要得益于对证据的及时提交。刑事辩护以证据为王，如果离开证据，空洞地谈理论，就很难被检察官采信。在犯罪嫌疑人被刑事拘留的 14 天里，家属按照要求及时提供了大量证据，通过对碎片化证据的有序组合，基本还原了案件的全貌，证实了本案就是一个合同纠纷，根本不构成合同诈骗罪。如果不是及时提交证据，犯罪嫌疑人大概率会被批捕，一旦进入批捕后的程序，后期的辩护会难上加难。刑事辩护有时是在与时间赛跑，我们永远要走在前面，不能等，不能拖，机会稍纵即逝。

承办律师：彭　坤　于建新

易某某伪造公司、事业单位印章，诈骗，合同诈骗案

以经验法则、逻辑法则解读诈骗案中的“非法占有目的”

案情介绍

易某某，案发前系山西安房公司法定代表人、实际控制人，太原市小店区人民检察院指控被告人易某某犯诈骗罪（诈骗金额180万元），合同诈骗罪（诈骗金额300万元），伪造公司、事业单位印章罪，于2020年6月22日向小店区人民法院提起公诉，量刑建议为有期徒刑22年至24年，并处罚金。山西省太原市小店区人民法院作出判决：被告人易某某犯诈骗罪，判处有期徒刑14年6个月，并处罚金105 000元；犯伪造公司、事业单位印章罪，判处有期徒刑2年，并处罚金5000元，决定执行有期徒刑15年6个月，并处罚金5000元；责令被告人退赔被害人汤某益等3人共计405.9万元；已查封的北京市某房产拍卖、变卖后在偿还抵押登记优先受偿权人的债权后剩余部分用于偿还受害人霍某河207.9万元。

易某某向太原市中级人民法院提出上诉，该院于2021年8月19日作出裁定：撤销原判，发回重审。

2022年1月19日，山西省太原市小店区人民法院作出判决：被告人犯伪造国家机关证件、印章罪，判处有期徒刑2年，并处罚金5000元；犯伪造公司、事业单位印章罪，判处有期徒刑2年，并处罚金5000元，决定执行有期徒刑3年6个月，并处罚金1万元；已经查封的北京一套房产由侦查机关依法处理。

公诉机关认为，被告人易某某采取虚构事实、隐瞒真相的手段骗取他人财物180万元，数额特别巨大，应当以诈骗罪追究其刑事责任；被告人易某某以非法占有为目的，在签订合同过程中，虚构事实，骗取他人财产300万元，数额特别巨大，应当以合同诈骗罪追究其刑事责任；被告人易某某伪造高等院校印章、公司印章，应当以伪造公司、事业单位印章罪追究其刑事责任；被告人易某某一人犯数罪，应当数罪并罚。

（1）2015年10月，被告人易某某虚构事实、隐瞒真相，以伪造的加盖有“山西省经贸委房产处”印章的山西经贸委新民中街宿舍房改房住宅楼（易某某岳父童某贤所有）购房协议和加盖有“山西省经贸委房产处财务专用章”的新民中街某房的房款收据作抵押向被害人汤某益借款110万元。

（2）2016年1月，被告人易某某虚构事实、隐瞒真相，以伪造的加盖有“太原市房地产产权监理处”印章的易某荫（易某某的父亲）的太原市坝陵南街某房的房屋所有权证为抵押向卢某远借款100万元，后易某某在2016年10月13日还款30万元，其余款项未归还。

（3）2017年3月22日，被告人易某某在太原市小店区山西安房公司办公室，虚构事实、隐瞒真相，以伪造的加盖有“北京市西城区房屋管理局”印章的北京市西城区百万庄中里某房的房屋所有权证与被害人霍某河签订一份《借款担保协议》，按照约定霍某河向易某某指定的银行账户汇款300万元。

（4）2017年9月，被告人易某某通知其公司副总经理黎某全，让黎某全将其办公室行李箱内的东西处理掉，后黎某全到办公室打开行李箱发现内有一包印章，黎某全电话告知了被害人汤某益，汤某益赶来与黎某全等人查看，发现包内放有“太原市房地产产权监理处”“山西华微房地产开发有限公司”“山西君信商贸有限公司”等印章21枚，后经依法鉴定，印章盖印形成的印文与提供的样本印文不是由同一印章形成的。

公诉机关认为，易某某虚构事实、隐瞒真相，通过伪造的房产证作抵押骗取高额借款，将大量的款项用于高风险的邮币卡投资以及支付高利贷借款，在其明知没有还债能力、资不抵债的情况下，于案发后潜逃。依据2001年《全国法院审理金融犯罪案件工作座谈会纪要》等司法解释中关于推定行为人主观具有“非法占有目的”的条款，认定易某某具有非法占有的目的，构成诈骗罪、合同诈骗罪。

辩护思路

能否认定“非法占有目的”是该案定性的核心问题。从民事前置规范的角度看，如何破解？根据2001年最高人民法院《全国法院审理金融犯罪案件工作座谈会纪要》等司法解释列举的情形，对于被告人所实施的上述行为，从民事救济的角度切入，就属于被害人通过民事途径主张权利特别困难甚至无法主张的情形，所以，司法解释才将其正面解释为被告人具有“非法占有目的”的情形。如要推翻，就需要还原客观事实，综合考虑行为人事前、事中以及事后的各种主客观因素，依据“经验法则”和“逻辑法则”进行整体判断、审查被告人有没有恶意设置追款障碍，使被害人无法正常追回被骗财物。通过对本案的重新解构、分析，辩护律师认为：易某某投资邮币卡尽管是高风险的经济活动，但属于当时政策允许的合法行为，其利用伪造的房产证做借款抵押，采用虚假手段与他人签订借款合同，同时案发后具有逃匿行为均属实。但以上事实在链接上存在时空错位，印证关系存在疑问，并不具备通过民事途径无法救济或者救济特别困难的条件，推断其具有“非法占有目的”有客观归罪之嫌。

公诉机关参照相关司法解释列举的情形，认定易某某具有“非法占有目的”，属于法律推定，如成立，依据经验法则得出的该推定则必须达到高度盖然性标准。“法律的生命不是逻辑，而是经验”，这也正是我们执业过程中依据经验法则得出结论的常态反应。然而法律的推定结果只能为案件事实提供表面看似确实无疑的证明，这种证明可以被“否定它的证据”或“与它相冲突的更有力的相反的推定”推翻，[1]即需要审查能否排除合理怀疑。如果确定经验法则所得结论正确，就必须通过逻辑法则进行逻辑推演和验证，即从一个原则或者更高的价值准则出发，结合案内证据与事实，以自上而下的涵摄关系，对法律推定的结果进行检视和验证。如果结论一致，得出的结果也更具说服力；如果结论相反，这也变相得出了“与它相冲突的更有力的相反的推定”。下面笔者从三个不同侧面进行逻辑推演。

一、根据法秩序统一原理，考量民法对于案件的处理结果

民法上合法的行为，不可能在刑法上被评价为犯罪，这是法秩序统一性原理的当然要求，也是刑法谦抑性原则的体现。公诉机关认定易某某有“非法占有目的”，暗含两点：对于骗取的利益，易某某既有利用意思又有排除意思。出罪的关键在于我们能否推断出其不具有“排除意思”，即将他人的财物作为自己的所有物进行支配、利用、处分的意思。此时基于保护法益目的的一致性，对于“排除意思”概念的理解，刑法、民法是相同的，在结论上刑

〔1〕 叶自强：“事实上的推定与法律上的推定”，转自中国法学网。

法也要与民法保持一致，下面从以下四个方面进行分析。

（1）通过评估，易某某借款时的个人的资产水平和偿还能力并不低于借贷金额，其完全具有还款能力，借款时远远没有达到资不抵债的处境。

（2）投资邮币卡行为属于合法行为，邮币卡虽然是高风险类投资，但在2018年6月停盘前，现行法律并没有相关的强制性规定予以禁止，且已经产生高额的投资回报，不属于个人挥霍和从事违法犯罪活动。

（3）易某某用假房产证进行抵押，但是房产真实，抵押合同有效，且第三套虽然已有抵押，但房产价值能够大部分覆盖借款金额，且附有人保。

（4）易某某有还款的意愿，停盘前积极履约，其不是获取资金后逃匿，其失去联系的原因是个人已无偿债能力，被追债甚至不排除其遭受非法拘禁，是被迫作出的单纯的躲债行为。

综合以上分析，我们从民法的角度对该起诈骗案进行关键环节的梳理，不能得出易某某对诈骗的财物具有排除意思，因此无法确定其具有“非法占有目的”。

二、根据法益保护的刑法机能，衡量被害人的财产损失情况

法益保护的本质在于为法律认为重要的利益提供保护机能，关键要看有没有值得保护或优先保护的法益，在司法实践中，我们常常只重视有无值得保护法益的判断，而往往忽略对应优先保护法益的衡量，这似乎已经演变成思维的惯性。从打击犯罪的价值立场来看待法益判断，往往判断该法益是否值得保护而非优先保护，工作重心集中在欺骗内容、欺骗程度，以及确定受害人交付财物的额度上，进而判断法益是否受到侵害及侵害程度。笔者认为这种判断仅仅为形式判断，并非实质判断。我们在分辨民事欺诈和刑事诈骗时，不能仅仅围绕这种欺骗的表象和即时结果，还要从整体上看这种欺骗是否使受害人的财产受到损失，或者导致财产损失风险的提升。如果受害人没有财产损失甚至是财产收益不降反升，那么该法益就不是优越利益，相反侵害人即将失去的“人身和财产利益”就更值得慎重考虑。〔1〕

（1）考察指控的欺骗行为与法益受到侵害的时点。若存在时空错位，则欺骗与错误认识之间的关联就不甚明显，须考虑是否存在“还小借大”这种

〔1〕于改之：“法域冲突的排除：立场、规则与适用”，载《中国法学》2018年第4期。

欺骗方式，那么财产损害的“有无和大小”就是构罪与否的重要“补强”指标。本案中易某某用假房产证作为抵押，并非在借款当时，而是在进行过长期、定向借款投资后，对金额比较大的单笔借款进行事后保护，同时借款方是进行过实地考察的，此时我们就要分析有没有欺骗效果。

（2）考察虚假信息是否直接造成了法益侵害即是否出现直接的财物损失的后果。易某某分别向3个借款人提供了3个假的房屋所有权证，其中汤某益、卢某远用以借款抵押的房产权利关系清晰，问题在霍某河的房产上，该处北京房产已有500万元的借款抵押，法律关系变得不清晰，对于霍某河的财产需要进一步分析，即法益侵害的风险有没有提升或者得到遏制。

（3）考察虚假信息是否提升了法益侵害的风险。该房产的前期抵押权已经登记，按照登记的时间先后确定清偿次序，尽管该房产的价值高于前期抵押的500万元，但客观上该抵押直接致使霍某河的法益侵害风险提升。同时，在办理抵押时，易某某的前妻童某安为该借款提供了个人担保，尽管不能确定童某安的财产金额，但是霍某河认同并接受了该担保协议，据此我们不能得出法益侵害风险提升的结论。

综上分析，易某某确实实施了民法上所禁止的欺骗行为，但从法益保护和保护的优先上看，受害方并没有因为该欺骗手段受到损失或者损失的风险提升，从刑法的角度看，没有损失的财产与易某某可能受到的刑法处罚相比，易某某的法益保护更具有优先性。

三、根据程序正义原则，度量民商事手段解决的难度

民事欺诈与诈骗犯罪常常界限模糊，尤其在事实竞合的情况下很容易造成误判，对于金额较高的案件，若民事纠纷升格到刑事层面，结局对被告人来讲可谓天差地别。程序正义原则的要求对侦查、公诉、审判权力进行规则性制约，避免权力越界，即只有违法性达到刑事当罚的程度时，刑法才有介入的必要。我们要把发力点放在《民法典》第十条的规定上：处理民事纠纷，应当依照法律；法律没有规定的，可以适用习惯，但是不得违背公序良俗。据此，可得出另一结论：民事法律规范、双方认可的交易习惯可作为刑事和民事之间的界限，即在意思自治范围内的事项不能受到公权力的干预。[1]该

〔1〕顾全：“民事法律行为效力评价维度——兼论及限制性规范体系的理解适用”，载《东方法学》2021年第1期。

法条防止民事责任转化为刑事责任，避免损害当事人的合法权利，是遏制减损、限制公民民事权益的重要保障。

（1）看前置法中有无明确的权利义务关系或者约定事项。特别是当事人双方长期以来已形成某种交易习惯的，刑事手段必须尊重这种交易习惯而不能无视惯例。本案中，双方之间有长时间的经济往来，而且每笔借款都有借款协议，借款伊始就对利息、期限进行了约定，每次签借条，对于借款事项都有明确的预期。从结果上看，这种预期得到了全部或者大部分实现。我们通过《资金收支情况报告》进行核算：2015年10月13日至2018年10月31日，该段时间内易某某与汤某益、卢某远、霍某河等人存在长期、频繁的经济往来，易某某共计借款1463万元，还款1801.6028万元，且款项皆用于投资邮币卡，该数据可得出客观结论，即汤某益、卢某远等借款人从整体上看不但没有受到损失，反而盈利338.6028万元。

（2）从被告人的抗辩内容方面，探寻其合法权利空间。行为人如有可以对抗被害人的权利，被害人的权利空间就会被压缩，当权利空间被压缩到其主张民事权利都会受到限制时，那么从范围上看，就不在刑法规制的范围之内。对于欺骗结果来讲，我们需要考虑被害人是否应当对此答责或者是否存在客观原因导致被告人履约不能。

①汤某益等人对于易某某借款用于投资邮币卡一事有着清晰的认识。易某某向汤某益等人借款之初，对借款的目的就有明确的告知，且之前多次借款均按约定还本付息。汤某益借钱给易某某投资邮币卡是其在充分考虑风险以及注意义务后作出的决定，被害人决定借钱就已经表示其接受这种风险，汤某益要求被告人抵押房产只是风险防控的一种手段。该房产的抵押并非发生在借款初始，双方有经常性的大额借款、还款情况，房产的抵押只是出于保障这种高额收益的同时避免出现所担心的风险的解决方式，其已经具备了自我答责的条件，这种答责不能依靠公权力介入。

②汤某益等人对于政策原因导致邮币卡停盘，使得易某某资金链断裂一事也有明确的认知。易某某投资邮币卡时前景良好，汤某益等人陆续大量借款给他、收益丰厚，但由于政府突然出台政策禁止该类项目，导致易某某不能继续履约。其一，邮币卡停盘是不可预见、不可控制的；其二，邮币卡停盘后，盘内存有价值近500万元的邮币卡瞬间蒸发，不但没有可预期收入，而且易某某本人也处于零净资产状态，所以，易某某不具有利用邮币卡停盘

来骗取汤某益财产的可能性，对于邮币卡停盘一事，易某某自己就是最大的受害方。而汤某益等人对于邮币卡停盘有明确的认知，其选择控告易某某，实则是利用公权力挽回其因政策风险所遭受的损失。

（3）综合比对被害人权利救济途径是否清晰，是否需要公权力介入。权利义务关系的特定化、清晰化系出罪原因，如果权利义务关系具有特定化、清晰化特征，当事人提起民事诉讼救济自己的权利较为容易，就不需要动用刑事手段救济，这也是刑事责任和民事责任界分的重要标准之一。易某某未及时偿还借款的行为，尚未超出普通民事合同纠纷的范畴，完全可以通过民事诉讼中平等主体的举证、质证、辩论来实现权利、平衡利益。被害人的该民事权利并没有失去救济的途径，根本不需要借助刑事力量处理民事纠纷。

辩护要点

一、关于诈骗罪的第一起指控

即被告人易某某以伪造太原市新民中街某房（系易某某岳父童某贤的使用房产，属于公寓房，未购买，童某贤已去世）的购房协议、收据来提供担保或者提高资信能力，借款110万元。笔者主要以易某某与汤某益往来经历、抵押协议签署的真实性以及针对110万元的偿还状况为突破口，反驳公诉机关的指控并反证易某某没有“非法占有目的”。

（1）汤某益自2010年以来便与易某某有长期、频繁的经济往来，易某某每次借款均支付高额利息（月息5分）且能够忠实履约，从汤某益、卢某远的证言中也能够证实这一点，该借款110万元仍出于以往的行为惯性，即基于对易某某偿还能力和以往信誉的信任，且易某某对于该笔借款也一直按时偿还月息5分的高额利息。

（2）针对2015年10月的110万元借款，易某某供述本金已经偿还完毕，且有相关银行流水印证，对于该笔借款，易某某当时没有提供新民中街某房的购房协议和收据。从时间上看，易某某的借款时间与签订抵押合同的时间相隔1年9个月，此时易某某本金已经偿还完毕，协议的签订是汤某益为了保证易某某能够偿还利息，这符合常理也是客观事实。

（3）即使认定易某某签订协议并交给汤某益伪造的购房协议和收据，使汤某益受到欺骗，也不能排除易某某与汤某益签订房屋抵押合同系2017年9

月6日8时易某某遭受非法拘禁期间（10天）受到胁迫、违背真实意思所致。后期易某某曾到北京海淀分局某派出所报案两次（其姐姐家住所地派出所），因为不是案发地，办案机关对易某某身上的伤做了检验，并让易某某回案发地报案，法庭上汤某益对于该问题一直处于回避态度。

二、关于诈骗罪的第二起指控

即被告人易某某以伪造的太原市坝陵南街某房的房屋所有权证（系易某某的父亲易某荫的房产，易某荫已去世）来提供担保或者提高资信能力，向卢某远借款100万元。笔者主要从房屋所有权证虽虚假但记载内容真实、卢某远知悉易某某具有该房产的处分权能、易某某已经偿还该款项大部分的角度去反驳控方、反证易某某没有“非法占有目的”。

（1）易某某伪造的房屋所有权证记载的内容真实，该处房产系易某某的父亲所有，所处地点真实，所有权权属真实，该房屋所有权证丢失，易某某曾登报声明，易某某按照其父亲房屋所有权证的复印件伪造房屋所有权证，该证所载信息与原证内容一致。从公安机关调查的结果来看，太原大学登记易某荫购买房屋的情况与该房屋所有权证的信息是一致的，可以证明该房屋所有权证记载信息的真实性，该房产具有抵押权能。

（2）易某某对该处房产具有完全的处分权能，汤某益、卢某远等人对该权能进行过实地确认。易某某将该处房产抵押，其父母都知道此事，易某荫同意该套房产“需要救急可以用”。另据易某某供述，当汤某益、卢某远等人担心易某某无法偿还高额利息，想确定易某某是否具有该房产的处分权时，到过该住所，并找易某荫（2018年10月23日去世）当面确认过抵押房子的事情，知道易某某对该房产有处分权能。

（3）易某某与卢某远有经济往来，卢某远知道该笔欠款系投资之用，且易某某已经偿还较大部分数额。从2016年1月12日到2016年10月的账目流水看，已偿还卢某远30万元，又重新签了70万元的借条，这期间易某某共支付了卢某远8个月的利息共40万元，后来又陆续支付了利息5万元。偿还金额已经达到75万元。即使在庭审中，卢某远仅承认还款73.5万元，但不管采信哪个数额，都说明易某某偿还了该借款的绝大部分，这与诈骗不支付对价获取对方利益或者支付较小对价获取较大利益的特征是完全相悖的。如果说易某某在用真实房产抵押的情况下，付出75万元的代价去骗取100万元则不符合常理。

三、关于涉合同诈骗罪的指控

即被告人易某某以伪造的北京市西城区百万庄中里某房的房屋所有权证（系易某某妻子童某安名下房产），向霍某河借款300万元。笔者主要从长期资金往来关系、房产真实、签订有《借款担保协议》和《承诺函》、不影响债权实现的角度，去反驳控方，证明易某某没有“非法占有目的”。

（1）对霍某河2017年3月的借款为第四次借款，二人之前已经有3次借款行为，分别是300万元、300万元、500万元，期限均为3个月，月利3%，易某某均按照协议约定，连本带息偿还完毕，其间一直用的该假房屋所有权证抵押，第四次借款由于资金无法回笼，易某某支付霍某河3个月利息后，已没有能力偿还本金，这根本不符合“非法占有目的”在取财之前这一特征。第四笔借款应与前三次借款进行统一评价，而不能对其进行单独评价，否则会造成客观事实的人为割裂。即基于同样的“假房屋所有权证”，控方为什么没有将前三次借款定性为诈骗，而将第四次借款定性为诈骗？

（2）易某某对该笔借款始终保持积极偿还的态度，即使在无力偿还本金的情况下，对于该300万元借款，易某某与童某安一起在北京市第二公证处办理公证手续，以该房产为抵押向张某平借款500万元，并于2017年3月15日从该款项中拿出50万元还给霍某河。后霍某河与易某某签订《还款协议》《借款担保协议》，抵押北京市西城区百万庄中里的房产，同时易某某妻子童某安出具《承诺函》，载明童某安愿意用夫妻共同财产偿还债务，该房产亦在共同财产之中，同时承诺放弃一切抗辩权。即使房屋所有权证系伪造，但房产真实、担保协议真实，并不影响抵押权的实现。

（3）即使该房产存在预先抵押，但抵押的先后只影响债务清偿的先后顺序，不具有对其他债权实现的排他性，并不影响债权的实现。通过办案机关提供的《房屋价值分析报告》所示，北京市西城区百万庄中里某房为学区房，当时价格近800万元，即使从中扣除抵押第一次借款的500万元及其利息后，仍能覆盖该笔借款。同时该笔借款以童某安和易某某的共同财产作为担保，霍某河权益的实现并不存在民事救济方面的障碍。

四、综合全案事实，从宏观、整体上评析该案，仍无法得出易某某“非法占有目的”的结论

（1）综合全案，易某某投资邮币卡真实，且有较高收益，公安机关提供的《资金收支情况报告》显示：2015 年 10 月 13 日至 2018 年 10 月 31 日，该段时间内易某某与汤某益、卢某远、霍某河等人存在长期、频繁的经济往来，易某某共计借款 1463 万元，还款 1801.6028 万元，且该款项皆用于投资邮币卡，该数据可得出客观结论，即汤某益、卢某远等借款人从整体上看不但没有受到损失，反而盈利 338.6028 万元。

（2）案内证据显示，易某某在投资邮币卡中获取了巨大的经济利益，其投资邮币卡的全部金额为 1620 万元，收益应在 3000 万元上下（其中含易某某被非法拘禁期间被提走的价值为 400 万元至 470 万元的邮币卡），有近一半的净利润。不能还款的原因系邮币卡政策变化致使停盘这一客观原因，并非易某某能够左右，与骗取借款前即无偿还能力、借款后逃匿有本质的区别。

（3）依据管某某、肖某某、亢某某、郑某某等人证言，以上人员均是通过汤某益介绍，得知易某某投资邮币卡需要钱，借款月息 5 分利息，侧面印证了汤某益、卢某远等人自始至终都清楚易某某投资邮币卡，借款是为了追求高额利息，并且获得了实际收益的事实，更为重要的是，没有还清借款的易某某对此都签有借条，并不否认以上债权的存在。

案件结果

公诉机关指控 3 项罪名，诈骗罪，合同诈骗罪，伪造公司、事业单位印章罪，量刑建议 22—24 年，庭审期间 2 次退回补充侦查，3 次开庭审理，一审去除合同诈骗罪，判处有期徒刑 14 年 6 个月，上诉后发回重审，又成功去除诈骗罪，最终改判有期徒刑 3 年 6 个月。

案件评析

诈骗罪被规定在《刑法》分则第五章第二百六十六条，属于侵犯财产类犯罪，其他涉及诈骗的特殊犯罪，根据其保护的多重法益侧重不同，分置于《刑法》分则第三章的金融诈骗罪和扰乱市场秩序罪中。该类犯罪对“非法占有目的”未予直接描述，究其原因，是民法与刑法在调整对象、行为规范、法律责任上存在诸多交叉，导致无法对该类行为作出直接评价。对于如何认定诈骗罪的“非法占有目的”，在司法实践中主要依据2001年最高人民法院《全国法院审理金融犯罪案件工作座谈会纪要》等五个司法解释[1]，以法律推定的方式加以认定。结合以上司法解释的具体列举情形，可以看出“非法占有目的”的本质是行为人不仅非法占有他人财物，而且对款项的追回恶意设置障碍，使得被害人无法通过正常的途径，比如民事救济来追回被骗的财物。根据刑法的谦抑性原则，对“非法占有目的”的认定须由民事规范进行前置评价，以审查犯罪嫌疑人的行为是否使被害人客观上陷入民事救济不能或者救济特别困难的境地为切入点，判定案件是否属于民事纠纷范围，适用民事法律规范，从而区分民事欺诈和诈骗犯罪。本篇通过解构案件事实，在“经验法则”和“逻辑法则”的指导下论证该案。其一，从法益侵害性方面，犯罪嫌疑人不具有非法占有目的，被害人通过正常的民事途径，并非不能救济或者救济特别困难；其二，在社会危害方面，也符合不具有社会危害性或情节显著轻微、危害不大，不认为是犯罪（《刑法》第十三条但书），不应上升到刑事犯罪层面，故而无罪。

由于新冠肺炎疫情原因，笔者仅担任了本案一审的辩护律师，在这里对负责重审辩护的山西启合律师事务所的薛宁律师、张晓雪律师表示敬意，虽未谋面，但通过判决书中的辩护意见依然能够强烈地感受到两位律师对待案件的专业与坚韧。在这种刑民交叉的案件中，公诉机关的自然站位，一般会倾向于从有罪的角度去应用法律推定，前文主要是从逻辑法则的角度对这种结论进行检视。同时还有另外一条路径，就是利用“排除合理怀疑”的证明标准，推翻定案的“基础事实”，论证“推定事实”不存在，进而将“法律推定”予以排除，即能获得前文所提“否定它的证据”的效果。在辩护中，我们不可能在紧张的庭审中坐而论道，需要把我们的推演过程通过法律规定的方式传达给法庭，这种方式更为快捷有效。

---

〔1〕（1）2017年最高人民检察院《关于办理涉互联网金融犯罪案件有关问题座谈会纪要》；（2）2022年修正的《最高人民法院关于审理非法集资刑事案件具体应用法律若干问题的解释》；（3）2018年修正的“两高”《关于办理妨害信用卡管理刑事案件具体应用法律若干问题的解释》；（4）2003年最高人民法院《全国法院审理经济犯罪案件工作座谈会纪要》；（5）2001年最高人民法院《全国法院审理金融犯罪案件工作座谈会纪要》。

一、找准问题症结，提出合理怀疑

《刑事诉讼法》第五十五条的证明标准中引入了“排除合理怀疑”，对“证据确实、充分”从三个方面进行了解释，我们在辩护实践中主要考察：关键事实有没有证据证实、关键证据有没有证明资格、全案证据是否存在矛盾、印证关系是否存疑。对于本案，我们主要从印证关系是否存疑上考虑，公诉机关提出的证据，虽然在形式上能够相互印证，但只是片段化、拼合化、机械化的印证方式，该印证结论是存在疑问的，不能排除合理怀疑。案件寻求突破之初，我们主要集中在一个疑问点上，继而持续怀疑，不断瓦解对方的印证关系。例如，易某某与汤某益有着长期的经济往来，一直用假的房屋所有权证给汤某益做抵押，且已多次收回该证，而对于 110 万元借款的抵押却存在时间延期，为什么对其他多笔往来资金不予评价，而唯独评价这 110 万元？对此越来越多的疑问，使得法官对公诉机关举证以及拟证的事实产生了合理怀疑，最终使法官无法形成对被告人有罪判定的心证。

二、穿透边际事实，推翻印证关系

经济犯罪案件的办理要比一般刑事案件复杂得多，原因是经济犯罪案件的发生往往历经了长期的经营过程、夹杂着多重经济关系，最后演变成犯罪是经济纠纷中矛盾积累、深化的结果。我们对公诉机关这种片段化、拼合化、机械化的印证方式提出疑问的同时，必须把工作重点放到“不直接关联定罪量刑”的边际事实上。对于案发背景、控告动机、前因后果都要弄清楚。边际事实，它虽不属于案件的基本事实，却是刑事审判中应当一并考量的重要因素。我们紧紧抓住这些边际事实，诸如，经济合作开始的时间、受害方借款后总体收益情况、易某某不能及时还款的原因、邮币卡停盘的政策依据等。显然这些事实并不是易某某诈骗行为的基本事实，但这些边际事实却对据以定案的基本事实的重新认定、推翻公诉机关机械的印证关系起到极其重要的作用。

三、适时利用规定，还原案件全貌

分析问题并作出“逻辑性预判”是辩护律师的一项技能，在我们通过边际事实论证公诉机关的机械印证方式不能排除合理怀疑时，我们还需要更强有力的证据来印证我们自己的“逻辑性预判”，那么就需要借助法律的规定还原案件的真实面貌。结合这些疑问和掌握的线索，我们利用《刑事诉讼法》第五十二条“审判人员、检察人员、侦查人员必须依照法定程序，收集能够证实犯罪嫌疑人、被告人有罪或者无罪、犯罪情节轻重的各种证据”，适时提出证据收集的申请，最终通过两次发回补充证据，使得边际事实的功能作用逐渐凸显，同时收获了出乎意料的效果，即边际事实越发清晰，而定罪事实变得越发模糊，最终达到原审定罪事实不清的辩护效果。

对财产犯罪等科以刑罚的目的就在于通过惩罚和预防两种方式，让行为人对社会秩序心存敬畏，将其行为控制在合理的范围内。但刑法并非一套冷冰冰的工具，其有自身独立的品格，章节字句之间闪烁着正义之光与逻辑之美。具体到刑事辩护中则体现为，案件事实已经发生完毕，在刑事诉讼过程中，通过严密的逻辑推演，运用现有的证据，廓清模糊的案件事实描述，科学、合理地还原案件客观事实，论证它不符合特定的构成要件，这是刑事辩护的思维。而一个高级、有效的辩护则是，在运用刑法时不仅仅是简单、僵硬的规则套用，而是在无罪和罪轻辩护的取舍中，让参与案件的所有人员看到刑法的严厉和不容亵渎，同时也能感受到刑法的温度与高度，争取让法官作出最优的价值选择，并最终为委托人实现最大利益，这是刑辩人应尽之责。

承办律师：彭　坤　于建新

第二部分

涉税、走私类案件

本部分涉及刑法与行政法交叉的问题，所列举案例为情节严重型的行政犯。

其中，逃税罪规定在《刑法》第二百零一条，是指纳税人采取欺骗、隐瞒手段进行虚假纳税申报或者不申报，逃避缴纳税款数额达到一定程度的行为。走私类犯罪规定在《刑法》第一百五十一条至第一百五十七条，是指故意违反海关法规，逃避海关监管，通过各种方式运送违禁品进出口或者偷逃关税，情节严重的行为。对此类案件要善于利用行政处罚与刑罚之间的衔接，尽量争取办案机关对涉案人不追究刑事责任的结果。如“蚂蚁搬家”类的走私犯罪，违反行政法规范的违法行为在量上达到多少数额构成行政犯，是办理此类犯罪案件实务的重点。

发票类犯罪规定在《刑法》第二百零五条至第二百零九条，一般与骗取出口退税罪具有牵连关系。通常的辩护思路为，从事实证据出发指出现有证据不能证明被告人有骗取抵扣税款或帮助他人骗取抵扣税款的故意，在此情况下仅凭代开发票的行为就认定构成此类犯罪不符合立法本意，也不符合主客观相一致原则和罪责刑相适应原则。对于为虚增营业额、扩大销售收入或者制造企业虚假繁荣，相互对开或循环虚开增值税专用发票的行为，由于行为人主观上不以偷逃、骗取税款为目的，客观上也不会造成国家税款的流失，故不宜以虚开增值税专用发票罪论处。

何某被指控逃税案（无罪）

从逃税罪为单位犯罪、被告人不属于“直接负责的主管人员”入手，证明其无罪的辩护实务

案情简介

被告单位，A 市某房地产综合开发有限公司（以下简称 A 市某房地产公司），法定代表人：何某。

被告人何某，A 市某房地产公司法定代表人，董事长，因犯逃税罪，于 2016 年 10 月 2 日被抓获，次日被刑事拘留，同年 12 月 15 日经 A 市人民检察院依法逮捕。2017 年经 A 市人民法院决定取保候审。A 市人民检察院以被告人单位 A 市某房地产公司、被告人何某犯逃税罪，向 A 市人民法院提起公诉。A 市人民检察院指控的事实为：自 2005 年起，被告人何某，任 A 市某房地产公司法定代表人。2007 年，邓某出资拍下 A 市某一地块，并挂靠在被告单位公司名下，成立了德利花园二期项目部。该项目部涉嫌逃税 121.446708 万元。经税务机关依法下达追缴通知后，仍不补缴应纳税款、不缴纳滞纳金。公安机关认定何某涉嫌逃税犯罪。A 市公安局 B 分局经侦查认定，被告单位 A 市某房地产公司的德利花园二期项目部，少申报纳税、逃避应纳税款 121.446708 万元，占应纳税金额的 30%以上，被告人何某作为被告单位的法定代表人以及该项目部的实质股东，被告单位、被告人的行为触犯了《刑法》第二百零一条，犯罪事实清楚，证据确实充分，应当以逃税罪追究其刑事责任，向 A 市 B 区人民法院提起公诉。

辩护思路

本案主要争议焦点为：

（1）被告人何某对所任职公司的逃税行为是否知情？是否对逃税行为有决定、批准、授意、指挥、组织企业人员隐瞒不报某项目收入等逃避缴纳国

家税款的行为？

（2）税务部门是否依法送达税务决定书、处罚书？

对此，律师认为：

第一，对A市某房地产公司的逃税事实不持异议，但是，公司的法定代表人对此毫不知情，逃税行为完全是项目部的行为，作为法定代表人负有管理不当的行政责任，但绝不应负刑事责任，否则严重违反罪责自负的基本原则，这与近代刑法理念相悖。

第二，没有任何证据证明何某有参与逃税的行为。

（1）庭审查明的事实及辩护人提供的证据足以证明，被告人何某在A市某房地产公司改制时将公司公章和公司账户内的1500万元保证金及管理权限交接给A市房产管理局，并作出书面说明：如果A市某房地产公司德利花园二期项目部发生欠税，则由税务局划拨。这一客观事实足以说明被告人何某并没有任何逃避国家税款征收的主观故意，并且为依法纳税做好了合理的安排和准备。欠税的事实发生之后，税务机关没有向A市某房地产公司的法定代表人何某依法送达《催缴税款通知书》，而是送达给了德利花园二期项目部，被告人何某对德利花园二期项目部欠税一事不知情。有证据证明，A市某房地产公司进行改制，在2012年10月10日后，被告人何某将公司的公章交接给A市房产管理局，对公司的一切事务就失去了管理权限。证据证明，2013年1月10日，被告人何某通过刘某发送的短信内容，才得知德利花园二期项目部欠缴税款的事实。后来被告人何某得知1500万元被刘某等人通过非正常手段划走，导致国家税款流失的事实，对此违法行为何某向江西省九江市纪委举报，更加佐证了其没有任何逃税的主观故意和行为。

（2）德利花园二期项目部和A市某房地产公司是挂靠和被挂靠的关系，后者对前者没有任何管理职权和管理控制之事实。德利花园二期项目部成立于2007年12月12日，法定代表人是何某，其营业范围包括承担德利花园二期项目的管理。有证据证明，A市某房地产公司曾经尝试对德利花园二期项目部进行管理，于2009年11月6日在《瑞昌报》上刊登公告。辩护人通过江西省A市人民政府房产管理局官方网站查询并调取到一份面向全社会主动公开，落款时间为2009年11月10日“关于A市某房地产公司德利花园二期开发的情况说明”的文件，并于2016年10月31日在北京市长安公证处进行公证。该份文件对德利花园二期项目部的基本情况、项目经营过程中的资金情况、A 市某房地产公司提出的要求和德利花园二期项目部就该项目出现的问题所作的说明和要求均有详细记载。该证据证明了以下事实：德利花园二期项目部系挂靠在 A 市某房地产公司名下，前者按约定应向后者缴纳管理费 12.8 万元；德利花园二期项目部由何某个人（或可说“何某声称”）独资开发；A 市某房地产公司曾要求接管德利花园二期项目部但未果，德利花园二期项目部一直独立管理、独立经营。经庭审查证确认，2009 年 11 月之后，A 市某房地产公司经过 A 市房产管理局的调查和协调后，也一直未能干预德利花园二期项目部的经营和管理。以上证据和事实足以证明，德利花园二期项目部一直以来独立管理、独立运营、独立核算、独立缴税，A 市某房地产公司对其没有任何实质的管理和控制，对其申报及纳税行为更不知情也无法监管。另外，本案被告人何某不符合逃税罪的立案标准。《最高人民检察院、公安部关于公安机关管辖的刑事案件立案追诉标准的规定（二）》第五十七条第一款规定：“逃避缴纳税款，涉嫌下列情形之一的，应予立案追诉：（一）纳税人采取欺骗、隐瞒手段进行虚假纳税申报或者不申报，逃避缴纳税款，数额在五万元以上并且占各税种应纳税总额百分之十以上，经税务机关依法下达追缴通知后，不补缴应纳税款、不缴纳滞纳金或者不接受行政处罚的；……”本案中，名义上为 A 市某房地产公司法定代表人的被告人何某从未收到任何税务部门正式下达的税务处理决定书和行政处罚决定书，不应为德利花园二期项目部的逃税行为负责并被立案调查。

第三，被告人何某不属于逃税罪单位犯罪中的“直接负责的主管人员”。

我国《刑法》第三十一条规定：“单位犯罪的，对单位判处罚金，并对其直接负责的主管人员和其他直接责任人员判处刑罚……”

本案中被告单位 A 市某房地产公司德利花园二期项目部逃税的行为构成逃税罪没有异议，但能否以此追究其法定代表人何某的刑事责任，关键在于能否认定被告人何某属于该单位犯罪行为的“直接负责的主管人员”。这就涉及对“直接负责的主管人员”的理解问题。

“直接负责的主管人员”需要从两个方面进行考察：一是直接负责的主管人员是在单位中实际行使管理职权的负责人员；二是该类人员对单位具体犯罪行为负有主管责任。这两个条件缺一不可，若是非单位的管理人员，就谈不上主管人员；如与单位犯罪无直接关系，就不能说对单位犯罪负有直接责任。司法实践中，主管人员主要包括单位法定代表人、单位的主要负责人、单位的部门负责人等。但以上单位的管理人员并非在任何情况下都要对单位犯罪承担刑事责任，只有当其在单位犯罪中起着组织、指挥、决策作用，所实施的行为与单位犯罪行为融为一体，成为单位犯罪行为组成部分之时，上述人员才能成为单位犯罪的处罚主体，对单位犯罪承担刑事责任。需强调的是，单位的法定代表人，也即“一把手”，作为单位最主要的领导成员，在单位里对重要问题的决定会起着至关重要的作用，在单位实施犯罪的情况下，是否均需对单位犯罪负责？对此，同样不能一概而论，应否承担刑事责任，仍需视其是否具体介入了单位犯罪行为，在单位犯罪过程中是否起到了组织、指挥、决策的作用。主持单位领导层集体研究、决定或者依职权个人决定实施单位犯罪的情况下，当属“直接负责的主管人员”；反之，在由单位其他领导决定、指挥、组织实施单位犯罪、不在其本人职权分工范围之内、本人并不知情的情况下，则不应以单位犯罪直接负责的主管人员追究其刑事责任。

具体到本案，被告人何某虽然是被告单位 A 市某房地产公司的法定代表人，但经法庭调查确认的证据不足以证明：被告人何某具有决定、批准、授意、指挥、组织企业人员隐瞒不报德利花园二期项目部收入等逃避缴纳国家税款的行为，且相关证据证明逃税系德利花园二期项目部负责人授意所为，所以认定被告人何某系 A 市某房地产公司逃税犯罪直接负责的主管人员，应对其追究逃税罪的刑事责任没有任何有效证据。综上，辩护人认为法院应当依法判决被告人何某无罪，以此彰显罪刑法定和罪责刑相适应的刑法原则。

案件结果

一审法院认为，被告单位 A 市某房地产公司作为纳税主体，在其项目部开发德利花园二期项目过程中采取隐瞒不报的手段少申报纳税，逃避缴纳税款 121.446708 万元，占应纳税金额 30%以上，其行为构成逃税罪，公诉机关指控的罪名成立，本院予以确认。被告人何某作为被告单位 A 市某房地产公司的法定代表人、经理，无相关证据证明其是直接负责的主管人员，公诉机关指控被告人何某犯逃税罪的罪名不能成立，本院不予支持。被告人何某作为国有公司经理，利用职务便利，与他人合伙经营与其所任职公司同类的营业，获取非法利益，数额巨大，其行为构成非法经营同类营业罪，公诉机关指控其构成非法经营同类营业罪的罪名成立，本院予以确认。依据《刑法》第二百零一条、第二百一十一条、第一百六十五条、第六十四条之规定，判决如下：被告单位A市某房地产公司构成逃税罪，判处罚金200 000元；被告人何某犯非法经营同类营业罪，判处拘役6个月，并处罚金100 000元。

案件评析

刑事辩护本就艰难，尤其是无罪辩护更是难上加难，原因大致有：（1）公检法机关办案越来越严谨，层层把关，犯大错误的概率非常低；（2）大量无罪的案件在进入诉讼程序之前就已经解决；（3）有些案件的当事人选择息事宁人，不再坚持，换取轻判，这类案件占比应该不少。基于以上原因，除非有确定把握，一般不宜做无罪辩护，我们不能为了做无罪辩护而做无罪辩护，为了委托人的利益绝不能图一时之快，最终的结果必定是要由委托人承担。本案在审理过程中，被告人多次被劝说认罪认罚以获得缓刑，作为辩护律师我们给被告人提供专业的建议，被告人对我们的专业坚信不疑，并坚持到底，整个过程没有丝毫的犹豫和不决，最终法院采纳了辩护人意见，认定被告人不构成逃税罪，但是在休庭期间，公诉机关补充起诉，增加非法经营同类营业罪的罪名，最终法院以非法经营同类营业罪判处被告人拘役6个月。

承办律师：彭　坤

龚某走私国家禁止进出口货物案

通过激活程序性权利争取最大从宽处理的辩护实务

案情简介

(1) 被告单位青岛J公司、大连Z公司，被告人耿某、范某某、龚某、史某某、金某某走私国家禁止进出口货物的事实。

2017年3月至4月，被告人耿某在与朝鲜出口方约定以无烟煤冲抵朝方欠其的部分货款后，通过被告人范某某联系被告人龚某，欲向被告单位青岛J公司销售朝鲜无烟煤。2017年4月至5月，耿某、范某某、龚某在明知国家已颁布公告禁止进口朝鲜原产煤炭的情况下，商定由耿某以我国香港地区某进出口贸易有限公司的名义向青岛J公司销售朝鲜无烟煤，并采取在朝鲜港口装运后绕道俄罗斯港口换单、购买虚假的俄罗斯原产地证等单证的方式，将原产于朝鲜的无烟煤伪报为俄罗斯无烟煤报关进口。被告人史某某听取龚某的汇报后，同意青岛J公司采用上述模式购买朝鲜无烟煤并销售。

2017年5月，被告人耿某为向被告单位青岛J公司出口朝鲜无烟煤，联系被告单位大连Z公司的实际负责人被告人金某某，金某某在明知国家已颁布公告禁止进口朝鲜原产煤炭的情况下，与耿某约定，由大连Z公司采取绕道俄罗斯换单的方式，从朝鲜装运朝鲜无烟煤并运输至国内进口。

2017年5月下旬，被告单位大连Z公司派遣“大德敦化轮”前往朝鲜罗津港装运朝鲜无烟煤并绕道俄罗斯纳霍德卡港进行换单，“大德敦化轮”抵达江苏南通港后，被告单位青岛J公司安排报关公司利用虚假单证，于6月19日将约7301吨朝鲜无烟煤伪报为俄罗斯无烟煤报关进口。之后青岛J公司以每吨815元的价格将上述无烟煤销售给福建某农业生产资料有限公司。

2017年6月上旬，被告单位大连Z公司派遣“新环宇轮”前往朝鲜罗津港装运朝鲜无烟煤并绕道俄罗斯纳霍德卡港进行换单，“新环宇轮”抵达江苏南通港后，被告单位青岛J公司安排报关公司利用虚假单证，于6月26日将约10 180吨朝鲜无烟煤伪报为俄罗斯无烟煤报关进口。之后，青岛J公司以每吨790元的价格将上述无烟煤销售给福建某农业生产资料有限公司。

（2）被告单位大连Z公司，被告人耿某、金某某存在走私国家禁止进出口货物的事实。2017年5月，被告人耿某为继续采用上述模式向国内销售朝鲜无烟煤，通过被告人范某某与陶某某取得联系，欲向陶某某销售朝鲜无烟煤。后陶某某因资金问题未能实际购买，并介绍姜某向耿某购买无烟煤。姜某与耿某签订购销合同后，于2017年6月24日将上述煤炭销售给胡某。

2017年6月，被告人耿某与被告人金某某约定，由被告单位大连Z公司采取绕道俄罗斯换单的方式，从朝鲜装运朝鲜无烟煤并运输至国内进口。6月中下旬，大连Z公司派遣“大德敦化轮”前往朝鲜罗津港装运朝鲜无烟煤并绕道俄罗斯纳霍德卡港进行换单，于7月14日将约7360吨朝鲜无烟煤伪报为俄罗斯无烟煤报关进口。

（3）2017年4月底至5月初，日照C国际贸易有限公司（以下简称C公司，另案处理）向朝鲜出口方购买无烟煤，并采取在朝鲜港口装运后绕道俄罗斯港口换单、购买虚假的俄罗斯原产地证等单证的方式，将原产于朝鲜的无烟煤伪报为俄罗斯无烟煤报关进口。被告人金某某在明知国家已颁布公告禁止进口朝鲜原产煤炭的情况下，仍与C公司负责人杨某某（另案处理）约定，由被告单位大连Z公司采取绕道俄罗斯换单的方式，从朝鲜装运朝鲜无烟煤并运输至国内进口。5月上旬，被告单位大连Z公司派遣“大德敦化轮”前往朝鲜南浦港装运无烟煤并绕道俄罗斯纳霍德卡港进行换单，于6月7日将约7317吨朝鲜无烟煤伪报为俄罗斯无烟煤报关进口。

辩护思路

一、如何正确理解《刑法》第九十六条的“国家规定”？

蛇打七寸。本案的“七寸”不在事实，而在于对“国家规定”的理解适用。《刑法》第九十六条规定：“本法所称违反国家规定，是指违反全国人民代表大会及其常务委员会制定的法律和决定，国务院制定的行政法规、规定的行政措施、发布的决定和命令。”本案是依据2017年9月28日商务部2017年第55号公告，执行联合国安理会第2375号决议。如果没有这个公告，本案是正常的国际贸易，根本不具有违法性。从《刑法》第九十六条的规定可以清楚地看出，公告不属于“国家规定”的范畴。“法无明文规定不为罪，法无明文规定不处罚”，根据近代刑法的基本原则，在案件事实与刑法规范之间穿梭往来、对号入座，不难发现本案应属无罪，给予各被告人行政处罚足矣。依据《律师办理刑事案件规范》，我们首先选择无罪辩护，在无罪辩护不可能的情况下，也要充分利用这一有利情节，退而求其次，把无罪情节作为罪轻的筹码，促使法庭考虑这一情节，以争取最大化利益。

二、激活程序性权利

我国《刑法》第六十三条第二款规定：“犯罪分子虽然不具有本法规定的减轻处罚情节，但是根据案件的特殊情况，经最高人民法院核准，也可以在法定刑以下判处刑罚。”根据该规定，对于不具有《刑法》规定的法定减轻处罚情节的被告人，根据案件的特殊情况，如果有必要对被告人在法定刑以下判处刑罚的，必须适用《刑法》第六十三条第二款的规定报经最高人民法院核准。本案一旦认定构成犯罪，被告人龚某走私国家禁止进出口的货物情节将特别严重，根据《刑法》第一百五十一条第二款的规定，应当判处五年以上有期徒刑。考虑到该案的特殊性，辩护人申请法院依据《刑法》第六十三条第二款的规定，报经最高人民法院核准，请求减轻处罚，主要理由是，2017 年 9 月 28 日商务部 2017 年第 55 号公告的主要内容包括：第一，朝鲜实体或个人在中国境内设立的中外合资经营企业、中外合作经营企业、外资企业，应自 9 月 12 日（联合国安理会第 2375 号决议通过之日）起 120 天内关闭。中国企业在境外与朝鲜实体或个人设立的合资合作企业，也应按照上述安理会决议的要求予以关闭。各省级商务主管部门、工商行政主管部门负责监督执行。第二，上述规定不适用于经安理会朝鲜制裁委员会逐案批准豁免的项目，尤其是非营利的、非商业性公用事业基础设施项目。经商务主管部门审批或备案的相关企业如需申请豁免，可通过省级商务主管部门提出。

当时的大环境是联合国对朝鲜实施制裁，中国政府有义务遵守联合国安理会第 2375 号决议，在联合国安理会第 2375 号决议生效之前，被告人的行为是合法的，对两国人民是有利的。如上文所述，商务部的公告不属于“国家规定”的范畴，严格来讲，被告人不构成犯罪。鉴于本案的特殊情况，法院最终采纳辩护人的意见，依据《刑法》第六十三条第二款规定报最高人民法院核准，在法定刑以下判处刑罚。

案件结果

法院认为，被告单位青岛 J 公司，被告人耿某、范某某逃避海关监管，以伪报原产地的方式走私国家禁止进出口的货物，情节严重；被告单位大连 Z 公司明知他人走私国家禁止进出口的货物，仍为其提供服务，情节严重；被告人史某某、龚某作为青岛 J 公司直接负责的主管人员，被告人金某某作为大连 Z 公司的直接主管人员，采用上述方式走私国家禁止进出口的货物，情节严重；上列被告单位、被告人的行为均构成走私国家禁止进出口货物罪。被告单位青岛 J 公司、大连 Z 公司，被告人耿某、范某某共同走私部分国家禁止进出口的货物；被告单位大连 Z 公司、被告人耿某共同走私部分国家禁止进出口的货物，系共同犯罪。江苏省南京市人民检察院指控被告单位青岛 J 公司、大连 Z 公司，被告人耿某、范某某、史某某、龚某、金某某犯走私国家禁止进出口货物罪的事实清楚，证据确实、充分，罪名成立，本院予以支持。被告人范某某、史某某、龚某、金某某犯罪后自动投案，并能如实供述自己的罪行，系自首，可以从轻或减轻处罚；史某某、金某某分别是青岛 J 公司、大连 Z 公司直接负责的主管人员，青岛 J 公司、大连 Z 公司也应认定为自首，可以从轻或减轻处罚；青岛 J 公司、大连 Z 公司、范某某、史某某的辩护人关于自首的辩护意见属实，本院予以采纳。关于耿某的辩护人提出的耿某的行为应定性为买卖国家机关公文、证件、印章的辩护意见，经查，买卖俄罗斯单证的行为是走私国家禁止进出口的货物犯罪的手段，在均构成犯罪的情况下应以较重的罪行进行处罚，故应定性为走私国家禁止进出口货物罪。关于大连 Z 公司、史某某、龚某、范某某的辩护人提出的从犯的意见，经查，史某某作为青岛 J 公司的负责人，对青岛 J 公司参与犯罪起决策作用且其与耿某、龚某等人之间多次通过微信联络、沟通，故不能认定为从犯；龚某全程参与了合同拟定、商谈，在整个过程中联系耿某和史某某，微信聊天记录也证实其对于做成该笔业务持积极态度，并非按照领导指示要求被动服从的过程，不能认定为从犯；大连 Z 公司明知耿某从事走私原产于朝鲜的煤炭活动仍多次提供运输服务，为逃避监管关闭船上 AIS 系统，其也不能构成从犯；范某某在共同犯罪中起到次要作用，可以认定为从犯；对大连 Z 公司、史某某、龚某的辩护人的意见不予采纳，对范某某的辩护人的意见予以采纳。

被告人范某某在刑罚执行完毕后，在五年内再犯应当判处有期徒刑以上刑罚之罪，系累犯，依法予以从重处罚。被告人耿某、龚某到案后如实供述自己的主要犯罪事实，系坦白，依法予以从轻处罚。被告人耿某、龚某虽不具有减轻处罚情节，但是根据本案的犯罪事实、犯罪性质、情节和对社会的危害程度，本院决定对该二被告人在法定刑以下判处刑罚，并报最高人民法院核准，据此，依据《刑法》第一百五十一条第三款、第四款，第二十五条第一款，第二十七条，第三十条，第三十一条，第六十三条，第六十四条，第六十七条第一款、第三款之规定，判决如下：被告单位青岛 J 公司犯走私国家禁止进出口货物罪，判处罚金 80 万元；被告单位大连 Z 公司犯走私国家禁止进出口货物罪，判处罚金 100 万元；被告人耿某犯走私国家禁止进出口货物罪，判处有期徒刑 2 年 6 个月，并处罚金 20 万元；被告人龚某犯走私国家禁止进出口货物罪，判处有期徒刑 2 年 3 个月，缓刑 2 年 6 个月，并处罚金 15 万元。

案件评析

一、在被告人没有法定减轻处罚情节的情况下，如何启动《刑法》第六十三条第二款规定的报核程序？

本案是在特定历史环境下发生的案件，一个小案件其实反映了当时的国际形势，美国等西方国家为解决“朝核”问题，通过政治、外交、国际贸易、法律等手段向朝鲜施压、制裁，从而导致本案案发。当事人作为被告人觉得很委屈，他们几十年来一直从事中朝贸易，靠这个生意吃饭，怎么突然就违法犯罪了？当事人这种最简单、最朴素的理解往往是有法理基础的，如果生硬地照搬法条，本案量刑将明显失衡。为避免量刑失衡，立法者在立法时已经充分考虑了这些特殊情形，并在《刑法》第六十三条第二款预留了救济途径，辩护律师必须牢牢把握、利用这一途径，把程序性权利发挥到极致。本案辩护之所以取得成功，就是抓住了这一要点，刑法是一个复杂的科学体系，刑法内部及刑法与其他部门法之间的逻辑关系，更是一个庞大的逻辑体系，我们要善于利用这一体系，有理、有据、有针对性地辩护，保障法律的公正实施，最终实现良好的辩护效果。

二、《刑法修正案（八）》实施之后，适用《刑法》第六十三条第二款规定的报核程序对被告人在法定刑以下判处刑罚，是否受《刑法》第六十三条第一款规定的减轻幅度的限制？

《刑法修正案（八）》实施之后，适用《刑法》第六十三条第二款对被告人在法定刑以下判处刑罚的，不受《刑法》第六十三条第一款规定的减轻幅度的限制。《刑法修正案（八）》实施之前，《刑法》第六十三条第一款并没有对减轻处罚的幅度进行限制，故对犯罪分子减轻处罚时，无论是适用法定减轻处罚情节，还是适用《刑法》第六十三条第二款报核程序的，均不受法定量刑幅度的限制。《刑法修正案（八）》对《刑法》第六十三条第一款予以修改，增加了“本法规定有数个量刑幅度的，应当在法定量刑幅度的下一个量刑幅度内判处刑罚”的规定。据此，有观点认为，此款对《刑法》第六十三条第二款规定的特殊情况下减轻处罚的适用也具有限制意义，即《刑法修正案（八）》实施之后，根据案件的特殊情况，报经最高人民法院核准在法定刑以下判处刑罚的案件，人民法院只能在法定量刑幅度的下一个量刑幅度内判处刑罚。其理由在于，《刑法》第六十三条第一款实际上也是对如何减轻处罚的规定，即被告人具有法定减轻处罚情节的，只能在法定量刑幅度的下一个量刑幅度内判处刑罚。对于没有法定减轻处罚情节的犯罪分子适用《刑法》第六十三条第二款在法定刑以下判处刑罚的，也应同样适用上述规定。如果允许在法定量刑幅度的下两个量刑幅度内判处刑罚，可能会导致法官自由裁量权过大。

《刑法修正案（八）》施行以前，最高人民法院曾核准过一些在法定量刑幅度以下两个量刑幅度内判处刑罚的案件。《刑法修正案（八）》第五条仅修改了《刑法》第六十三条第一款，对该条第二款未作修改，也未明确第二款受第一款限制。司法实践中，出于政治、外交、国防等国家利益的需要，以及为了实现特殊个案的罪刑均衡（例如，许霆案即为典型案例，如不能下两个量刑幅度处罚则明显量刑过重），必要时在法定量刑幅度的下两个量刑幅度内判处刑罚有其必要性和合理性，在法律上存在这种可能的情况下，我们务必穷尽一切方式为委托人争取从宽处理，对于有理有据的诉求，法庭也必然会充分考虑，本案就是一个经典的诠释。

承办律师：彭　坤

师某某走私普通货物、物品案

从证据入手压低计税价格同时适用两个从宽情节争取到缓刑的辩护实务

案情简介

师某某，系某贸易有限公司职工，因涉嫌走私普通货物、物品罪于2014年5月5日被羁押，同年6月12日被批准逮捕，后羁押于北京市第一看守所。北京市人民检察院以京三分检公诉刑诉（2014）301号起诉书指控被告人甄某、师某某犯走私普通货物、物品罪，并于2015年1月5日向北京市第三中级人民法院提起公诉。北京市人民检察院第三分院指控：2012年4月至2014年2月，被告人甄某、师某某借用北京市某食品行、北京市某冻品行的名义，委托代理公司进口冻格陵兰鲽鲽鱼头、鱼尾、鱼身等冻品，并制作虚假报关用发票、合同、装箱单，采取低报价格的手段，逃避海关监管，走私货物16票，偷逃应缴税额共计240万余元。北京海关缉私局于2014年4月9日对被告人师某某进行网上追捕，同年5月5日师某某主动到北京市公安局某派出所投案自首，当天被带回北京海关缉私局。

辩护思路

一、确定该起走私案中影响定罪量刑的关键辩点

《最高人民法院、最高人民检察院关于办理走私刑事案件适用法律若干问题的解释》第十六条第一款规定："走私普通货物、物品，偷逃应缴税额在十万元以上不满五十万元的，应当认定为刑法第一百五十三条第一款规定的'偷逃应缴税额较大'；偷逃应缴税额在五十万元以上不满二百五十万元的，应当认定为'偷逃应缴税额巨大'；偷逃应缴税额在二百五十万元以上的，应当认定为'偷逃应缴税额特别巨大'。"上述偷逃应缴税额区间分别对应《刑

法》第一百五十三条规定的主刑，即三年以下有期徒刑或者拘役、三年以上十年以下有期徒刑、十年以上有期徒刑或者无期徒刑。回归到本案，一个亟待解决的问题是，案内走私的货物为冷冻鱼产品，产品原始单据灭失且存在较长时间跨越，无法精确计算该货物总量及需要核定应缴税款的数额。因此，计税价格的准确把握、计核方法的正确运用，合理排除、扣减走私偷逃税款是保护被告人合法权利、作出有效辩护的核心。海关总署发布的《海关计核涉嫌走私的货物、物品偷逃税款暂行办法》对涉嫌走私的货物、物品偷逃税款计核方法进行了规定，将偷逃税款的计核职责与权力单独赋予海关的审单部门，由于该部门是海关内设部门，工作运行不接受外部的监督和制约，而计税结果又对定罪量刑具有决定性的影响。在这一过程中，就需要辩护律师竭尽所能地甄别、推敲相关证据，从证据能力和证明力的角度反复审视，拧干水分，尽可能扣除、排除多算的部分，使最终确定的计税结果贴近客观真实。

二、辩护中需要克服的主要障碍和困难

计税结果取决于计税价格的确定和计核价格的次序，这也是本案辩护过程中需要突破的难点。

第一，关于计税价格的确定。案内突出问题是，因为国内证据的缺失，实际掌握的证据与被告人口供无法一一印证，致使海关缉私局无法掌握实际成交价格。而根据《海关计核涉嫌走私的货物、物品偷逃税款暂行办法》的相关规定，涉嫌走私的货物应当首先考虑以实际成交的价格作为审核基础，并在此基础上附加相应的运费、保险费作为其计税价格。该案中，因为当事人举证的材料涉及国境外取证问题，办案机关无法查证，且当事人提供的材料也难辨真伪，缉私部门、海关核税部门无法确定实际成交价格，因而决定采用计核价格。

第二，关于确定计核价格的核定方式。根据《海关计核涉嫌走私的货物、物品偷逃税款暂行办法》第十六条的规定，涉嫌走私的货物能确定成交价格时，应以实际成交价格为基础计核偷逃税款，在无法确定成交价格时，才应根据该办法第十七条的规定，依次审查确定计税价格：（1）海关所掌握的相同进口货物的正常成交价格；（2）海关所掌握的类似进口货物的正常成交价格；（3）海关所掌握的相同或者类似进口货物在国际市场的正常成交价格；

（4）国内有资质的价格签证机构评估的涉嫌走私货物的国内市场批发价格减去进口关税和其他进口环节税以及进口后的利润和费用后的价格，其中进口后的各项费用和利润综合计算为计税价格的20%；（5）涉嫌走私的货物或者相同、类似货物在国内依法拍卖的价格减去拍卖费用后的价格；（6）按其他合理方法确定的价格。本案中，办案机关以海关所掌握的相同进口货物的正常成交价格与市场评估价相结合的方式确定了成交价格，这种操作简便容易，法条上也有相关的救济条款，不深入研究和推敲很难发现其有何不妥。但该计核价格方式以及所得出的结果，与涉案人员认为的实际走私数额存在非常大的出入，得出的成交价格严重偏离事实，给案件的结果带来极大不利。在本案中还存在另外一个问题，即行为人明知出售的走私货物来源非法，不可能提供真实的销项发票，但是，为了将走私货物出售，实现其牟取非法利益的目的，甄某、师某某采取了虚开增值税专用发票的方式，以缴纳增值税的手段，意图使非法交易取得合法的形式。同时还主观地认为即使案发，其缴纳增值税的额度可以抵扣海关应予代征的进口税款，在此动机驱动下，其虚开的数额又大幅超过了实际交易额，缉私机关将该票数额作为一个重要的辅助判断依据，而师某某也强烈希望按照该虚开的交易额度进行海关代征税的抵扣，当律师的观点与当事人的观点不一致时，这个时候不能迎合当事人的心理，要以案件可能的结果作为选择的主要标准，律师的工作内容之一是说服、纠正当事人的错误观点。

三、依据事实和法律依次解决矛盾问题

辩护的依据只能是事实和法律，以表面的逻辑自洽争取不法利益是自欺欺人，将会使辩护方向出现错误，而这种错误将直接导致法官对辩护律师专业性的否定，直接影响到案件辩护意见的采纳程度。首先我们给予师某某及其家属专业、权威的解答，明确抵扣应缴数额是违反法律规定的，因为在《最高人民法院、最高人民检察院、海关总署关于办理走私刑事案件适用法律若干问题的意见》中已经有明确的规定，即走私犯罪嫌疑人为出售走私货物而开具增值税专用发票并缴纳增值税，是其走私行为既遂后在流通领域获取违法所得的一种手段，属于非法开具增值税专用发票。对走私犯罪嫌疑人因出售走私货物而实际缴纳走私货物增值税的，在核定走私货物偷逃应缴税额时，不应当将其已缴纳的增值税额从其走私偷逃应缴税额中扣除。通过专业

解读法律，消除了涉案人不切实际、心怀侥幸的意图和念头。而后我们与缉私部门、检察机关多次沟通，本着还原真相、实事求是的态度，对于增值税专用发票所反映出成交价格的材料进行仔细甄别，对实际交易情况进行了仔细核算；并对于被扣押的能印证客观事实的证据申请协助查询、要求附卷；对于缉私机关无法核查及无法确定材料虚假或者伪造的，根据存疑利益有利于被告人原则，说服办案机关采用有利于被告人的计核结果，办案机关最终确定：走私货物 16 票，偷逃应缴税额共计 240 万余元。这个应缴税额的确定成功将法定刑争取到“三年以上十年以下”的幅度，占据了反复拉锯中的辩护高地，实现了阶段目标，也为实现最终辩护目标打下了良好的基础。

案件结果

该案于 2015 年 3 月审结，北京市第三中级人民法院（2015）三中刑初字第 00148 号刑事判决书判决：被告人师某某犯走私普通货物、物品罪，判处有期徒刑 2 年，缓刑 3 年，并处罚金 50 万元。

案件评析

首先，该案的关键是偷逃应缴税额的认定，如果没有把计核额度降低至 250 万元以下，那么直接对应的将是“偷逃应缴税额特别巨大”，对应的刑期就是“十年以上有期徒刑或者无期徒刑”这一刑档。如果出现这种情况，是没有缓刑可能的，从预期结果上看，辩护的实际作用将会非常有限。而一旦将偷逃应缴税额度降到 250 万元以下，对应的刑档就是“三年以上十年以下有期徒刑”，如果再结合其他量刑情节，判处缓刑就有了实现的可能，最终办案机关认同我方的辩护观点，将偷逃应缴税额度认定为 240 万元。事实辩护往往是法官最容易采纳的方式，辩护律师只要把基本事实呈现出来，没有主观上的不确定性，一是一，二是二，这一点与法律适用存在明显的区别，也更容易出效果。

其次，辩护律师对师某某在该案中的地位与作用进行了论证，认为该案可具体分为两个相对独立的环节。甄某从事的是整个走私犯罪过程中最为复杂和关键的第一个环节，属于犯罪中的直接实行行为。而师某某负责的第二个伪造单证、虚开发票的环节仅仅是造成危害后果的步骤，是被动的、重复的。且在资金的分配上也可以看出其被支配和控制的地位，办案机关对该观点予以采纳，认为其在共同犯罪中只起次要、辅助的作用，作出了从犯的认定。

最后，我们对网上追逃人员师某某主动到案、如实供述的情形进行了论述，师某某虽为网上追逃人员，根据最高人民法院《关于处理自首和立功若干具体问题的意见》的相关规定，该罪行已被录入全国公安信息网络在逃人员信息数据库，视为已被办案机关掌握。但根据《最高人民法院关于处理自首和立功具体应用法律若干问题的解释》第一条第一项的规定，即犯罪事实虽被发觉，但犯罪嫌疑人尚未受到讯问、未被采取强制措施时，主动、直接向公安机关、人民检察院或者人民法院投案，仍属于自首。

与此同时，笔者对主动补缴税款、认罪认罚等从宽情节也进行了阐述，结合以上辩护要点，该案最终取得判处缓刑的最高预期结果。

下面对本案所涉及的主要问题进行延伸分析。

一、案中存在多个法定、酌定从轻或者减轻处罚情节时能否争取到减轻处罚

在该案的办理过程中，辩护律师成功将计税价格核定争取到“偷逃应缴税额巨大”这一区间，得到的对应刑期在“三年以上十年以下有期徒刑”这一刑档，虽然“以上”“以下”包含本数，在理论上有判处缓刑的可能，但在实际辩护中得到这种结果是非常困难的，由于三年到十年之间存在巨大的量刑跨度，若不能适用“减轻处罚”，要达到缓刑的目的几乎是不可能的，辩护律师前期计核价格的工作达到预定目标后，工作重点就放在了如何适用缓刑上。

辩护律师在争取适用缓刑的过程中，存在法定从轻或者减轻处罚情节和酌定从轻或者减轻处罚叠加情形下能否适用减轻处罚的问题。量刑情节分为法定情节和酌定情节两种，法定情节是指刑法明文规定的，在量刑时必须予以考虑的情况，既包括刑法总则规定的对各种犯罪共同适用的情节，也包括刑法分则规定的对特定犯罪适用的情节。酌定情节是指刑法虽然没有明文规定，但根据立法精神、司法解释规定和审判实践经验，在量刑时也应当考虑或者酌情考虑的情况。回归到本案，被告人师某某是从犯，根据《刑法》第二十七条的规定，构成法定从轻或者减轻处罚的情节；且被告人师某某构成

自首，根据《刑法》第六十七条的规定，构成酌定从轻后减轻处罚的情节。刑辩律师在办案实践中，经常会遇到这样的情况，对于被告人只具有一个量刑情节的，决定刑罚时，一般不会产生分歧；但对于被告人同时具备两个以上量刑情节的，在如何具体决定刑罚时，办案机关是比较难以准确裁量的，在司法实践中也没有一个“具体把握的原则”，只能综合案件的具体情况，综合考虑案件的各种因素，最后通盘作出决定。

而这个“没有具体把握的原则”也是我们辩护律师需要发力和重点攻克的方向。根据《刑法》第六十一条的规定，人民法院在对犯罪分子决定刑罚的时候，应当根据犯罪的事实、犯罪的性质、情节和对于社会的危害程度，依照刑法的有关规定判处。其中，犯罪情节是指犯罪构成必要要件以外的其他能够影响社会危害程度的各种具体事实情况。同一性质的行为，由于情节不同，其社会危害性也有差异，因而是否构成犯罪、构成犯罪的如何判处刑罚也就有所不同。从犯罪情节对量刑的影响来说，有些犯罪情节也是量刑情节，基于这种现实，辩护律师在庭审过程中，在法官对被告人裁量刑罚时，要说服法官对于决定刑罚轻重的各种核心事实、基础事实乃至于边际事实要素，都要尽量综合起来，通盘加以考虑。本案中师某某存在法定从轻或者减轻的情节和酌定从轻后减轻处罚的情节，但这并不是减轻处罚的必要条件，还要综合其他因素作出综合判断。因此，笔者又针对师某某归案后在侦查环节第一次便全部交代出犯罪事实，并重点对认罪认罚、补缴税款等方面展开论述。律师在庭审中强调，尽管认罪认罚从宽制度不是减轻处罚的情节、不能突破法定刑量刑，但对认罪认罚的评判还要结合师某某及其家人积极补缴税款、尽力修复被破坏的税收管理秩序、一定程度上消弭了社会危害性等环节进行综合考量，并得出了可以“适用减轻处罚”的结论。最终法院接受了辩护律师的观点，对被告人师某某作出减轻处罚的决定，在法定最低刑 3 年有期徒刑以下量刑，判处被告人师某某犯走私普通货物、物品罪，判处有期徒刑 2 年，缓刑 3 年，并处罚金 50 万元。该判决完全符合法律规定，也符合本案实际，有效地维护了当事人的合法权益，取得了一致认同的满意结果。

二、关于虚开发票行为是否应当单独评价的争议

关于本罪的罪数主要有两种意见。

其一，择一重罪处罚。虚开增值税专用发票是为了销售走私入境的燃料

油。由于本案走私的货物肯定是用来销售，虚开发票行为只是服务于走私后的销售以获取经济利润，二者存在牵连关系，应当择一重罪处罚。由于本案走私行为更为严重，对虚开发票行为无需单独定罪，只需认定走私普通货物、物品罪即可。

其二，对虚开发票行为单独评价，数罪并罚。本案中，虽然虚开发票行为是为了完成走私货物的销售，最终实现走私目的。但虚开发票并非销售走私燃料油必不可少的行为。在销售走私燃料油的过程中，可以不开发票直接销售；也可以通过虚开发票的方式掩盖走私燃料油的实际来源，以便于走私人员更好销售走私货物。可见，走私燃料油入境（或者收购直接走私的燃料油）与销售走私燃料油时虚开增值税专用发票是两个独立的行为，二者并不存在必然性的牵连关系，应当对虚开发票行为进行单独评价。

笔者认为，以牵连犯处理更为妥当。从学理的角度看，数罪并罚与牵连犯的区别在于数个行为之间的关系不同，数罪并罚为数个不相干的行为，而牵连犯的数个行为之间通常具有概率上的伴随性。在走私普通货物、物品罪中，走私在办理通关手续时高概率地需要提供虚假的合同、发票、证明等商业单证之通关手续，故行为人虚开单据的动作性行为因经验上的伴随性而被包含在走私这一过程性行为之中。《刑事审判参考》中刊载的王某甲、王某乙、陈某某走私普通货物、物品及虚开增值税专用发票案的判例观点认为，虚开发票行为与走私行为之间成立牵连犯取决于前行为的目的和后行为是否完成。本案中，行为人通过虚开发票非法获得税款只是虚开发票的伴随后果，其真正目的在于获得通关手续完成走私，因此本案应以走私普通货物、物品罪一罪处罚。

承办律师：彭　坤　王乾召

赵某某走私普通货物、物品案

海外代购类走私行为的刑事风险防范

案情简介

赵某某，系某国际货运航空有限公司飞行副驾驶，因涉嫌犯走私普通货物、物品罪，于2017年3月10日被北京海关缉私局立案侦查并取保候审，同年8月29日被北京市人民检察院第四分院取保候审，同年11月20日被北京市第四中级人民法院取保候审。北京市人民检察院第四分院以京四分检公诉刑诉（2017）30号起诉书指控被告人赵某某犯走私普通货物、物品罪，向北京市第四中级人民法院提起公诉。起诉书指控：被告人赵某某系某国际货运航空有限公司飞行副驾驶，其执飞某航班从德国法兰克福出发，于2017年2月24日12时许抵达北京首都国际机场T2航站楼，入境时选择走无申报通道，未向海关申报任何货物或物品。首都机场海关关员在对被告人赵某某、杨某某（某国际货运航空有限公司同航班飞行副驾驶，另案处理）的行李及随身物品进行检查时，发现赵某某随身携带一块VACHERON CONSTANTIN（江诗丹顿）女表、两枚CARTIER（卡地亚）戒指、一个BOTTEGA VENETA（柏蒂温妮达）钱包等超量消费品，发现杨某某帮助被告人赵某某携带一块VACHERON CONSTANTIN（江诗丹顿）男表等超量消费品入境。经北京海关关税处计核，涉嫌走私的物品偷逃税款共计194 940.32元。2017年3月10日，北京海关缉私局受理赵某某走私普通货物、物品案，并于当日立案侦查，赵某某在接到北京海关缉私局电话通知后主动到北京海关缉私局接受讯问，自愿如实供述了自己的罪行。

辩护思路

接受委托后，辩护律师通过查阅卷宗和会见了解了基本案情。赵某某为某国际货运航空有限公司飞行副驾驶执飞国际航班。出发前，其父亲托他在境外购买江诗丹顿男女表各 1 块，作为父母结婚 30 周年纪念品，并给其1 张信用卡用来支付手表的费用，其朋友刘某托他在境外帮忙购买一对结婚用的卡地亚戒指。2017 年 2 月 22 日航班抵达法兰克福后，赵某某到商业街以 48 200欧元的价格购买了 2 块江诗丹顿手表，以 7470 欧元的价格购买了一对卡地亚戒指，以 360 欧元的价格购买了 1 个柏蒂温妮达钱包。其中，购买手表时还赠送了 1 条江诗丹顿腰带和 1 条江诗丹顿领带。赵某某回国前，将购买手表和戒指的包装盒放在了机组飞行箱里面，把其中 1 块女式手表带在自己手上，2 枚戒指放在上衣内衬的口袋里，另 1 块男式手表让同机组飞行副驾驶杨某某帮忙携带。2017 年 2 月 24 日 12 时许，其执飞的航班飞抵北京首都国际机场，入境时被首都机场海关查获。

在执飞任务过程中，航空公司对于机组人员（包括飞行组成员和乘务员）在出入境管理方面有着明确的规定，对于个人箱包的使用及私人物品的携带、存放都有明确的要求，严禁违法违规的捎、买、带行为，且机组人员执行驻外航班任务入境时由带班乘务长统一提交入境申报单。这就造成了一种矛盾现象：严禁捎、买、带的内部管理措施实际上有违法律规定，因为法律并未禁止这类捎、买、带行为；但如果走申报通道，则明显存在捎、买、带等违规行为而将受到内部处理。当事人出于执飞人员的特殊身份而忧惧处分，但还是出于该特殊身份又心存侥幸，最终选择了无申报通道。然而这种看似只为权衡利弊的“申报通道”与“无申报通道”的选择，却成为赵某某人生路线的拐点。走申报通道尽管意味着违反公司规定，但该行为并未违反法律，即不会受到法律（行政法）的否定性评价；而选择无申报通道，则意味着意图不受到公司内部处理却直接跨过行政法，跃升到可能受到刑法规制的危险。与此同时，赵某某特殊的执飞身份也为辩护带来了难以克服的障碍——从不构成犯罪的角度去辩护是不符合海关对该类案件的处理精神的。因为根据目前掌握的海关对走私奢侈品案件的处理精神，只有在不具有导游或航空公司职员等特殊身份、未藏匿伪装，物品系自用或馈赠亲友、不能证明有走私牟利目的的情况下，才以行政处罚为主，一般不轻易启动刑事程序。显然，在本案中，基于该特殊身份，不作为犯罪处理这条路径是无法通行的。

我们下一个阶梯就是争取免于刑事处罚的结果，辩护律师认同公诉机关的指控：赵某某作为航空公司的飞行人员接受过相关培训，明知海关对携带物品出入境的相关规定，其仍然以藏匿的方式携带超量消费品入境，并且委托他人帮助其携带违规物品，偷逃应缴税额，已经构成走私普通货物、物品罪。辩护律师对案内证据的证据能力和证明力也没有异议，但要强调如下情节：赵某某所携带的走私物品主要是为了给自己的父亲捎带30周年结婚纪念日的礼物，与其他走私案件中代购及用以牟利等行为有所区别，进而赵某某未从中获利，犯罪情节较轻；在接到司法机关电话通知后赵某某自动投案，如实供述了主要犯罪事实，具有自首情节；在案件审理期间，赵某某主动预缴罚金，当庭表示认罪，有悔罪表现。同时，我们为了减少应缴税款的计核金额，重点关注偷逃税额的计算涉及量刑的两个问题：一是海关缉私部门在办案过程中适用汇率是否正确，即《海关进出口货物征税管理办法》第十六条第二款规定的“海关每月使用的计征汇率为上一个月第三个星期三（第三个星期三为法定节假日的，顺延采用第四个星期三）中国人民银行公布的外币对人民币的基准汇率……”；二是能否将涉案物品的应退税款扣除。在此基础上，请求法庭从宽判处，争取对赵某某免于刑事处罚。

因为该案涉及共同犯罪，赵某某系主犯，办案法官并没有采纳辩护律师免于刑事处罚的辩护观点，最终只作出了适用缓刑的判决。

案件结果

北京市第四中级人民法院刑事判决书（2017）京04刑初28号判决：被告人赵某某犯走私普通货物、物品罪，判处有期徒刑10个月，缓刑1年，并处罚金20万元（已缴纳）。扣押在北京海关缉私局的江诗丹顿手表2块、腰带1条、领带1条，卡地亚戒指2枚，柏蒂温妮达钱包1个，予以没收。

案件评析

航空公司内部有着明确的走私管控措施，出现走私犯罪毕竟是极个别的现象，不是法律规制的重点。目前需要更多关注的是职业海外代购型走私犯罪。随着购买境外商品逐渐成为人们所热衷的一种消费方式，“代购”已成为时下非常热门的新兴行业，普通人皆能接触该贩售方式，具有相当高的社会融入度。代购行为将所购国（境）外物品卖给国（境）内消费者，是销售者以营利为目的而进行的系统性商业行为，本质上属于买卖关系，并不为法律所禁止。但其间必然会涉及关税的缴纳和海关的监管，而且代购行为人都是有期待利益的，体积小且关税税率较高的商品，在不缴纳关税的情况下则会获得高额利润甚至超额利润。有的职业代购行为人为了谋取“丰厚利润”，往往会选择通过“以客带货”的方式从无申报通道携带货物入境，采用“境外发货—口岸带货—内地收货”的“蚂蚁搬家”式通关链条，通过频繁出入境夹带，对入境的物品进行销售牟利，而这种行为无疑是为了逃避海关的监管、偷逃应缴税款，此时职业“代购”也就异化成职业“走私”。下面笔者着重谈谈对海外代购型走私犯罪的认识和风险防范问题。

一、我国对“进口货物”与“进境物品”适用不同的进口征税规则，代购走私正是利用这一规则而进行的违法犯罪行为

我国《海关法》第四十六条通过区分“是否自用”与“是否为合理数量”将入境的商品分为货物和物品。对于进口货物，海关会进行严格的检验、监管并征收高额的税款，但进境物品则多由个人携带通关，并在自用、合理数量的范围内免于征税。同样一种商品，以物品方式通关相比以货物方式通关会缴纳更少的税款，因此消费者可以以更低的价格买入商品，销售者也相应能够获得更高的利润。由此，基于买卖双方的客观需求，现货代购的模式开始迅速兴起并逐渐发展壮大，同时也逐渐演变出一种新型的海外代购型走私犯罪。海外代购走私者将本应以货物通关的商品通过物品方式带回国内，并且采用伪报商品性质、报低商品价值、不申报或者通过邮寄、构建多级“代购”、利用进出境游客携带等方式逃避海关监管，从而达到偷逃应纳税费的目的，实质上就是走私普通货物、物品罪的一种新形式。该走私犯罪侵害的是复杂客体：不仅侵犯了国家对外贸易方面的管理制度，也侵害了国家的税收制度，导致国家税收流失、财政损失；并且大规模的走私会扰乱市场秩序，对国内的工业造成极大的冲击和危害。

二、走私犯罪侵犯法益的复杂性与难以恢复性决定了对走私犯罪的处罚方式和力度，且较之逃税罪没有处罚的阻却事由

对海外代购型走私犯罪，一般会按照我国《刑法》第一百五十三条规定的走私普通货物、物品罪定罪量刑，构成该罪仅需要满足“偷逃税额较大”，即超过5万元，或者“一年内曾因走私被给予两次行政处罚后又走私”的条件即可。该条款还规定，多次走私未经处理的，应按累计的偷逃应缴税额进行处罚。按照《最高人民法院、最高人民检察院关于办理走私刑事案件适用法律若干问题的解释》第十八条第二款的规定，“多次走私未经处理”包括未经行政处理和刑事处理，即走私行为既未经行政处理又未经刑事处理时才能对走私的数额累计计算。该条款貌似缓和，对于海外代购型走私来说，虽然每次走私偷逃的应缴税额都普遍较小，行政机关和司法机关很难对此加以处罚，但对于是否构成走私犯罪来说，多笔小数额的计加却能很快超过 5 万元这个“偷逃税额较大”的幅度范围，客观上入罪的门槛非常之低。虽然走私犯罪也侵犯了国家税收秩序，但不同于逃税罪，刑法对逃税罪规定了阻却事由——首先要经过税务机关处理，并且接受税务机关处理后就不再追究刑事责任，只有行为人超过税务机关规定的期限而不接受处理的，或者已经受过二次行政处罚，第三次又逃税的，司法机关才能追究其刑事责任；而走私犯罪没有由该阻却事由构建的司法前置保护，由此也从侧面反映了国家对于走私犯罪的态度。

三、我国对走私犯罪的处罚立场源自我国发展中国家的现状，体现出与走私物品源头国家完全不同的处罚模式和力度

我国对走私普通货物、物品罪的刑罚是非常严厉的，不论是自由刑还是财产刑方面，最高可判处无期徒刑且可以并处没收全部财产。基于此，了解我国对于本罪的态度与目前的立法状况对防控该类犯罪是相当必要的。海外代购类走私的普通物品往往源自一些经济发达、出口依赖度高的国家，走私对该类国家而言保护受侵犯法益的要求并不强烈，走私行为甚至客观上促进了对外贸易的发展，所以在处理上也相对宽缓得多；有的甚至主张若能够弥补国家税收与其他相关损失，可以不采取自由刑的处罚方式。而我国对于国内产业的保护比照发达国家有着急迫的需求，特别是在当前以国内大循环为主要模式的背景下，刑法对此的处罚力度展现出尤为特殊的一面。但普通的代购走私行为，并不像其他直接侵犯公民个人利益的犯罪一样，在个人层面上显现出什么效果，因此其危害性并不能被直接地认识，毕竟大多数代购走私者并没有经过严格的法律训练，对该行为的定罪量刑只有模糊认识和朴素概念，数额相对较小和未侵害其他个人的现实利益，让这一群体往往不会意识到自己的行为将面临严肃的法律评判。但是从国家宏观层面上讲，走私所造成的损失有时难以量化甚至无法挽回，放任“蚂蚁搬家”式的大规模走私无疑会严重扰乱国内经济秩序、对民族产业的发展造成剧烈冲击，这些不仅仅是国计民生问题，还涉及国家的长远战略。这导致在对待走私问题的个人理念和国家意志之间出现了截然相反的认知，这种实际的冲突在司法实践中，往往使得代购走私者付出极其沉重的代价。实践中，对于职业代购走私者，无论是否承认其明知自己的行为违反了海关监管的法律法规，均可根据其本身的情况及客观行为综合判断，推定是否具有“明知”，海外代购走私者显然很难以认知的偏差争取到“有责性”的出罪利益。因而，尽管海外代购走私行为种类五花八门，但面对这种大的环境、形势，且在海关积极履职的条件下，基本上可以判断：每一个海外代购走私者的行为都具有期待可能性，因而具有可归责性。

承办律师：吴桂阳　彭　坤

叶某被指控虚开增值税专用发票、骗取出口退税案

以虚开增值税专用发票为手段骗取出口退税的辩护实务

案情简介

叶某，系天津市某羽绒制品有限公司实际控制人。该公司成立于2015年，同年入驻某羽绒加工制品工业园区，承接北京市某市场转移招商引资项目，专门从事羽绒制品进出口贸易业务。公司在从事羽绒加工制品运营过程中，向众多农户购进鸭绒、鹅绒共计400余吨，价值9000余万元。这些农户由于无法开具增值税专用发票，于是通过与其没有任何业务往来的天津某商贸有限公司（实际控制人徐某某）虚开增值税专用发票200余份，价税合计1100余万元，以抵扣增值税销项税额并用于退税1000余万元。2019年6月20日，北京市公安局某分局以涉嫌骗取出口退税罪对叶某采取强制措施，并于同年6月30日报北京市某区人民检察院批捕，其间律师进行多次会见、搜集相关证据并向某区人民检察院提交《叶某骗取出口退税案建议不予批捕法律意见书》。2019年7月5日，北京市某区人民检察院作出不予批捕的决定，随即公安机关通知取保候审。

辩护思路

一、宏观的出罪逻辑：将不以骗取国家税款为目的的“虚开”不构成犯罪作为本案突破的关键

天津市某羽绒制品有限公司系有进出口经营权的集生产与贸易为一体的商贸公司，属于我国享有出口退税权的单位。是否构成骗取出口退税罪要证明是否存在以“假报出口”或者“其他欺骗手段”骗取国家出口退税款的行为，进而推定其具有骗取出口退税的目的，印证其破坏国家出口退税管理制度并使国家财产遭受损失。破解该问题的关键为证明是否存在“假报出口”或者“其他欺骗手段”。根据2002年9月17日《最高人民法院关于审理骗取

出口退税刑事案件具体应用法律若干问题的解释》，其第一条列举了《刑法》第二百零四条规定的认定“假报出口”所包含的一种情形，即虚开、伪造、非法购买增值税专用发票或者其他可以用于出口退税的发票。而在本案中，侦查的方向、定案逻辑以及辩护律师掌握的信息都指向虚开增值税专用发票的行为，案中虚开增值税专用发票的行为与骗取出口退税之间系手段与目的的牵连关系。该解释第九条规定：“实施骗取出口退税犯罪，同时构成虚开增值税专用发票罪等其他犯罪的，依照刑法处罚较重的规定定罪处罚。”因此，对于骗取出口退税罪的出罪，必须要把作为手段的虚开增值税专用发票罪作为靶向，寻求突破，同时这也是无法回避的问题。

二、从法定犯角度做理论切入：对虚开增值税专用发票罪中的“虚开”情形作出层次清晰的法律性质界定

虚开增值税专用发票罪属于法定犯，构成犯罪的前提是违反行政法规，对于税务行政机关已经明确不具有行政违法性的行为，自然也不具有构成刑事犯罪的违法性，就是说这种行为根本不具有作为犯罪最本质的特征即严重的社会危害性。下面笔者结合该案依据《国家税务总局关于纳税人对外开具增值税专用发票有关问题的公告》对“虚开增值税专用发票”的行为作出分析、判断。

（1）第一款规定了“三流一致”原则，即货物流、资金流和发票流相互一致。具体规定通过三个一对一的“向”来表述一致性，如果符合该款情况，则不构成虚开增值税专用发票：①纳税人“向”受票方纳税人销售了货物，或者提供了增值税应税劳务、应税服务；②纳税人“向”受票方纳税人收取了所销售货物、所提供应税劳务或者应税服务的款项，或者取得了索取销售款项的凭据；③纳税人按规定“向”受票方纳税人开具的增值税专用发票相关内容，与所销售货物、所提供应税劳务或者应税服务相符，且该增值税专用发票是纳税人合法取得并以自己名义开具的。

（2）第二款规定了受票方纳税人取得的符合“三流一致”的增值税专用发票，“可以”作为增值税扣税凭证抵扣进项税额。该条款规定的“可以”是指受票方能够自主选择是否抵扣的权利，但开票方不符合“三流一致”情形的也不一定是虚开行为，只是受票的发票不得作为抵扣凭证。在税务实践中也存在解决该问题的实际操作：对于不符合“三流一致”情形的，由开票方举证来证明自己不属于虚开行为。在税务机关未认可开票方提供证据进行协助调查认定之前，受票方是不能进行抵扣的。如果不顾认定而执意抵扣，鉴于开票方存在是否虚开发票认定的不确定性，即由受票方自行承担接受虚开发票的税务风险。通过对以上条款的解读，可推断出：即使存在不符合以上规定的“三流一致”情形，也不必然判定纳税人有非此即彼的虚开行为，只是需要纳税人承担举证责任来证明其不属于无中生有的“虚开行为”，如能证明则仍然不具备行政违法性。

依据北京大学陈瑞华教授的观点，法定犯分为两种类型：一种是违反行政法规加之情节严重达到触犯刑法的程度；另一种是违反行政法规并附加独立的构成要件。受该理论启发，笔者认为该罪属于第三种类型即复合型法定犯。承接上面的内容，首先要不符合“三流一致”的“虚开”情形（非无中生有的“虚开”）——附加独立的构成要件“以骗取退税为目的”——才具有行政违法性，而这种行政违法性达到严重的程度（金额）才构成犯罪。笔者的这一结论与司法实践是一致的，司法实践将虚开增值税专用发票罪列为目的犯并对“虚开”行为进行了目的性限缩，即将该罪的“虚开”范围限定为以骗取税款为目的的特定虚开行为，而其他不具有该特定目的的“虚开”行为被排除在本罪实行行为之外。从法定犯的角度结合该罪的“复合型”构架，如果经论证得出不存在以“骗取出口退税为目的”的行为，则根本不构成行政违法。无论数额大小，虚开增值税专用发票罪都不能成立，同时骗取出口退税罪也自然不能成立，这在客观上实现了一箭双雕。

三、紧紧抓住问题关键：对没有开票能力的个体向不存在主动挂靠关系的公司“虚开”的行为是否存在“骗取出口退税”之目的进行判断、论证

本案出罪的关键事实在于，天津市某羽绒制品有限公司与大量不具有开具增值税专用发票能力的农户实际发生了交易行为，以让农户被动挂靠的方式为其开具了增值税专用发票，并取得了出口退税。在此，需要解决两个问题：第一，不符合“三流一致”挂靠方式的“虚开”不符合虚开增值税专用发票罪的构成要件；第二，通过案内证据对不存在“骗取出口退税的目的”进行实质判断。

（1）2015 年 6 月 11 日最高人民法院研究室发布的《〈关于如何认定以“挂靠”有关公司名义实施经营活动并让有关公司为自己虚开增值税专用发票

行为的性质〉征求意见的复函》规定：①挂靠方以挂靠形式向受票方实际销售货物，被挂靠方向受票方开具增值税专用发票的，不属于《刑法》第二百零五条规定的“虚开增值税专用发票”；②行为人利用他人的名义从事经营活动，并以他人名义开具增值税专用发票的，即便行为人与该他人之间不存在挂靠关系，但如若行为人进行了实际的经营活动，主观上并无骗取抵扣税款的故意，客观上也未造成国家增值税款损失的，不宜认定为“虚开增值税专用发票”。据此可以推论，不符合“三流一致”的挂靠方式的“虚开”不符合虚开增值税专用发票罪的构成要件。

（2）笔者认为该案属于第一种情形——该种被动情形仍属于一种实质挂靠关系；但即使认为属于第二种情形也并不影响最终结论的判定。从掌握的证据看，有充分的证据表明天津市某羽绒制品有限公司确实与众多个体工商户之间存在羽绒交易；让天津某商贸有限公司代开增值税专用发票的主要目的是解决该公司向农户购买羽绒无法开具增值税专用发票的问题。且该公司实际向农户采购了与票面记载数量相同的羽绒，且已经按照票面的含税金额支付了货款。故从全案来看，存在真实的货物交易，能够符合“三流一致”，该“如实代开”增值税专用发票的行为没有给国家的税收造成任何损失也没有破坏国家税收的征管秩序。因此，不能得出行为人具有“骗取出口退税”的目的，既不构成虚开增值税专用发票罪也不构成骗取出口退税罪。

（一）叶某与徐某某之间没有骗取出口退税的共谋行为

综合本案现有事实及证据可知，天津市某羽绒制品有限公司仅仅是为了解决向农户购买羽绒无法开具增值税专用发票以及自身税负高于正常法定税负的问题，在存在真实交易的情况下要求天津某商贸有限公司开具增值税专用发票。事实上，该公司、叶某没有与徐某某进行骗取出口退税的任何共谋活动，现有证据亦无法证明双方有共同犯罪的意思联络。

（二）叶某没有骗取出口退税的主观故意

首先，根据在案证据可知，天津市某羽绒制品有限公司从事羽绒制品出口生意，没有购买原材料的增值税专用发票而手续不全将无法办理货物报关，但是，现有证据能够清楚地证明叶某虚开增值税专用发票对应的原材料系其直接从市场农户手中采购，因农户不具有自行或者申请税务机关代开发票的客观条件，叶某为了解决该公司向农户购买羽绒无法开具增值税专用发票的问题，找到徐某某为该公司开具实际通过农户采购原材料等额的增值税专用发票，但因为叶某已经按照所开发票的票面含税金额客观上支付了货款。故叶某的货物交易是真实存在的，让徐某某虚开增值税专用发票是为了完善出口报关手续。

其次，国家鼓励出口。本案中虚开增值税专用发票对应的交易活动系真实存在的，天津市某羽绒制品有限公司经营羽绒生意依法享有退税政策，只是缺少了采购原材料时的增值税专用发票，按照现行有关规定，企业申报出口退税必须同时提供四个单证：出口报关单（证明货物已出口）、收汇核销单(证明出口已经收汇)、增值税专用发票（证明出口企业已向供货企业支付税款)、增值税专用缴款书（证明供货企业已将税款缴入国库)。该公司在采购该批原材料时按照含税价格支付给了农户，为了解决自身税负高于正常法定税负的问题，实施了支付开票费以要求他人代为开具与购进货物相当的增值税专用发票的行为。

最后，本案中天津市某羽绒制品有限公司系经过函调的出口退税，不应仅仅以交易或者发票虚假为由，认定该公司骗取出口退税。根据2010年《出口货物税收函调管理办法》第十条的规定，税务机关在符合该条规定的情况下负有发函调查的义务，而复函地税务机关应及时通过函调系统查阅待复函情况，在收到出口货物税收函调的调查函后，要求供货企业填报，对《供货企业自查表》内容及综合征管系统中该企业的有关情况进行分析，并派两位以上税务人员对供货企业进行实地核查。本案中，复函地税务机关要求供货企业填写自查表、借助综合征管系统进行情况分析以及派员实地调查，经调查发现确实存在真实的交易，以及交易额度是包含增值税税款的。

据此，辩护律师认为，本案中天津市某羽绒制品有限公司为了解决向农户购买羽绒无法开具增值税专用发票及解决自身税负高于正常法定税负的问题，在交易真实的情况下要求徐某某开具增值税专用发票，该公司及叶某主观上没有骗取出口退税的主观故意。

（三）虚开增值税专用发票对应的天津市某羽绒制品有限公司交易活动系真实发生的，该公司按照相关规定办理出口退税，客观上没有实施骗取国家出口退税款的行为

根据上文可知，检察机关指控天津市某羽绒制品有限公司虚开增值税专

用发票对应的交易活动是真实发生的，虽然客观原因导致农户没有给该公司开具采购原料的增值税专用发票，但该公司支付给农户的原材料采购款系含税价格，事实上缴纳了税款。而公司从事的出口业务符合退税条件，依法应当享有国家退税政策，但因缺少购买原材料的增值税专用发票这一形式要件而要求徐某某开具了增值税专用发票。因此，该公司取得退税款是正当的，仅仅是在提交申请退税手续中存在瑕疵，故不存在骗取国家出口退税一说。

叶某没有虚开增值税专用发票骗取出口退税的主观故意，客观上也不存在骗取国家税款的行为，因此，叶某不构成骗取出口退税罪也不构成虚开增值税专用发票、用于骗取出口退税、抵扣税款发票罪。

案件评析

在办案实践中，笔者所经历的往往都是真实交易，但真实交易与行为人是否有骗取国家税款的目的之间并无必然关联，行为人基于真实交易行为进行虚开的，也可能实现骗取国家税款的目的。在这里辩护律师要强调以下两点，在办案过程中做好初始预判，为制定辩护策略打好基础。

一要看真实交易价格是否包含应缴增值税。

只有在进项中缴纳了增值税的交易主体，才享有在销项中抵扣的权利。如果行为人在真实交易中没有缴纳增值税，进项中以不开具进项发票的低价交易，则国家并未基于该真实交易征收到相应税款，这种情形下如果行为人在交易后以从第三方获取的发票抵扣，就将造成国家增值税税款的损失。只有行为人在真实交易环节缴纳了增值税，并且根据法律规定不属于不应抵扣情形的，此时行为人才有向国家税务机关申请抵扣税款的权利，国家也才有对行为人进行抵扣的义务，行为人向税务机关申报抵扣行为才不存在骗取税款之目的。

二要看行为人是否依法享有抵扣税款的权利。

行为人依法享有抵扣税款的权利，是基于其实际缴纳了税款，即先承担税负，后依法抵扣，避免重复征收。因此，行为人不能将他人已经负担的税收以自己的名义向税务机关申请抵扣。根据《增值税暂行条例》第二十一条第二款的规定，应税销售行为的购买方为消费者个人的，以及发生应税销售行为适用免税规定的，不得开具增值税专用发票从而不得进行申报抵扣税款。

如果将有真实货物交易但不能取得增值税专用发票的交易，通过移花接木式的手段，将自己与该交易关联上，规避《增值税暂行条例》的上述规定，在通过不法手段取得增值税专用发票后向国家申请抵扣，骗取国家增值税款，这种行为也系虚开增值税专用发票的违法犯罪行为。

辩护律师判断涉案行为是否属于虚开增值税专用发票的犯罪行为，不能机械地套用有无真实交易这个标准，要从以上两个角度做好初始分析，最终以是否骗取税款的目的为依据，作出罪与非罪的准确判断。

承办律师：彭　坤

第三部分

生产安全类案件

本部分介绍生产安全类犯罪的辩护思路。

生产、销售伪劣商品罪规定在我国《刑法》第一百四十条至第一百五十条。在此类案件的办理中，提示律师在认定产品质量时要进行实质性审查判断，在适用《产品质量法》和《药品管理法》时对于是否达标要具体对照国家部委发布的国标文件及目录，参照行业惯例，同时考虑产品所具备的使用性能为行为人寻找出罪空间。在重大责任事故罪的辩护中，一起责任事故的认定包括证据、事实和法律三个部分，认定部门对此作出的认定书在程序上因行政证据与刑事证据在收集规则和证明标准上的差异而不必然具有刑事证据的资格和证明力，即便取得了作为刑事证据的资格，其也只能在事实层面对责任事故的还原起作用而不能作为是否构成犯罪的认定依据。在实务中，事故责任认定书的作出机关为地方政府的监管部门，事故责任认定书只能在行政处罚中作为认定行政责任范围的依据，不能直接作为相关犯罪的刑事证据被法院采纳为定罪依据。对鉴定意见的证据能力质疑是此类案件的一般切入点。

齐某某等涉嫌生产、销售有毒、有害食品案

从证据入手推翻“有毒、有害”指控的辩护实务

案情简介

2017 年 8 月左右，被告人牟某经秦某（被取保候审，未起诉）介绍认识了沈阳某肉业有限公司厂长李某，并经李某介绍与沈阳某肉业有限公司实际控制人齐某某认识，牟某称其可以通过给屠宰厂待宰生猪打药、注水达到增加出肉率的目的，被告人齐某某为谋取非法利益，同意雇用牟某等人前来给生猪打药、注水，并约定注水一头生猪给牟某 8 元钱。2017 年 9 月至 2018 年 5 月，牟某先后雇用 9 名工人来到沈阳某肉业有限公司，分工协作，通过给生猪注射兽用肾上腺素和阿托品，后再进行注水的方式，给共计 55 000 余头待宰生猪打药、注水，经审计鉴定，共计生产、销售打药、注水猪肉及猪产品总金额 8200 万余元。

辩护思路

一、起诉书中指控各被告人给生猪注射的肾上腺素和阿托品并不是《刑法》第一百四十四条规定的“有毒、有害的非食品原料”

根据我国《刑法》第一百四十四条之规定，生产、销售有毒、有害食品罪是指在生产、销售的食品中掺入有毒、有害的非食品原料，或者销售明知是掺有有毒、有害的非食品原料的食品的行为。所以，在生产销售的食品中掺入“有毒、有害的非食品原料”是构成本罪的前提条件。根据本案起诉书的指控，齐某某等人涉嫌给待宰生猪注射肾上腺素和阿托品，但是这两种药物都不是上述条文中所指的“有毒、有害的非食品原料”。

2013 年《最高人民法院、最高人民检察院关于办理危害食品安全刑事案件适用法律若干问题的解释》第二十条规定，下列物质应当认定为“有毒、有害的非食品原料”：（1）法律、法规禁止在食品生产经营活动中添加、使用

的物质；（2）国务院有关部门公布的《食品中可能违法添加的非食用物质名单》《保健食品中可能非法添加的物质名单》上的物质；（3）国务院有关部门公告禁止使用的农药、兽药以及其他有毒、有害物质；（4）其他危害人体健康的物质。但是，肾上腺素和阿托品既不是我国法律、法规禁止在食品生产经营活动中添加的物质（除《食品安全法》第三十四条规定的禁止生产经营的13种情形，还包括行政法规、部门规章禁止添加、使用的物质，如2002年农业部、卫生部、国家药品监督管理局公布的《禁止在饲料和动物饮用水中使用的药物品种目录》中，禁止使用的盐酸克仑特罗等40种药品），也不是上述国务院有关部门公布的非食用物质、可能非法添加的物质以及禁止使用的药物（原卫生部公布的6批《食品中可能违法添加的非食用物质名单》中明确列出的苏丹红、三聚氰胺等非食用物质；原国家食品药品监督管理局公布的首批《保健食品中可能非法添加的物质名单》中明确列出的西布曲明、麻黄碱等56种物质），而且也没有任何证据证明给生猪打入这两种药物出现了危害人体健康的实际后果，也没有检验报告和专家意见等相关材料能够确定该药物与上述名单中所列物质具有同等属性、对人体具有同等危害，因此无法证明其是“其他危害人体健康的物质”。

所以，本案中被告人齐某某等涉嫌给生猪注射的肾上腺素和阿托品并不是《刑法》第一百四十四条所规定的“有毒、有害的非食品原料”。

二、本案现有证据不足以证明齐某某、牟某等人曾经购买并使用过肾上腺素和阿托品

要认定齐某某、牟某等人构成非法生产、销售有毒、有害食品罪，必须证实其曾购买过肾上腺素和阿托品，并注射使用。但是，本案现有证据并没有查明本案所涉及的肾上腺素和阿托品的来源，也没有证据证实齐某某、牟某等人曾经购买过这两类物质。虽然本案在第二次补充侦查提纲中明确要求查明牟某购买的肾上腺素和阿托品的来源、汇款方式及厂家，但是现有的证据材料依然不能证明齐某某、牟某曾经购买了这两种药物。在法庭调查过程中，牟某回答律师的问题时，明确说是从哈尔滨三马药业购买肾上腺素和阿托品，锦州市公安局食品药品犯罪侦查支队出具的《关于牟某在哈尔滨三马药业购进肾上腺素和阿托品的相关情况说明》明确记载：“经过我支队侦查员在哈尔滨三马药业和山东销售点实地调查后得知，三马药业存档客户信息中并没有牟某其人，无法联系山东销售店负责人，三马药业也没有向牟某销售肾上腺素和阿托品的记录。”哈尔滨三马药业总经理孙某某的证言证实三马药业没有销售肾上腺素、阿托品给牟某的销售记录，案内证据也证实，牟某没有从石某、刘某处购买过肾上腺素和阿托品，在法庭调查时，牟某明确说不认识这两个人。综上，本案现有证据不能证实齐某某、牟某等曾经购买过肾上腺素和阿托品这两种药物。

牟某在侦查阶段明确说给生猪打的是水，现有证据无法认定牟某到底给生猪注射的是什么；在案发现场沈阳某肉业有限公司场内没有发现肾上腺素、阿托品、注射工具以及药品残留。辩护人认为，如果案发现场保存使用过药品，根据目前的侦查技术肯定能在案发现场，比如地面、墙体等实体物件上检测出药品残留，但是没有看到这方面的证据。

三、没有证据证实齐某某、牟某给生猪注射的就是肾上腺素和阿托品

本案是否存在肾上腺素和阿托品，无法证实。牟某说的肾上腺素、阿托品是真是假，其成分、功效、危害后果均无任何检测予以说明。在没有任何客观证据的情况下，牟某的供述属于孤证，不能证明牟某等人给生猪注射的就是肾上腺素和阿托品。

首先，相关言词证据或者前后矛盾，或者无法证实此事。比如，虽然被告人牟某在诉讼文书一卷讯问笔录中曾明确表示他们给生猪打的是肾上腺素和阿托品，但是牟某在讯问笔录中翻供称：“其实塑料桶里装的都是水，我用这些水当给猪打药的药水，就是怕工人们乱想，不好好待着。因为这些工人都是因为我给生猪打药灌水的事叫过来的。”而且，牟某找来给生猪打药注水的其他工人只是知道要给猪打药注水，但是并没有人知道注射的是否是肾上腺素和阿托品。本案其他被告人的供述，也均表明他们知道在给生猪灌水，但是并不清楚给生猪注射的是否为肾上腺素和阿托品。

其次，没有任何实物证据证实，齐某某、牟某等人给生猪注射的就是肾上腺素和阿托品。一方面，如前所述，本案现有证据不能证实齐某某、牟某等人曾经购买过肾上腺素和阿托品；另一方面，由于本案涉案猪肉都已经灭失，也没有任何证据能够证实在涉案猪肉中残留有肾上腺素和阿托品，所以没有任何实物证据证实齐某某、牟某等人给生猪注射的就是肾上腺素和阿托品。

综上所述，不论从言词证据还是从实物证据上来讲，本案都没有足够证据能够证实齐某某等人给生猪注射的就是肾上腺素和阿托品两种药物。

四、本案所涉生猪在销售中均具有《动物检疫合格证明》，也没有接到任何顾客食用后有不良反应的举报和记录

取得《动物检疫合格证明》是猪肉上市的前提条件。本案相关证据显示，齐某某实际经营的沈阳某肉业有限公司所销售的猪肉在销售前都取得了《动物检疫合格证明》，没有证据显示在涉案猪肉中残留有肾上腺素和阿托品。而且，曾经购买过该公司猪肉的商家都明确表示，从该公司所购买的猪肉具有《动物检疫合格证明》，价格公道，从未因为猪肉质量问题被当地主管部门查处，更没有接到任何关于猪肉质量的举报，也没有任何顾客反馈因为食用涉案猪肉后有不良反应。

五、本案的主要证据为言词证据，在没有实物证据的前提下，不足以认定齐某某等人构成生产、销售有毒、有害食品罪

综观本案现有证据，难以证明齐某某等人曾经给涉案猪肉注射过肾上腺素及阿托品。

第一，本案主要证据为言词证据，而且也多有反复，并不稳定。本案现有证据主要是各被告人和注水工人的供述，以及相关证人证言等言词证据，但是主要言词证据之间多有反复，并不稳定。如前所述，牟某虽然曾经承认给生猪注射过肾上腺素和阿托品，但是后来又翻供称所注射的是水。

第二，本案没有实物证据。本案没有实物证据，特别是缺少关键性的实物证据，如没有查明肾上腺素及阿托品的来源，无法证明被告人曾经购买过这两种药物；涉案全部猪肉已经灭失，所有涉案销售的猪肉都具有《动物检疫合格证明》，没有任何食用猪肉后不良反应的举报，无法证明涉案猪肉中含有肾上腺素及阿托品。

我国《刑事诉讼法》第五十五条第二款规定，证据确实、充分，应当符合以下条件：（1）定罪量刑的事实都有证据证明；（2）据以定案的证据均经法定程序查证属实；（3）综合全案证据，对所认定事实已排除合理怀疑。但是本案中，在主要证据为言词证据、没有实物证据的前提下，就无法建立起完整的证据链条，定罪量刑的事实并非都有证据证明，对于所认定的事实也都没有排除合理怀疑，所以本案证据远没有达到我国刑事诉讼定罪所要求的证据确实、充分的程度，难以认定齐某某等人构成生产、销售有毒、有害食品罪。

六、在本案主要证据为言词证据、不存在实物证据的前提下，无法建立起完整的证据链条，相关证据远没有达到确实、充分的程度

公诉机关在起诉书中对齐某某等人的指控罪名不能成立，且案内证据达不到确实、充分的程度，因此不足以认定齐某某等人构成生产、销售有毒、有害食品罪。

根据中华人民共和国国家标准 GB 18394—2001《畜禽肉水分限量》以及 GB/T 9959.1—2019《鲜、冻猪肉及猪副产品》规定，出厂猪肉的含水量若高于77%就应该被认定为不合格产品。在2017年9月至2018年5月这个阶段猪肉早已销售，无法对这段时间销售的猪肉进行鉴定，可根据办案单位提供的证人关于猪肉价格、合适、质量好、消费者无不良反应的证言，同时沈阳某肉业有限公司销售到市场的每一批次猪肉都有新民市动物检疫部门出具的《肉品检疫合格证》《肉品品质检验合格证》等证明沈阳某肉业有限公司的猪肉是合格产品，不存在伪劣产品，因此也不构成生产、销售伪劣产品罪。

锦州市中级人民法院依据锦州渤海会计师事务所出具的《审计报告》认定生产、销售伪劣产品罪的金额，而《审计报告》里生产、销售有毒、有害食品的金额是依据办案单位提供的犯罪嫌疑人的口供，让锦州渤海会计师事务所审计推算出来的，根据推算得出的金额，违反了非财务性资料不作为审计材料的规定。

第一份《审计报告》，仅可证明沈阳某肉业有限公司2017年9月至2018年5月销售猪肉的总量和销售总金额。

第二份《审计报告》，办案单位依据齐某某给牟某44.5万元预付款（设备附件合同），让锦州渤海会计师事务所根据牟某的两次口供推测每头猪8元注水费用，这样推算注水的头数，约5.5万头［44.5÷8≈5.5（万头）］，每头猪的单价以第一次审计的平均单价为准，这样平均单价乘以推算出来的5.5万头，最后是80 250 300元。第二次《审计报告》的金额也是这样推算出来的。按如此推算出的金额量刑，不符合法律法规的规定。

案件结果

一审法院判决齐某某犯生产、销售伪劣商品罪，判处有期徒刑15年。

案件评析

法院的判决具有既判力、对世效力，辩护人尊重法院判决，笔者仅从法理学上做些粗浅的探讨。本案指控被告人犯生产、销售有毒、有害食品罪，依据证据规则，公诉方负有举证责任，其必须证明以下几点事实：（1）有毒、有害中“毒”存在的事实；（2）各被告人给生猪注射的肾上腺素和阿托品是《刑法》第一百四十四条所规定的“有毒、有害的非食品原料”；（3）被告人是否购买及使用过药物，包括药品来源，购买来源，生产厂家、销售者、运输方式，案发现场的作案工具、药品残留等；（4）有毒有害的食品的存在；（5）哪些人因食用该食品，健康受到损害；（6）每一批次肉，当地动物检验检疫部门出具的合格证明是不真实的。这些事实是审理本案的基石，这些事实如果不能被证实，则达不到《刑事诉讼法》规定的证据确实、充分的标准。依据疑点利益归属于被告人原则，应宣告被告人无罪，但是法官根据其经验法则、自由心证判定，即使不能证明打了药，也可得出注水的结论。市场上存在大量的注水肉，一般老百姓认为市场上大多数都是注水肉，对此恨之入骨，却也苦于没有办法整治，只能忍受。食品、药品关系到国民的安全健康、基本民生，从这个角度看，必须严厉打击。笔者完全赞成严厉打击假药、伪劣产品，但是对于确实没有证据证明打药、注水的案件，则必须回到法治的轨道。正所谓，法无明文规定不为罪，法无明文规定不处罚，法秩序的稳固、安全比个案更重要。

承办律师：彭　坤

杜某某重大责任事故案（撤案）

重大责任事故案件中正确处理行政证据、运用因果关系理论阻却刑事责任的辩护实务

案情简介

2021年4月19日，内蒙古自治区鄂尔多斯市伊金霍洛旗某商贸有限公司某醋厂发生一起中毒和窒息生产安全事故，造成2人死亡，直接经济损失125万元。随即该旗某粮油购销有限责任公司副总经理杜某某（分管公司安全并直管该醋厂）因涉嫌重大安全事故罪，于2021年4月19日被立案侦查。与此同时，伊金霍洛旗人民政府成立了由该旗应急管理局牵头，由公安局、市场监督管理局、总工会、纪委监委等相关人员组成的事故调查组，并聘请3名专家参与事故调查。2021年8月5日，伊金霍洛旗应急管理局出具《伊金霍洛旗某商贸有限公司某醋厂“4·19”中毒和窒息生产安全事故调查报告》，辩护律师结合调查结果适时向侦查机关递交法律意见书，从杜某某履职情况、事发诱因、因果关系三个方面进行阐述，论证杜某某不构成重大责任事故罪，即使认定杜某某存在工作疏漏导致违法施工行为，但其违法情节显著轻微，社会危害性和人身危险性均不大，符合《刑法》和《刑事诉讼法》关于不认为是犯罪、免于刑事处罚、不追究刑事责任规定的法定情形，建议侦查机关作出撤案处理。2021年9月2日，内蒙古自治区鄂尔多斯市伊金霍洛旗公安局对该案作出了撤案处理。

辩护思路

辩护律师能否通过控制一个稳定的反应过程，规划出一条最优路径？笔者认为正确而巧妙地运用具有通用性的因果关系理论，不仅路径极简而且能取得实际效果，可以体现专业的辩护水准。下面笔者结合案件谈一谈具体办理思路。

一、办理危害生产安全类案件的实际感受

《刑法》第一百三十一条至第一百三十九条为危害生产安全类犯罪，其中多个罪名与第一百三十四条第一款重大责任事故罪之间存在法条竞合关系，罪名之间的共同点是，属于过失犯罪的范畴、与行为人的责任有关、要求造成严重后果等。司法机关在给责任人适用罪名时，往往先从重大责任事故罪入手，随着办案工作的不断深入，按照“特别法优先于普通法”的原则，根据不同行业领域或具体情形作出认定。辩护律师在办理该类案件时肯定能感受到，国家对安全生产事故的防控要求日益严格、追责问责机制日臻完善，一旦出现死亡一人或重伤三人或直接经济损失100万元（包含对人员伤亡抚恤、补偿数额）的严重后果，就会迅速启动刑事追责程序。在这一过程中往往会牵连诸多责任人员，尤其是不直接作用于安全生产的高层管理人员，该类人员和其他涉嫌犯罪人群相比，更多的反应是对正常工作生活的突然中断和前途命运的瞬间改写感到困惑，他们最大的疑问是：“这个事故与我的职责范畴存在多大交集？具体要承担什么责任？该责任是否已经到了承担刑事责任的程度？”能否解决这些疑问不仅仅是一个学理解释问题，更是让涉案人员罚当其罪、在个案中感受公正的法律适用问题。

二、厘清办理危害生产安全类案件的焦点、难点

（1）主体范围圈定广泛、具体责任划定模糊。危害生产安全类犯罪，往往涉案人员较多、犯罪主体复杂，既包括直接从事生产、作业的人员，也包括对生产、作业负有组织、指挥或者管理职责的负责人、管理人、实际控制人、投资人等。特别是对负有组织、指挥、管理职责的划定，有时是不明确的甚至是模糊的，不论是涉案人员还是办案机关，对于是否列入追责范围均存在较大疑问。

（2）涉及的相关管理规定体系庞杂、原因结果判断具有不确定性。重大责任事故罪的行为是在生产、作业中违反有关安全管理规定。这里的“有关安全管理规定”包括：①国家颁布的各种有关安全生产的法律、法规等规范性文件；②企业、事业单位及其上级管理机关制定的反映安全生产客观规律的各种规章制度，包括工艺技术、生产操作、技术监督、劳动保护、安全管理等方面的规程、规则、章程、条例、办法和制度；③虽无明文规定，但反映生产、科研、设计、施工的安全操作客观规律和要求，在实践中为职工所

公认的行之有效的操作习惯和惯例等。由此可以看出安全生产的规定涉及的专业种类之多、范围之广，但对于违反规定到何种程度才能导致事故发生的认定，不仅受到涉案人员认知程度的影响，还受到办案人员观测角度的影响，主观因素较大，无法进行量化。

（3）在事故因果连锁理论中，存在事实认定和法律认定混同的问题。安全事故因果连锁理论在安全生产领域被普遍地认可和适用，该理论认为，操作者的不安全行为及生产中的不安全状态等事故因素，是由企业领导者及安全工作人员的决策错误或失误造成的，该决策错误或失误对安全事故的发生具有决定性的影响，同时这种在生产安全领域中对事实因果关系的认定，被广泛运用到刑事责任的认定上，这就淡化了事实因果关系和法律因果关系之间的区别，客观上出现混同，直接导致入罪门槛降低。

三、办理该类案件应将着眼点放在实际危害上

《刑法》第一百三十四条第一款重大责任事故罪是指“在生产、作业中违反有关安全管理的规定，因而发生重大伤亡事故或者造成其他严重后果的”行为。对于该定义内“规定”的解释，应适用《刑法》第九十六条“违反国家规定”之含义，即“本法所称违反国家规定，是指违反全国人民代表大会及其常务委员会制定的法律和决定，国务院制定的行政法规、规定的行政措施、发布的决定和命令”。简单地说，就是要求法规的最低制定单位是国务院或以国务院名义发布。但最高人民法院在《关于进一步加强危害生产安全刑事案件审判工作的意见》中明确，在认定相关人员是否违反有关安全管理“规定”时应当根据相关法律、行政法规，参照地方性法规、规章及国家标准、行业标准，必要时可参考公认的惯例和生产经营单位制定的安全生产规章制度、操作规程。该意见在法律的衔接中，实际上突破了国家对“规定”的限定。辩护律师若从法定犯角度切入，以是否违反《刑法》第九十六条“国家规定”的方向去辩护，无疑难度太大，若执意坚持，笔者认为不会产生实际效果。从该意见的立意可以看出，归罪与否的根本判断为该行为是否具有实质的危害性，这也是给辩护律师的重要信号——我们需要对此设计行之有效的辩护方式。

四、办理危害生产安全类案件如何运用因果关系理论

基于以上分析，在办理以重大责任事故案为代表的危害生产安全类案件

中，正确、巧妙地运用因果关系理论是非常有效的手段。在实际操作层面，笔者结合自身办案实际，从“明确刑法上因果关系内涵”和“把握两个相对独立且关联的工作方向”入手，不断深化、完善办案思路。要明确的是，刑法中的因果关系，不单是事实问题，也是法律问题。要从事实因果关系判断概率性、从法律因果关系发掘相当性。具体有以下几点。

（1）从事实层面判断因果关系的概率性问题。辩护律师要结合《关于进一步加强危害生产安全刑事案件审判工作的意见》对于范围的划定，从事实层面上进行“若无前者，即无后者”的概率判断。在实务中，务必重视安监机关出具的事故调查报告内所载信息，该报告对事实上因果关系的认定将起到决定性作用，其表现在对主要责任的认定上，由重到轻分三个层级分析：一是具有间接责任的管理者对这种疏忽大意或者轻信避免是否属于严重失职，从而判断与发生危害结果之间的盖然性有多大；二是看直接责任人员违反安全管理规定，致使事故发生的行为严重程度，进而判断该行为是否为偶发介入行为；三是看是否单纯为偶然因素，进而判断该偶然因素对结果的发生是否具有必然的影响，以及影响力有多大，判断是否为意外事件。事实上的因果关系不能与刑事责任画等号，事实因果关系只是具备了行为主体承担刑事责任的可能性，只是判断是否承担刑事责任的前置条件。在辩护过程中，被采取强制措施的人员往往对事故发生具有管理上的直接性责任，因此辩护中否定事实层面的因果关系是非常困难的，除非极其明显，否则不建议采用。

（2）从法律层面判断因果关系的相当性问题。完成事实层面的因果关系判断后，还需进行法律层面的判断，即判断是否具有刑法意义上的相当性。这需要我们在辩护过程中，既要依托事故调查报告，又不能拘泥、受限于鉴定结论，依据事实判断并基于涉案人员的站位和具体职责来考虑问题，这种考虑问题的角度有助于我们更精准地掌握“相当性”：①对负有间接责任的生产、作业负有组织、指挥或者管理职责的人，判断违反的有关安全生产管理的规定，是否对重大生产安全事故的发生起决定性、关键性作用，是否应当承担主要责任。要根据事故调查报告中对案件细节的具体描述，看具体管理者有无对相关风险的预见义务和预见能力，如果既无风险预见义务又无预见能力，则涉案人员不可预见的行为与后果之间并不存在直接、必然的因果关系，那么行为人主观上的过失就不是造成重大责任事故的主要原因。②对于负有直接责任的从事生产、作业的人员，在判断违反安全管理规定、发生重大生产安全事故的过程中，辩护律师要综合考虑行为人的从业资格、从业时间、接受安全生产教育培训情况、现场条件、是否受到他人强令作业、生产经营单位执行安全生产规章制度的情况等因素，进而判断这些因素是否为惯常多发因素还是异常介入因素，进而确定其是否具有刑法意义上因果关系的相当性。

（3）在律师辩护过程中，如果无法完全排除存在刑法意义上的因果关系，那么从委托人利益最大化的角度，可以以“多因一果”作为辩护前提，再结合涉案人员有无自首、认罪认罚等情节，请求法庭对被告人从轻处理，这个辩护角度肯定是有效果的，在本案中我们意图实现无罪辩护结果，因此对此种方式不予采用。

第一，从杜某某的履职过程来看，其并没有违反相关安全管理规定，相反针对某醋厂的安全生产提出具体要求，其不存在任何失职、渎职行为，尽到了刑法意义上的注意义务。

其一，某醋厂厂房在杜某某入职前已进行过相关的申请手续，但该厂房因“未批先建”，并未获得建设用地规划、建设工程规划、建筑工程施工、国有土地使用等许可，且因新旧厂房距离小于 10 米、不能满足防火要求等并未获得相关行政审批，也没有取得生产资格许可，因而被闲置，该闲置状况一直持续，杜某某上任后并没有改变这一情况。

其二，杜某某在履行职务过程中，对某醋厂的安全生产开展了有针对性的工作，已经明确该厂房不符合生产条件而不能使用，并当面向该所属单位提了要求、向直接领导做了情况汇报，已经履行了全部职责。2021 年 3 月 22 日，杜某某在某公司听取该公司情况汇报，该公司总经理、财务人员、工作人员等人参会。会上，关于该醋厂贾某某主要汇报了三个情况：①醋厂建筑生产手续不完善，不具有生产条件；②接管醋厂工作时间不长，不懂醋厂生产；③来自总公司生产任务的压力较大。杜某某当时提出要求：①某公司拿出正式文件材料向总公司汇报；②当面要求，醋厂在没有完善相关手续的情况下，坚决不允许生产作业。（以上会议情况，参会人员均能证明）会议结束后，关于某醋厂情况，杜某某第一时间向某粮油购销有限责任公司总经理程某某汇报情况，即厂区无任何建筑手续和生产许可证，并且说明该厂不具有生产资质，不能投入使用。

其三，关于某醋厂是否进行了实质上的开工生产，杜某某作为分管领导及负责单位安全的副总经理并没有接到该厂任何开工申请，也没有收到过开工信息的通知（包括领导的批示、指示、工作碰头记录等）。对是否进行实质上的开工生产，杜某某本人对该醋厂是否实际施工完全不知情，更没有对施工事实予以默许。

第二，从事故发生的根本原因来看，某公司具有独立的法人资格，该单位有权决定和实施开工生产，作为法人代表以及总经理的贾某某违章冒险作业是造成事故的根本原因。

其一，“独立法人资格”的要件关键在于具备独立的民事行为能力，能够独立承担民事责任。某公司有工商行政管理机关颁发的《企业法人营业执照》，在实际运行中，拥有自己独立的责任财产、经营住所、完善的组织结构，制定了自己的法人章程，该公司自身有组织生产的完全的支配力和控制力。

其二，贾某某具有法人代表身份和总经理职务，拥有对公司的组织、指挥、管理等职能，其在知道存在事故隐患、继续作业存在危险的情况下，仍然违反相关规定，私自组织人员进行作业，是造成该事故的根本原因。

其三，杜某某作为分管公司安全的副总经理，其安全职责规定是原则性的、宏观的、指导监督层面的，而非具体的、微观的、操作实施层面上的。贾某某未按照指令、通知要求组织人员实施开工生产或生产前准备的介入行为，直接导致监督者杜某某对被监督者贾某某的行为可能造成的危害结果完全不具有预见的可能性。以常人能否做到这一要求来判断，对杜某某来讲完全缺乏主观故意或者过失，没有期待可能性。

第三，从刑法上的因果关系来看，杜某某的行为与损害后果之间并非不具有刑法意义上单一的、直接的、必然的因果关系，与结果联系紧密度较低的疏于职守的行为应被排除在刑法因果关系的范畴之外。

其一，杜某某自始至终没有违反相关法律法规，尽到了责任分工范围内的勤勉、注意义务，已经向涉事单位负责人贾某某多次强调过工厂不具有生产条件、坚决不能生产的指令性要求，且态度是前后一致的。

其二，即使认定杜某某在工作上存在疏漏，但仍然要特别慎重地评判，必须厘清杜某某的工作疏漏与结果之间的盖然性，即杜某某的疏漏导致最终危害结果的发生概率的高低，发生概率高，则因果关系存在，发生概率低，则因果关系不存在。从目前掌握的情况来看，即使认为杜某某存在安全管理上的工作疏漏，但该疏漏根本不足以导致该事故的发生，即行为与结果之间不存在刑法意义上单一的、直接的、必然的因果联系。

其三，本案中，介入因素对最终危害结果的发生较其他行为影响力明显更大且发挥了主要作用。作为主管人员，贾某某对开工生产具有支配和控制能力，违背安全工作流程的介入行为已经超出了一般人日常生活经验的认知范围，这一介入因素对事故的发生起到了决定性作用，即贾某某的违规操作行为与危害结果之间存在刑法意义上单一的、直接的、必然的因果关系。

案件结果

2021 年 9 月 2 日，内蒙古自治区鄂尔多斯市伊金霍洛旗公安局作出了《机关事业单位工作人员涉嫌犯罪撤销案件告知书》，其中载明：杜某某因涉嫌重大劳动安全事故罪被立案侦查，经查明，杜某某不应被追究刑事责任，并根据《刑事诉讼法》第一百六十三条、《最高人民检察院、公安部关于刑事立案监督有关问题的规定（试行）》第九条之规定，决定撤销案件。

该重大安全事故发生后，杜某某以涉嫌重大责任事故罪，被采取强制措施，但最后撤案文书所载为涉嫌重大劳动安全事故罪。笔者在这里做以解释，在司法实践中，对重大责任事故罪和重大劳动安全事故罪的认定，在两罪的情节基本相当的情况下，对于实际控制人、投资人，如果既对安全生产设施或者安全生产条件负有直接责任，也对生产、作业负有组织、指挥或者管理职责，一般以重大劳动安全事故罪定罪，而将“在生产、作业中违反有关安全管理的规定”的行为作为从重处罚的情节。

案件评析

在办案实践中，若办案机关直接采纳事故调查报告的责任划定，以此作为指控犯罪的责任划定或者作为刑法意义上因果关系的判定依据，若辩护律师不能提出有效的质证、辩护意见，那么想取得逆转性辩护效果的概率基本为零。因此在办理危害生产安全类型的案件中，除了有效利用因果关系理论，辩护律师还要注重对法定犯证据的把握，在《刑法》分则第三章破坏社会主义市场经济秩序罪和第六章妨害社会管理秩序罪中，存在大量的行政违法与刑事犯罪之间的转换，其间必然涉及行政证据与侦查机关指控犯罪证据之间的转化问题。下面笔者就从事故调查报告入手，谈一谈应注意的几个问题，同时辩护律师对该问题的把握还有助于对其他法定犯案件中各类型事故认定报告的处理。

一、事故调查报告在刑事诉讼中虽然不是办理案件的必备证据，却是追究刑事责任的重要证据和处罚依据

（1）关于事故调查报告在刑事诉讼中的应用问题，2019 年应急管理部、公安部、最高人民法院、最高人民检察院《安全生产行政执法与刑事司法衔接工作办法》第二十五条第一款规定，在查处违法行为或事故调查的过程中依法收集制作的物证、书证、视听资料、电子数据、检验报告、鉴定意见、勘验笔录、检查笔录等证据材料以及经依法批复的事故调查报告，在刑事诉讼中可以作为证据使用。该办法是有关部委和最高司法机关落实行政执法与刑事司法衔接机制的重要规范性文件，该条款为事故调查报告作为证据使用提供了明确的法律依据。

（2）事故调查报告不是办理案件、认定罪名的必备证据，在司法实践中，也存在政府机关未出具事故调查报告而直接对案件性质认定的情况，该情形不属于程序违法［聊城市中级人民法院（2020）鲁 15 刑申 62 号判决］。对生产安全事故进行调查是行政机关的职责，在对此类案件事实和责任的认定上行政机关相较于司法机关更具专业性优势。因此，在实践中此类证据不作为定案依据并不普遍，只有在案情相对简单或有司法鉴定意见支撑的情况下才偶有发生。

（3）在该案件的办理过程中，辩护律师几经交涉但公安机关迟迟没有作出最后的决定，因为在等待事故调查组作出的事故调查报告，该调查历时近 4 个月（调查期限最长为 4 个月，但技术鉴定不计入调查期限），由此可见事故调查报告是司法机关构建的完整证据体系中的重要一环。其间调查组进行了广泛的调查取证，涵盖了大量专业技术领域的知识，全面且详尽地展示了案件始末，其中包括事故发生单位的概况、事故经过以及救援情况、对事故原因的认定和对事故性质的判定，以及责任的认定和处理意见等。辩护律师此时要积极作为，将事故调查报告中涉及的专业性、技术性问题作为主要论据为己所用，该方式不但能够减小办案阻力，且有助于提出有效的法律意见，

有助于办案机关对涉案人员作出有利的判断。

二、事故调查报告属于证据能力尚待审查的证据材料，不必然成为刑事诉讼证据，辩护律师首先要从证据能力入手，对提供、收集及审查证据的程序进行合法性之辩

（1）事故调查报告的证据能力要以政府批复的内容为准，未经人民政府批复的事故调查报告不得作为证据使用。按照国务院 2007 年公布施行的《生产安全事故报告和调查处理条例》第三十二条的规定，事故调查报告经过人民政府批复后，有关机关应当根据人民政府的批复，依照法律、行政法规规定的权限和程序，对事故发生单位和有关人员进行行政处罚，对负有事故责任的国家工作人员进行处分；负有事故责任的人员涉嫌犯罪的，依法追究刑事责任。

（2）事故调查报告所附具的证据材料应当为被告人、辩护人、审判人员所知悉，未附有证据材料的事故调查报告不得在刑事诉讼中使用。2013 年国家安全监管总局印发的《关于生产安全事故调查处理中有关问题的规定》第十三条载明，经过批复的事故调查报告的正文部分由组织事故调查的安全生产监督管理部门按照国家有关规定及时在政府网站或者通过其他方式全文公开，但依法需要保密的内容除外。同时不得以国家秘密为由，拒绝辩护律师查阅、摘抄、复制调查报告所附具的证据材料。

（3）事故调查报告正文只对法官具有参考意义，不具有刑事证据效力。在庭审中就事实部分进行的法庭调查环节，公诉人应该优先出示事故调查报告附具的证据材料，而不是直接引用事故调查报告正文中的文字内容。这是因为附具的证据材料才是能够证明案件事实的第一手材料，而事故调查报告正文是行政机关根据调查收集的证据得出的事实认定意见，其不具有刑事证据的效力，法官通过审查判断后对于报告正文中的结论意见可不予采信。

三、若只对事故调查报告进行形式审查，则几乎不可能改变事故调查报告所认定的事实和结论，因此，辩护律师要贴合证据种类、运用不同的证据规则，进行客观性、关联性之辩

（1）事故调查报告作为综合性证据，应根据不同的内容划定证据种类。根据《刑事诉讼法》规定，证据类型包括八种，对事故调查报告应当归属的类别需要综合地判断和考量。在司法实践中，一般是根据对事故调查报告的采纳情况划分其证据属性，辩护律师在办案过程中要根据这种属性情况运用不同的证据规则进行辩护，主要涉及两种分类：如果是证明财产损失等客观性的事实，可以将其列为书证；如果采纳的是对事故发生原因的专业认定，可以作为鉴定意见。辩护律师在整个辩护过程中要始终保持脉络清晰，做到有的放矢。

（2）关于证据的客观性问题，在辩护中要充分运用好事故调查报告中所附的证据材料，做好实物证据的鉴真（鉴别证据真实性）。若事故调查报告结论客观，其所依据的实物证据即物证、书证、视听资料、电子数据，这些证据材料必须经过鉴真。辩护律师在鉴真过程中，要高度重视最高人民法院、最高人民检察院、公安部、国家安全部、司法部通过的《关于办理死刑案件审查判断证据若干问题的规定》中关于实物证据的审查规定，该司法解释对物证、书证的来源和收集提取过程作出了详尽的规定，并为此确立了两项排除性规则，即“经勘验、检查、搜查提取、扣押的物证、书证，未附有勘验、检查笔录，搜查笔录，提取笔录，扣押清单，不能证明物证、书证来源的，不能作为定案的根据”和“对物证、书证的来源及收集过程有疑问，不能作出合理解释的，该物证、书证不能作为定案的根据”，同时对视听资料和电子证据的来源和收集提取过程也提出了一系列相似的程序要求，确定了类似的排除规则。

（3）关于证据的关联性问题，要求事故调查报告中依据的证据材料所反映的事实信息与案件的待证事实之间具有逻辑联系，这种逻辑关联因报告用途不同，其证明标准也是不同的，如果该报告作为行政处罚的依据，则其依据的实物证据与待证事实之间达到高度的盖然性标准即可，这与民事证据的要求基本一致。但该报告若作为刑事处罚的依据，那么实物证据与待证事实之间必须要达到严格证据标准即必须要求排除合理怀疑。这一思路还可以向纵深延展，从法定犯的角度去思考，法定犯的构成有两种模式，一种是具备行政违法并严重后果，另一种是具备行政违法并满足附带其他独立构成要件，任何一种模式都由两部分构成，从证据的关联角度来讲，该构成前后两个部分的证据要求都必须达到严格证据标准。

承办律师：彭　坤　于建新　曾　然

第四部分

危害金融、市场管理等秩序类犯罪案件

秩序类犯罪是典型的法定犯，以违反相关行政管理规定为前提条件。如何通过事实证据在不法层面消除行为的“非法性”、说明行为的合理性就成为办理此类案件的重点。

危害金融、市场管理秩序犯罪被规定在我国《刑法》分则第三章、第六章，是近年来刑事业务的新兴热门领域。此类犯罪具有涉案人数多、标的额大、专业性强、行政规制手段尚未健全等特点。在此类案件的辩护过程中，最大的挑战就是专业领域与刑事司法领域之间跨学科的交叉。虽然案件在表面上看是常规的犯罪构成要件，但其背后却是复杂的专业知识与刑法规定的交汇与融合，辩护律师要从犯罪构成要件的角度将专业问题进行解构。这变相地告诉我们一个事实，即辩护律师若要在涉金融案件中作出有效辩护，不仅要有对当事人极致负责的态度，而且需要具有相关金融领域的专业知识。

然而，律师的专业是法律，无论案件背景涉及多么复杂的跨学科知识，在定罪量刑时也要涵摄到刑法所规定的构成要件中。本章选取了两个有代表性的非法吸收公众存款案和一个金融证券领域的敲诈勒索案，通过具体案例为读者展现金融犯罪的辩护思路。

肖某某非法吸收公众存款案（不起诉）

非法吸收公众存款案主从犯认定的辩护实务

案情简介

2015年4月至2018年6月，肖某某等15人伙同甲某（已起诉）等人在北京某信息技术有限公司内，以"A平台"网贷P2P平台的名义，以投资某宝等项目并高额返利为由，进行线上线下非法吸收公众存款活动。现核实共向530余名线上投资人非法吸收投资款2.5亿元，其行为已触犯《刑法》第一百七十六条之规定，涉嫌非法吸收公众存款罪。

辩护思路

本案争议点主要集中在：（1）肖某某在案件中的作用，是主犯还是从犯；（2）肖某某岗位职责是否重要、不可替代；（3）除工资外，肖某某是否获益，有无退赔；（4）肖某某有无违法性认识。

接受委托后，律师通过详细阅卷和会见了解了具体情况，认为不应将肖某某定位为主犯。

一、肖某某受单位指派参与实施，对重要事务无参与和决定权

《全国法院审理金融犯罪案件工作座谈会纪要》规定："直接负责的主管人员，是在单位实施的犯罪中起决定、批准、授意、纵容、指挥等作用的人员，一般是单位的主管负责人，包括法定代表人。其他直接责任人员，是在单位犯罪中具体实施犯罪并起较大作用的人员，既可以是单位的经营管理人员，也可以是单位的职工，包括聘任、雇佣的人员。应当注意的是，在单位犯罪中，对于受单位领导指派或奉命而参与实施了一定犯罪行为的人员，一般不宜作为直接责任人员追究刑事责任。"

肖某某所涉犯罪为非法吸收公众存款罪的共犯，但是肖某某并非组织、领导人员，实际上只是被动接受公司领导的指示开展人力工作。肖某某权限低，不参与非法集资业务经营的重大事项。肖某某非股东，无后台权限，看不了公司数据，对公司吸收资金动态不知情。对公司产品设计、重大会议、战略决策无发言权，对公司资金流向不知情，对集资款无控制、支配权。肖某某在职期间从未被列入公司高管名单，在A平台公示的高管名单中也无肖某某的名字，金融局自律检查和行政核查资料可以查询以上信息。

肖某某入职前期为人事专员，只在离职前的半年时间（2017年底至2018年5月）代管人事工作，下属有两名员工，上面还有一位人力总监丙某。公司结构上，是老板（甲某）—CEO（乙某）—人力总监（丙某）—人力主管（肖某某，不足半年），肖某某负责人事的上传下达工作，完成总监丙某交办的工作，并非北京某信息技术有限公司的核心人员，未参与公司的重要决策、决定，更无力左右公司的非法吸收公众存款的行为，在共同犯罪活动中仅起较小的作用。

二、肖某某的职责为事务性工作，具有可替代性，肖某某不吸收资金，不对外宣传、销售

肖某某的职务虽然在口头上被称为人力总监，但是签署的劳动合同约定岗位是人力专员，因为人力总监有一段时间空悬，才暂代履行人力总监的职责，实际还是受上级集团公司人力部门的领导和控制，自身没有决定权，对本公司员工的录用，也只起到牵线搭桥的作用，最终员工是否录取留用均是由各部门的经理负责。肖某某的工作内容与集资业务关联小，在犯罪活动中作用较小，并非直接负责的主管人员，也非其他直接责任人员。肖某某所在人事部的工作内容是“负责员工招聘，统计员工工资，还有就是过年过节给员工发福利”。具体而言，第一，肖某某对员工的招聘及留用并无决定权。在招募人员时，是有招聘需求的部门负责人将招聘需求发给人事部，人事部按照招聘需求开始发布招聘信息，之后人力约谈人员到公司面试，若需留用，也是部门负责人面试决定是否录用该人员。第二，肖某某不负责工资核算。根据电销部主管钱某的讯问笔录，电销部工作是统计组内员工工作业绩，根据统计的业绩计算员工的提成金额，然后上报给人事部。可见，人事部并不核算员工提成工资，只是等待电销部核算完毕后知悉员工工资的数额。

因此，肖某某不吸收资金，不对外宣传、销售。在整个过程中的作用是辅助性的，肖某某不负责工资核算，非关键性岗位，工作性质具有可替代性。其工作对公司业务提升未产生显著效果，与投资人损失并无密切关系。

三、肖某某薪资所得仅为固定工资，对非法吸收的资金无任何提成和收益，且已全额退赔

肖某某在职期间为固定工资，无返利、提成等额外收益，也不核算他人提成工资。肖某某为人力资源岗位，代管人事工作时间短，未吸收资金，未创造利润，在职期间收入为固定工资，不与业绩挂钩，获取工资外也无其他违法所得，甚至对其他人员的提成也仅是在电销部核算完成后通知人事部数额，人事部对其他人提成计算方法不知情。

并且，肖某某已全额退赔，且具有令人怜悯的情节。2022 年修正的《最高人民法院关于审理非法集资刑事案件具体应用法律若干问题的解释》第六条第一款规定，“非法吸收或者变相吸收公众存款的数额，以行为人所吸收的资金全额计算。在提起公诉前积极退赃退赔，减少损害结果发生的，可以从轻或减轻处罚……”。肖某某任职期间工资总和为 27 万元，肖某某家人通过自有存款和借款，已退赔 35 万元，极力弥补被害人损失。

肖某某现年 35 周岁，其女儿刚满 1 岁，十分需要妈妈的照顾，丈夫赵某现年 40 周岁，单独照顾幼小的女儿力不从心。肖某某父母年事已高，肖某某的父亲患有多种严重疾病并患有残疾；肖某某的公公赵某，自 2003 年起至今，被诊断为双相情感障碍、躁狂症等，多年来靠药物维持。恳请给肖某某一个回归家庭的机会，让肖某某得以为双亲尽孝履行赡养义务，让年仅 1 岁嗷嗷待哺的女儿回到妈妈温暖的怀抱，健康成长。其重回社会，只会珍惜机会、悔过自新，不会对社会产生危害性。

四、肖某某缺乏违法性认识，主观恶性小，已认罪认罚

根据《最高人民检察院关于办理涉互联网金融犯罪案件有关问题座谈会纪要》，对于无相关职业经历、专业背景，且从业时间短暂，在单位犯罪中层级较低，纯属执行单位领导指令的犯罪嫌疑人提出辩解的，如确实无其他证据证明其具有主观故意的，可以不作为犯罪处理。

肖某某无相关行业从业背景，在职期间公司尚未出现过兑付问题。肖某某无金融专业知识、无金融专业背景和从业经历，未因从事非法集资活动被查处过。在涉案公司工作前，多年任职于北京市某委会的印制中心，主要负责印刷材料等工作，涉世不深，思想单纯，对公司事务了解不多，对公司资金流向等重要事项不知情。在职期间公司尚未出现过兑付问题，加之 P2P 是当时新兴的互联网金融业务，肖某某因涉世未深、择业不当而在公司从事人力工作，缺乏对公司违法性的认知。

从肖某某的工作内容来看，肖某某对公司重大事务无参与和决定权，不吸收资金，不对外宣传、销售，代管人力工作不足半年。案发时离职已近三年，离职时唯一获取公司信息的工作邮箱已被注销，钉钉已退出，离职后怀孕并于 2019 年 7 月 12 日生育一女，再未参与公司事务，缺乏对非法集资行为的违法性认识。

肖某某已认罪认罚，如实供述了自己在公司从事的事务、工资所得等。为了体现“宽严相济”的刑事政策，“对于涉案人员积极配合调查、主动退赃退赔、真诚认罪悔罪的，可以依法从轻处罚；其中情节轻微的，可以免除处罚；情节显著轻微、危害不大的，不作为犯罪处理”。

考虑到肖某某在共同犯罪中的地位作用、退赔情况、主观恶性，特恳请检察机关对肖某某作出不起诉的决定。

案件结果

检察机关对肖某某作出不起诉的决定。

案件评析

本案起诉意见书载明 15 名犯罪嫌疑人，肖某某的职位为人力总监，在起诉意见书中的排名为第七。

一个不成文的规则是，非法集资案件一般会对多个被告人在共同犯罪活动中的作用进行排名。比如肖某某位次排在第七，一般会被列为 7 号人物。一般而言，检察院起诉书的排名与法院判决的排名基本相同，但是也不尽然，在辩护过程中，排名发生变化的也不在少数。原因是，这个排名的依据仅仅是公安机关从犯罪嫌疑人和证人处搜集到的言词证据。而地位排名，仅根据证人和同案人员的供述确定，有时候是不准确的。

根据《刑法》规定，组织、领导犯罪集团进行犯罪活动的或者在共同犯罪中起主要作用的，是主犯；在共同犯罪中起次要或者辅助作用的，是从犯。根据2019年1月30日最高人民法院、最高人民检察院和公安部联合印发的《关于办理非法集资刑事案件若干问题的意见》规定，“上级单位与下属单位均未被认定为单位犯罪的，一般以上级单位与下属单位中承担组织、领导、管理、协调职责的主管人员和发挥主要作用的人员作为主犯，以其他积极参加非法集资犯罪的人员作为从犯，按照自然人共同犯罪处理”。

肖某某被列为7号人物。结合其他被告人的供述，大多数人称肖某某为人力总监。这意味着，肖某某在本案中被视为总监级别的领导，具有重要地位，很可能被定为主犯。如果将肖某某定为主犯，需要对该主犯涉及的非法集资的全部金额负责，或者对其涉及、指挥的全部金额负责，不因“从犯”的地位而从轻、减轻处罚，判刑较重。但是如果肖某某被定为从犯，则可从宽处罚，可减少基准刑的20%—50%；犯罪较轻的，减少基准刑的50%以上或者依法免除处罚。

在非法吸收公众存款案件主从犯的辩护中，考虑主犯还是从犯需要结合多种因素。职位、层级不是决定性的，仅凭被告人供述有时是不准确的，关键要查明在非法集资活动中的地位和作用。认定主犯还是从犯，需要综合考虑犯罪嫌疑人的层级、下属员工的人数、岗位的重要性，是否参与对外宣传、拉投资销售工作，是否对公司重大事务有参与决定权，对非法集资款是否有控制支配权，收入是否与业绩挂钩，分赃是否较多等多方面因素。

本案中，律师通过阅卷和会见，认为肖某某不应被定为主犯。肖某某听命于其他人，在整个非法集资的犯罪过程中并非起领导和组织作用。肖某某之前无专业知识和相关从业背景，工作内容与集资业务关联低，未参与关于经营模式的讨论决定，也未参与具体的对外宣传，代管人事工作时间短，离职时间长，对非法集资缺乏违法性认识，在共同犯罪中处于从属的地位，工资固定，无募集资金提成，已认罪认罚，已全额退赔，具有令人怜悯的情节……律师全面考虑以上诸多因素，并与公安、检察机关积极沟通，最终达成预期目标，争取到不起诉的决定。

承办律师：彭　坤　王　源

袁某、姜某某非法吸收公众存款案

非法集资类刑事案件中对“非法性”的把握以及非法吸收公众存款罪与集资诈骗罪的区分

案情简介

袁某与姜某某系夫妻关系，袁某为河北省阜平县某投资咨询有限公司法定代表人、实际控制人，二人共同经营该公司，袁某、姜某某因涉嫌非法吸收公众存款罪分别于2017年2月28日、2月15日被捕，后羁押于阜平县看守所，河北省保定市人民检察院冀保（2018）37号起诉书以袁某犯非法吸收公众存款罪、集资诈骗罪，姜某某犯非法吸收公众存款罪，向河北省保定市中级人民法院提起公诉，指控：袁某、姜某某在不具有银行业金融机构从业资质的前提下，以承诺在约定期限内还本支付高息为诱饵，对社会公开宣传，向社会不特定对象吸收公众存款达309 788 000元，在签订民间借贷合同后将吸收的资金借给他人使用，收取借款人年率约24%的中介服务费。被告人袁某以非法占有为目的，使用诈骗方法进行非法集资数额达34 655 000元，且拒不交代资金去向，致使款项无法追回。

辩护思路

本案中，如何将检察院指控的集资诈骗罪去除，将该笔款项并入非法吸收公众存款罪处理，是影响定罪量刑的核心问题。笔者认为，非法吸收公众存款罪尽管向社会公众吸纳资金，但吸纳的资金主要是用于企业经营，集资人的意图并不是占有这些社会公众的资金，资金的流向主要是放贷或企业经营，行为人主观上只是临时占用意思；而集资诈骗罪表现为通过诈骗的手段向社会公众吸纳资金，资金的流向主要为集资者通过各种手段将所吸纳的资金转为私人占有，并希望永久非法占有该资金，具有完全的占有和排除的意思。而是否具有“完全的占有和排除的意思”就是区别二者的关键，可以通过以下几个方面进行分析判断。

（1）从筹集资金的目的和用途看，公司是否存在投资经营项目或者项目是否开始实际运作、落实？如果向社会筹集资金是用于生产经营，并且实际上全部或者大部分的资金也是用于生产经营，则应认定为非法吸收公众存款罪；如果向社会筹集资金是用于个人挥霍，或者用于偿还个人债务，或者用于单位或个人拆东墙补西墙，则应认定为集资诈骗罪。

（2）从单位的业务能力和经营状况来看，如果单位有正常业务，经济能力较强，在向社会公众筹集资金时具有偿还能力，即使后期存在吸纳资金后用于拆补的情况，只要所占比例不大，仍可以定性为非法吸收公众存款罪；如果拆补资金较大，但并没有超过正常的业务比例，也可以分段评价，分别定为非法吸收公众存款罪和集资诈骗罪；如果单位本身就是空壳公司，或者正常稳定的业务较小、公司已经处于资不抵债的境况，许诺的高额利润、回报、分红并不是公司的实际盈利而是客户投资款，或者分红比例已经超出公司实际经营所得，且一直持续该状态，则应认定为集资诈骗罪。

（3）从造成的后果以及实际归还情况看，如果非法筹集的资金在案发前已经全部或者大部分归还，或者案发后行为人具有归还能力，并且积极筹集资金，实际归还了全部或者大部分资金，则定集资诈骗罪的可能性就非常小，一般应定非法吸收公众存款罪。如果非法筹集的资金在案发前全部或者大部分没有归还，或者案发后行为人已经没有归还能力，客观上造成了投资人重大经济损失，则具有定集资诈骗罪的可能性。

（4）从高、中管理层参与或知晓经营的实际状况看，公司高管及主营人员在明知公司经营状况的前提下仍实施骗取被害人投资款的行为，可认定具有非法占有目的，进而认定为集资诈骗罪；而其他行政、后勤或者一般业务人员，往往不了解公司经营或项目的实际情况，只是按照前述人员的指示从事协助骗取投资款的行为，并领取固定工资，则一般不认定其具有非法占有目的，从而只认定为非法吸收公众存款罪。

在司法实践中，对待非法吸收公众存款罪和集资诈骗罪的审判观点、态度在客观上是存在较大差异的，经济发达地区与经济落后地区、沿海城市与内陆城市、大城市与小城市，甚至同一法院的不同法官也存在差异。在具体案件的办理过程中，辩护律师要紧紧围绕两者之间的区别展开工作，对是否存在和构成集资诈骗行为进行实质区分，综合司法解释和法律规范性文件对

“非法占有目的”的解析作出实质比对，进而综合全案制定辩护策略，作出有效辩护。

辩护人对起诉书指控的袁某集资诈骗 34 655 000 元有异议，这一数额应当并入所指控的非法吸收公众存款罪的数额中，一并定罪处罚。理由如下：

（1）34 655 000 元涉及的贷款人中可能有的不知道这些钱是用于支付前面贷款人的本息，似乎“被骗”了。最高人民法院刘为波法官撰写的《〈最高人民法院关于审理非法集资刑事案件具体应用法律若干问题的解释〉的理解与适用》（以下简称《非法集资解释理解与适用》）中对“关于集资诈骗罪中非法占有目的要件”的认定，就特别强调不能以“骗取方法”的认定来替代“以非法占有为目的”的认定。因此，在判断袁某针对 34 655 000 元是否构成集资诈骗罪时，还要结合是否具有“非法占有目的”来判断。

（2）根据起诉书指控的认定袁某具有“非法占有目的”的理由是“拒不交代资金去向，致使款项损失”。而对应的《非法集资解释理解与适用》规定的情形是“拒不交代资金去向，逃避返还资金的”。起诉书表述成“致使款项损失”，有客观归罪之嫌，应当以司法解释规定的对应情形作为审理案件的依据。根据袁某最新供述，她已经承认用后面的这笔钱归还了前面贷款的本息，因此不存在“拒不交代资金去向，逃避返还资金的”情形。

（3）本案袁某存在以后面吸收的资金偿还前面本息的情况，俗称“拆东墙补西墙”。辩护人认为，在非法吸收公众存款罪的判例当中，都存在后期用后面吸收的资金偿还前面本息的情况，如果能及时还本付息，就不会导致案发了。针对“拆东墙补西墙”的行为，《非法集资解释理解与适用》认为，不能单独评价这一行为是否具有“非法占有目的”，还应当结合其他情节综合判断。支付本息是非法集资的一个基本特征，在一定意义上，按期支付本金和高额回报反而有可能说明行为人主观上没有非法占有目的。本案袁某在吸收资金后，自己并不直接从事生产经营，而是有偿借给他人使用，通过对下家债权的实现来向上家贷款人还本付息以及实现自己的盈利。因此，本案应当重点考察袁某在向后面的贷款人借款 34 655 000 元时，其总债权债务的对比关系，以及是否属于无法实现的债权。

根据审计报告显示，本案基于民间借贷合同未收取的借款人本金余额为 106 842 400 元，由于后期袁某未再进行对外放款，故这一债权数额可以认定为袁某向后面的贷款人借款 34 655 000 元的债权数额。本案包括后期所借的未能偿还的 34 655 000 元在内，总共未偿还贷款人的本金余额为 126 060 800 元。根据审计报告显示，袁某总共已经支付的利息是 39 003 437. 65 元，拿走 39 003 437. 65元利息的放款人可以分为两类：一类是已经拿回本金并额外取得利息的人；另一类是还有 126 060 800 元本金未收回但已经取得部分利息的人。根据 2014 年 3 月 25 日发布实施的《最高人民法院、最高人民检察院、公安部关于办理非法集资刑事案件适用法律若干问题的意见》（以下简称 2014 年《意见》）“五、关于涉案财物的追缴和处置问题”第一款规定：“向社会公众非法吸收的资金属于违法所得。以吸收的资金向集资参与人支付的利息、分红等回报，以及向帮助吸收资金人员支付的代理费、好处费、返点费、佣金、提成等费用，应当依法追缴。集资参与人本金尚未归还的，所支付的回报可予折抵本金。”因此，上述还有 126 060 800 元本金未收回的放款人对已经收取的利息应当折抵本金，对已经收回本金且额外收取利息的放款人应当追缴其收取的利息并发还给未收回本金的放款人，折抵本金和追缴发还的总数额就是袁某支付的总利息 39 003 437. 65 元。因此，真正需要袁某承担还款责任的数额是 126 060 800 元-39 003 437. 65 元=87 057 362. 35 元，而袁某在向后面的放款人借款 34 655 000 元时的对外债权是 106 842 400 元，其足以偿还包括 34 655 000 元在内的共计 87 057 362. 35 元债务。

袁某实现 106 842 400 元债权虽然缓慢，但尚不属于无法实现的债权，参照《最高人民法院、最高人民检察院关于办理渎职刑事案件适用法律若干问题的解释（一）》第八条第二款的规定，无法实现的债权是指债务人经法定程序被宣告破产，债务人潜逃、去向不明，或者因行为人的责任超过诉讼时效等，致使债权已经无法实现的。另外，根据法庭调查和原始的借款合同，袁某的 106 842 400 元债权要么有充足的抵押物，要么有可靠的担保人，并且房产类的抵押物已经大幅升值。

案件结果

本案经河北省保定市中级人民法院一审后上诉至河北省高级人民法院，后被裁定发回重审，而后再由河北省保定市中级人民法院另行组成合议庭重新审理，最终去掉集资诈骗罪罪名，实现初始辩护目的。

河北省保定市中级人民法院（2018）冀 06 刑初字 38 号刑事判决书判决：

（1）被告人袁某犯集资诈骗罪，判处无期徒刑，剥夺政治权利终身，没收个人全部财产；犯非法吸收公众存款罪，判处有期徒刑 8 年，并处罚金 50 万元；决定执行无期徒刑，剥夺政治权利终身，没收个人全部财产。（2）被告人姜某某犯非法吸收公众存款罪，判处有期徒刑 5 年，并处罚金 30 万元。（3）扣押、冻结在案的赃款赃物依法追缴并返还集资参与人，不足部分继续追缴。

袁某、姜某某不服，向河北省高级人民法院提起上诉，河北省高级人民法院认为，原判决认定的事实有的情节尚不清楚，作出（2018）冀刑终 454 号裁定：（1）撤销保定市中级人民法院（2018）冀 06 刑初 38 号刑事判决；（2）发回保定市中级人民法院重新审理。

河北省保定市中级人民法院依法另行组成合议庭，公开开庭审理了本案，认为：被告人袁某、姜某某违反国家金融管理制度，非法向社会不特定人员吸收存款 344 443 000 元，扰乱金融秩序，数额巨大，二被告人的行为均已构成非法吸收公众存款罪。公诉机关指控二人构成非法吸收公众存款罪的罪名成立。公诉机关指控袁某构成集资诈骗罪，事实不清，证据不足，依法不能成立。在非法吸收公众存款的共同犯罪中，袁某起主要作用，系主犯；姜某某在本案中的作用相对较小，系从犯，且案发后姜某某制订催收计划、积极催收欠款，依法对其从轻处罚。河北省保定市中级人民法院（2019）冀 06 刑初 70 号刑事判决书判决：（1）被告人袁某犯非法吸收公众存款罪，判处有期徒刑 10 年，并处罚金 50 万元。（2）被告人姜某某犯非法吸收公众存款罪，判处有期徒刑 4 年，并处罚金 30 万元。

案件评析

辩护人着重围绕 P2P 的罪与非罪问题，特别是如何证明合法业务和扣减犯罪数额以及律师如何提供实质、有效的辩护策略，谈谈自己的看法。

一、P2P 的罪与非罪问题要以“四性”的认定为基础

2022 年《最高人民法院关于审理非法集资刑事案件具体应用法律若干问题的解释》（以下简称《解释》）指出，非法集资类案件包括的罪名有：非法吸收公众存款罪，集资诈骗罪，擅自发行股票、公司、企业债券罪，非法经营罪和虚假广告罪，并对成立该类犯罪的四个条件（四性）作出了明确规

定，鉴于P2P在审判中成立最多的罪名就是非法吸收公众存款罪和集资诈骗罪，因此罪与非罪也必须在“四性”的基础上作出判断。即（1）未经有关部门依法许可或者借用合法经营的形式吸收资金（非法性）；（2）通过网络、媒体、推介会、传单、手机短信等途径向社会公开宣传（公开性）；（3）承诺在一定期限内以货币、实物、股权等方式还本付息或者给付回报（利诱性）；（4）向社会公众即社会不特定对象吸收资金（社会性）。

二、“非法性”是“四性”判断的重点和难点，辩护律师要从形式标准和实质标准方面做好理解和把握

在《解释》中，明确规定了“非法性”的认定标准是“形式标准+实质标准”。

（1）关于形式标准的理解与把握。表现为“未经批准”，即未经有关部门依法批准，包括没有批准权限的部门批准的集资以及有审批权限的部门超越权限批准的集资。因为从P2P生成的历史背景中不难发现，P2P在其产生之初，秉持着国家“金融创新”的理念，当时的国家政策以及舆论环境都在积极为互联网金融寻求发展空间，监管机关主张考虑到合理的社会需求，可以在不触及犯罪底线和控制风险的前提下，通过适度监管，允许其在一定范围内自由发展，对互联网金融的总体监管思路归结为“包容”和“试错”，鼓励发展。也正是基于这个原因，在司法实践中对于“非法性”的确定基本上没有超出“未经批准不得吸收公众存款或者变相吸收公众存款”这一原则性的形式标准，而对于实质标准则缺乏依据，采取了模糊处理的态度。

（2）关于实质标准的理解与把握。2019年1月30日最高人民法院、最高人民检察院、公安部联合印发了《关于办理非法集资刑事案件若干问题的意见》，该意见对“非法性”的认定做了扩张性解释，不仅以国家金融管理法律法规作为判断依据，还扩大到根据法律规定的精神并参考中国人民银行、银保监会、证监会等行政主管部门依照国家金融管理法律法规制定的部门规章或者国家有关金融管理的规定、办法、实施细则等规范性文件，而相关规范性文件规定的具体行为即构成了“非法性”的实质标准。笔者对其进行了整理，得出以下结论：第一，该意见认可P2P业务模式，平台上实质符合P2P业务模式的交易行为，不具有“非法性”。第二，P2P的业务模式是平台模式（只有线上模式而无线下模式），P2P网络借贷是指个体和个体之间通过互联

网平台实现的直接借贷，平台为投资方和融资方提供信息交互、撮合、资信评估等中介服务。第三，P2P 是“信息中介”并非“信用中介”，不得从事或接受委托从事自融、变相自融、设立资金池、提供担保或承诺保本保息、发售金融理财产品、开展类资产证券化等形式的债权转让等超出信息中介范围的活动。

三、基于对“形式标准”和“实质标准”的理解把握，形成了辩护律师对“非法性”的辩护空间

（1）业务模式之辩。2016 年银监会、工信部、公安部、国家网信办发布的《网络借贷信息中介机构业务活动管理暂行办法》明确了 P2P 的业务模式具有 4 种基本特征和 13 种禁止行为，该“基本特征”和“禁止行为”，从正反两方面说明了 P2P 的基本模式。“基本特征”是认定是否为 P2P 的出发点，若符合“基本特征”，则应认为符合 P2P 的业务逻辑。如果进入刑法评价的范畴，则必然要求违反金融监管要求，构成违反行政秩序或者行政规范的不法，即必然存在 13 种禁止行为，同时还要看这种不法是否达到了严重侵犯法益的程度，若能够采取行政手段整治则不应通过刑法这种终极严厉的规则手段。

（2）归集、吸收资金之辩。要明确 P2P 的禁止行为“不得直接或间接归集资金”和刑法上的“吸收资金”之间并非等价关系，这也是罪与非罪的重要判断依据：第一，该办法规定的“不得直接或间接归集资金”属于合规管理的要求，并不涉及刑事犯罪，其实质是要求实现平台资金和投资者的资金隔离，解决方案是银行存管，但银行存管并非判断非法行为的唯一依据，因为存管银行对于 P2P 交易，只是作形式审查，不作实质审查（如对 P2P 平台作假标、自融、期限错配，存管银行是不审查的），所以同时还要求先有借款人，借款人在平台发标后，投资人出借款项经过平台或者平台管理的账户后，立即、无迟延地划拨给借款人，这种并无截留的情况不属于刑法规制的“吸收资金”。第二，当 P2P 网络借贷平台通过将借款需求设计成理财产品出售给放贷人，或者先归集资金，再寻找借款对象等方式，使放贷人资金进入平台的中间账户，产生资金池（此类模式伴生有期限错配、借新还旧、自融、理财等业务）。此时，这种具有类似银行吸储的性质，吸收存款、汇集资金的行为，就属于刑法上的“吸收资金”。

(3) 资金去向之辩。资金去向是认定是否属于合法 P2P 业务模式的重要内容，网络借贷信息中介机构的业务可以分为三类：第一，完全合法、合规的民间借贷，有纠纷可以通过民事程序解决；第二，不合规但也并非刑事犯罪的业务，有问题适用行政监管规范规制；第三，刑事犯罪，适用刑事法律追责。若先有借款标的后有投资人，投资人出借资金通过平台中介交予借款人，这是符合金融法律法规和参考文件的，符合 P2P 的基本业务逻辑，因而不具有“非法性”，或者应将相应金额从非法集资金额中扣除。P2P 合法业务是强有力的辩护理由，对于 P2P 平台的实际控制人、CEO、总经理级别的高管来说，关系到罪名是否成立。与此相关的，还涉及单位犯罪和个人犯罪的认定，以及犯罪数额和责任人员的认定问题，因此资金去向之辩在整个辩护体系中极为重要。

由以上问题延伸开来，下面笔者将整理和展示近年来办理非法集资案件中的辩护要点，供办理相关案件时参考使用。

一、非法集资案件的常见高发类型

(1) 以私募基金为名进行非法集资。

(2) 以 P2P 网络借贷为名进行非法集资。

(3) 以消费各种商品为幌子进行非法集资。

二、非法集资案件的辩护要点

(一) 明确界定非法吸收公众存款罪的四个条件

(1) 未经批准吸收资金。

(2) 向社会公开宣传。

(3) 承诺高额利息并还本付息。

(4) 向社会公众及社会不特定对象吸收资金。

(二) 合法集资的界定

基于对相关法律法规的梳理，笔者认为，合法集资是指公司、企业或者其他个人、团体为实现某种合法目的，依照法律法规规定的条件和程序，通过向社会公众发行有价证券或者利用融资租赁、联营、合资、企业集资等方式，在资金市场上筹集企业所需的资金。企业的集资行为必须符合以下条件：其一，集资主体应当是符合公司法规定的有限责任公司、股份有限公司或其他依法设立的具有法人资格的企业。其二，聚集资金是为了公司、企业的设立、生产和经营，不得用于弥补公司、企业的亏损和其他非经营性开支。其三，募集资金主要通过发行股票、证券或融资租赁、联营、合资等方式进行，其中发行股票和证券是主要方式。其四，募集资金的行为必须严格按照《公司法》及其他有关募集资金的法律规定的方式、程序、条件、期限、募集的对象等进行。

1. 本罪争议焦点及实务操作

行为人吸收公众存款用于货币、资本经营以外的正当生产、经营活动的，能否以本罪论处？对此存在肯定说与否定说，《解释》第六条第二款则采取了折中说："非法吸收或者变相吸收公众存款，主要用于正常的生产经营活动，能够在提起公诉前清退所吸收资金，可以免予刑事处罚；情节显著轻微危害不大的，不作为犯罪处理。"根据《解释》第二条的规定，实施下列行为之一，符合非法吸收公众存款行为特征的，应当以非法吸收公众存款罪定罪处罚：(1) 不具有房产销售的真实内容或者不以房产销售为主要目的，以返本销售、售后包租、约定回购、销售房产份额等方式非法吸收资金的；(2) 以转让林权并代为管护等方式非法吸收资金的；(3) 以代种植（养殖）、租种植（养殖）、联合种植（养殖）等方式非法吸收资金的；(4) 不具有销售商品、提供服务的真实内容，或者不以销售商品、提供服务为主要目的，以商品回购、寄存代售等方式非法吸收资金的；(5) 不具有发行股票、债券的真实内容，以虚假转让股权、发售虚构债券等方式非法吸收资金的；(6) 不具有募集基金的真实内容，以假借境外基金、发售虚构基金等方式非法吸收资金的；(7) 不具有销售保险的真实内容，以假冒保险公司、伪造保险单据等方式非法吸收资金的；(8) 以网络借贷、投资入股、虚拟币交易等方式非法吸收资金的；(9) 以委托理财、融资租赁等方式非法吸收资金的；(10) 以提供"养老服务"、投资"养老项目"、销售"老年产品"等方式非法吸收资金的；(11) 利用民间"会""社"等组织非法吸收资金的；(12) 其他非法吸收资金的行为。

2. 成立本罪的数额与情节条件

(1) 个人非法吸收（包括变相吸收）数额在20万元以上的，单位非法吸收数额在100万元以上的；(2) 个人非法吸收存款对象30人以上的，单位非法吸收存款对象150人以上的；(3) 个人非法吸收给存款人造成直接经济损失数额在10万元以上的，单位非法吸收给存款人造成直接经济损失数额在50万元以上的；（4）造成恶劣社会影响或者其他严重后果的。

3. 需要争取扣除的数额

行为人在非法吸收公众存款的过程中，也可能存在正常的贷款与民间借贷，不能因为行为人实施了非法吸收公众存款的行为，就将正常的贷款与民间借贷也认定为非法吸收公众存款。例如，甲向不特定的多人非法吸收公众存款5000万元，同时以自己的别墅作抵押向朋友乙借款1000万元，以厂房作抵押向银行贷款2000万元。有抵押的借款与贷款明显不符合非法吸收公众存款罪的规定，这部分就属于需要争取扣除的数额。

(三) 关于行政认定的问题

行政部门对于非法集资的性质认定，不是非法集资案件进入刑事程序的必经程序，行政部门未对非法集资作出性质认定的，不影响非法集资刑事案件的审判。人民法院应当依照《刑法》和2010年《解释》等有关规定认定案件事实的性质，并认定相关行为是否构成犯罪。对于案情复杂、性质认定疑难的案件，人民法院可以在有关部门关于是否符合行业技术标准的行政认定意见的基础上，根据案件事实和法律规定作出性质认定。

(四) 关于“向社会公开宣传”的认定问题

向社会公开宣传，包括以各种途径向社会公众传播吸收资金的信息，以及明知吸收资金的信息向社会公众扩散而予以放任等情形。公开性是其主要特征。

（1）2010年《解释》列举了媒体、推介会、传单、手机短信几种典型的公开宣传途径，但这是例示性的规定，宣传途径不应以此为限。在实践中，常见的还有互联网、标语、横幅、宣传册、宣传画、讲座、论坛、研讨会等宣传方式，只要行为人通过这些途径主动向社会公众传播吸收资金的信息，即属于“向社会公开宣传”。

（2）对于实践中大量存在的口口相传、以人传人的宣传方式，是否属于公开宣传？“明知吸收资金的信息向社会公众扩散而予以放任”也属于“向社会公开宣传”，因为承诺内容具体明确、信息来源熟悉可靠、传播方式比较隐蔽等，有时反而极易在社会公众中大范围地快速传播。如果行为人明知吸收资金的信息向社会公众扩散，却未设法加以阻止，而是放任甚至积极推动信息传播，这在实际效果上与主动向社会公众传播吸收资金的信息没有差异，将其认定为“向社会公开宣传”符合主客观相一致的原则。

（五）关于“社会公众”的认定问题

此处“社会公众”应具有以下主要特征：

（1）不认识。

（2）人多，随时可能增加。

（3）在向亲友或者单位内部人员吸收资金的过程中，明知亲友或者单位内部人员向不特定对象吸收资金而予以放任的。

（4）以吸收资金为目的，将社会人员吸收为单位内部人员，并向其吸收资金的。法律禁止非法集资的重要目的在于对广大公众投资者的利益给予特殊保护，主要有三个方面的考虑：一是不同于专业投资者，社会公众欠缺投资知识，缺乏投资理性；二是不同于合法融资，非法集资活动信息极不对称，社会公众缺乏投资所需的真实而必要的信息；三是社会公众抗风险能力较弱，往往难以承受集资款无法返还的损失风险，且牵涉人数众多，易引发社会问题。非法集资的社会性特征包含两个层面：一是指向对象的广泛性，即非法集资对象的众多性；二是指向对象的不特定性，即非法集资的对象为不特定多数人。如果有的行为人未向社会公开宣传吸收资金的信息，只是在亲友或者单位内部针对特定对象吸收资金，这种情形因集资对象限定于亲友圈或者单位内部人员等有限范围内，具有特定性，不符合非法集资的社会性特征。因此，2010 年《解释》的第一条第二款专门规定：“未向社会公开宣传，在亲友或者单位内部针对特定对象吸收资金的，不属于非法吸收或者变相吸收公众存款。”

（5）“不特定对象”与“向社会公开宣传”的关系。公开性是非法集资犯罪的显著特征，“向社会公开宣传”的受众是社会公众，即社会不特定对象。要理解“向社会公开宣传”，必须明确公开的含义。“公开”是与秘密相对的，故公开的基本含义就是对受众“不保密”“不隐瞒”“不特别限定参加者”等。要理解“向社会公开宣传”，还须明确向社会公开宣传的途径，即受众接受集资信息的途径。2010 年《解释》第一条第一款第二项规定向社会公开宣传是通过“媒体、推介会、传单、手机短信等”途径。2010 年《解释》在“媒体、推介会、传单、手机短信”这些途径之后使用“等”字，意味着公开宣传的途径并不以此为限，还包括并不限于网络、标语、横幅、宣传册、宣传画、讲座、论坛、研讨会、口口相传等途径。进一步说，利用社会的、单位的、个人的媒体平台和个人的手机短信、邮件等均可以成为非法集资的宣传途径。这些宣传途径是否认定为非法集资的信息扩散渠道，关键要看受众接受集资信息的方式是开放的还是秘密的。对此，2014 年《意见》第二条的规定已予以明确。要理解“向社会公开宣传”，还要明确向社会公开宣传行为的主观心态。2014 年《意见》第二条规定，“向社会公开宣传”包括行为人通过各种途径向社会公众传播吸收资金的信息，以及明知吸收资金的信息向社会公众扩散而予以放任等情形。可见，向社会公开宣传包括直接故意和间接故意两种主观心态。例如，即使是在社会、单位或个人设立的网络平台上，如果其宣传内容没有限定不能参加集资的范围、不限定参与人员的身份和人数，也没有禁止社会公众参与集资，其宣传内容表明谁来参加都可以，该宣传就具有公开性。又如，在社会、单位或个人设立的网络平台上，对集资宣传没有采取特殊保密措施，没有设定绝不外泄的严格登录程序，只需要注册登记即可获得相关身份，通过账号、工号或身份证号和密码就可以登录，由于该网络平台并不具有真正意义上的“保密性”，其家人、朋友、朋友的朋友等都可以非常容易获得账号和所谓的密码而登录该网络平台，对于一个庞大的不特定多数人的群体来说，该平台就具有“公开性”。对于“口口相传”的方式，应该结合集资人对此是否知情、态度如何，有无具体参与、是否设法加以阻止等主客观因素，来认定是否符合公开性。

（6）“不特定对象”与“单位内部特定对象”的关系。“不特定对象”有“三性”，即人员的延散性、不可控性和波及范围的广泛性。2010 年《解释》第三条以法律拟制的方式规定个人非法吸收公众存款的不特定对象在 30 人以上、数额在 20 万元以上的，就构成犯罪。为了防止扩大打击面，2010 年《解释》第一条第二款同时规定了出罪条款，即“未向社会公开宣传，在亲友或者单位内部针对特定对象吸收资金的，不属于非法吸收或者变相吸收公众存款”。有人据此认为，单位内部人员都是单位内部特定对象，针对单位内部人员的集资都不构成非法吸收公众存款罪，而不必考虑单位人数特别众多等特殊情形，这种认识是片面的。那么，应该如何理解“单位内部集资”和“单位内部特定对象”呢？

我们认为，认定单位内部集资是有条件的，关键在于两点：一是集资对象仅限于单位内部人员。必须注意的是，我国《刑法》中的“单位”有其特定的含义，包括公司、企业、事业单位、机关、团体等组织。一个公司当然是刑法意义上的一个“单位”；以单位内部的分支机构或者内设机构、部门的名义实施犯罪，违法所得要归单位的分支机构或者内设机构、部门所有的，也成立单位犯罪，此时单位内部的分支机构或者内设机构、部门也是刑法意义上的“单位”。此外，公司及其控股公司、关联公司涉及多个法人单位的，不能笼统作为一个单位处理。如果集资群众源于多个法人单位，或者源于一个公司和公司外其他社会人员，都不能视为单位内部人员。既向单位内部职工又向社会公众集资的，因整个吸收资金行为是在同一个犯意支配下统一进行的，可以认定为刑法上的一个行为，故应将所有资金统一认定为非法吸收公众存款的数额，而不应依据存款人是否属于单位内部职工进行区分。二是集资资金必须用于单位自身的生产经营活动。用于单位生产经营活动是单位内部集资不作为非法集资处理的重要前提，这类集资行为得以正当化、合理化的重要依据在于，单位与职工利益攸关，其集资取之于单位职工、用之于单位；其集资规模和风险具有可控性，资金用途具体明确；其集资行为必须通过一系列审批程序。换句话说，如果集资与单位生产经营活动无关，其集资行为不属于“单位内部集资”，就具备了构成非法吸收公众存款罪的条件。

按照2010年《解释》第一条第二款规定，在“单位内部针对特定对象吸收资金”也不构成非法吸收公众存款罪。在这个表述中，有两个限制性条件：一个是“单位内部”，另一个是“特定对象”，不能不加区分地认为“单位内部的都是特定对象”，而应理解为“单位内部的特定对象”。也就是说，在一些规模巨大、人数众多的单位中，内部人员还存在“特定对象”和“不特定对象”之分。例如，有的大公司，在全国范围内有成百上千个分支机构，员工多达数万名甚至数十万名。这样的单位，实际上是个庞大的系统，在这样的系统内发布集资信息，对金融秩序的破坏性是不言而喻的。“特定对象”是相对于“单位内部全部人员中的特定人员”而言的，指的是“全体中的特定人员”，且一定是数量较少的人员；如果人数众多，对象的不特定性就是显而易见的。我们认为，在2010年《解释》和2014年《意见》均未对非法吸收公众存款罪的“特定对象”进行明确的情况下，“特定对象”的认定应与出资人员的规模、数量挂钩，是否属于特定对象存在一个由量变到质变的过程。例如，2010年《解释》第六条规定：“未经国家有关主管部门批准，向社会不特定对象发行、以转让股权等方式变相发行股票或者公司、企业债券，或者向特定对象发行、变相发行股票或者公司、企业债券累计超过200人的，应当认定为刑法第一百七十九条规定的‘擅自发行股票、公司、企业债券’。构成犯罪的，以擅自发行股票、公司、企业债券罪定罪处罚。”在这一规定里，“向社会不特定对象发行”和“向特定对象累计超过200人发行的”，均构成犯罪。200人是法定要件，这也是一种法律拟制，即法定累计特定对象超过200人就相当于不特定对象。进言之，2010年《解释》第六条对“特定对象”的规定，从法律解释的角度来看，可以同样适用于“非法吸收公众存款罪”，这完全符合系统解释方法的原理。系统解释方法是从某一法律规范与其他法律规范的联系，及其在整个法律体系或某一法律部门中的地位与作用，同时联系其他规范来说明规范的内容和含义。从系统解释的角度来理解，“向特定对象累计超过200人的就可以认定为具有不特定性”的规定同样可以适用于非法吸收公众存款罪。也就是说，在一个单位内部针对200人以上“特定的”内部人员集资，集资款并未用于单位生产经营活动，就可以构成非法吸收公众存款罪。

（六）非法吸收公众存款罪、集资诈骗罪的区分

根据现行《刑法》规定可知，在主观罪过上是否“以非法占有为目的”是区分集资诈骗罪与非法吸收公众存款罪的关键，使用诈骗方法非法集资，具有下列情形之一的，可以认定为“以非法占有为目的”：（1）集资后不用于生产经营活动或者用于生产经营活动与筹集资金规模明显不成比例，致使集资款不能返还的；（2）肆意挥霍集资款，致使集资款不能返还的；（3）携带集资款逃匿的；（4）将集资款用于违法犯罪活动的；（5）抽逃、转移资金、隐匿财产，逃避返还资金的；（6）隐匿、销毁账目，或者搞假破产、假倒闭，逃避返还资金的；（7）拒不交代资金去向，逃避返还资金的；（8）其他可以认定为非法占有目的的情形。

集资诈骗罪中的“非法占有目的”，应当区分情形具体认定。行为人对部分非法集资款具有非法占有目的的，对该部分非法集资行为所涉集资款以集资诈骗罪定罪处罚；非法集资共同犯罪中部分行为人具有非法占有目的的，其他行为人没有非法占有集资款的共同故意和行为的，对具有非法占有目的的行为人以集资诈骗罪定罪处罚。

各类诈骗都是以非法占有为目的的。在司法实践中，认定是否具有非法占有目的，应当坚持主客观相一致的原则，既要避免单纯根据损失结果客观归罪，又不能仅凭被告人自己的辩解否定刑事犯罪。在具体案件中，对事实不清、证据不足、非法目的难以认定的，坚决不予认定。例如，不能仅凭数额较大的财务不能返还的结果，就推定行为人具有非法占有的目的；以欺骗手段取得资金，但是能够按期偿还的不能认定；或者以诈骗手段取得财物，但是用于生产经营的，也不能认定。对行为人将大部分资金用于投资或者生产经营活动，而将少量资金用于个人消费或者挥霍的，不能仅注意到消费或者挥霍的绝对值，还应兼顾消费或者挥霍值所占的比例。

（七）关于共同犯罪的处理问题

集资代理人、集资中间人，为他人向社会公众非法吸收资金提供帮助，从中收取代理费、好处费、返点费、佣金、提成等费用，构成非法集资共同犯罪的，应当依法追究刑事责任。能够及时退缴上述费用的，可依法从轻处罚；其中情节轻微的，可以免除处罚；情节显著轻微、危害不大的，不作为犯罪处理。

（八）关于涉案财物的追缴和处置问题

目前，涉案财物追缴和处置的一般程序为：案发地人民政府制订处置方案，组织相关部门开展涉案资产追缴、集资参与人登记核对、涉案财物拍卖变现等工作。集资款应根据清理后剩余的资金，按照集资参与人集资额比例予以清退。参与非法集资活动受到损失的，由集资参与人自行承担。根据处置非法集资工作的实际情况和有关规范性文件的规定，2014 年《意见》第五条明确了非法集资刑事案件中涉案财物的追缴和处置问题，共分四款。

第一款明确了涉案财物的追缴范围：向社会公众非法吸收的资金属于违法所得；以吸收的资金向集资参与人支付的利息、分红等回报，以及向帮助吸收资金人员支付的代理费、好处费、返点费、佣金、提成等费用，应当依法追缴；集资参与人本金尚未归还的，所支付的回报可予折抵本金。主要考虑为：一是非法集资行为涉嫌非法吸收公众存款、集资诈骗等犯罪，行为人向社会公众非法吸收的资金是其实施犯罪行为而取得的财物，根据《刑法》第六十四条的规定属于违法所得，应当予以追缴；二是行为人以吸收的资金向集资参与人支付的利息、分红等回报，以及向帮助吸收资金人员支付的代理费、好处费、返点费、佣金、提成等费用，因其属于行为人对违法所得的处分，不属于集资参与人和帮助吸收资金人员的合法收入，也应当予以追缴；三是出于实践可操作性和避免激化矛盾的考虑，明确集资参与人本金尚未归还的，所支付的回报可予折抵本金。因为非法集资刑事案件发生后能够追缴的财物往往不足以全额返还给集资参与人，很难要求本金尚未得到返还的集资参与人先将利息、分红退出后再按比例统一偿付。而且，在实践中有的集资参与人支付本金时往往已经扣除了利息部分。这一规定与 2010 年《解释》第五条第三款的规定是一致的。

第二款明确了将非法吸收的资金及其转换财物用于清偿债务或者转让给他人的追缴范围，具体包括五种情形：一是他人明知是上述资金及财物而收取的；二是他人无偿取得上述资金及财物的；三是他人以明显低于市场的价格取得上述资金及财物的；四是他人取得上述资金及财物系源于非法债务或者违法犯罪活动的；五是其他依法应当追缴的情形。本款规定参照了 2011 年《最高人民法院、最高人民检察院关于办理诈骗刑事案件具体应用法律若干问题的解释》第十条的规定，有利于最大限度地追缴涉案财物，最大限度地减少经济损失，同时还有利于维护既定的社会关系，保护善意第三人的利益。

第三款明确了易贬值及保管、养护成本较高的涉案财物的处置问题，即查封、扣押、冻结的上述涉案财物，可以在诉讼终结前依照有关规定变卖、拍卖；所得价款由查封、扣押、冻结机关予以保管，待诉讼终结后一并处置。本款参照了 2012 年《公安机关办理刑事案件程序规定》第二百三十条的规定，主要为了防止涉案财物因贬值、腐烂变质、保管困难等原因导致损失扩大。

第四款明确了涉案财物的处置原则，即查封、扣押、冻结的涉案财物，一般应在诉讼终结后，返还集资参与人；涉案财物不足全部返还的，按照集资参与人的集资额比例返还。非法集资案件往往涉案金额大、范围广、人数多，对涉案财物的处置应当遵循严格规范的操作流程，防止因仓促返还或者返还不均引发新的矛盾，因此本款对统一处置和比例返还的原则予以强调。

（九）关于证据的收集问题

2014 年《意见》第六条明确了非法集资刑事案件中证据的收集问题，规定：“办理非法集资刑事案件中，确因客观条件的限制无法逐一收集集资参与人的言词证据的，可结合已收集的集资参与人的言词证据和依法收集并查证属实的书面合同、银行账户交易记录、会计凭证及会计账簿、资金收付凭证、审计报告、互联网电子数据等证据，综合认定非法集资对象人数和吸收资金数额等犯罪事实。”主要考虑是，当前，非法集资犯罪案件高发、案情复杂、形势严峻，其活动日趋隐蔽，形式日趋多样，手法不断翻新，特别是其涉案金额巨大、参与集资人数众多、参与集资人员分散、身份核实难度较大、跨区域犯罪增多等特点，使侦破案件和收集证据的难度不断加大，给打击非法集资活动带来一定困难。因此，为有效打击非法集资犯罪，本条明确了办理非法集资刑事案件的证据收集标准，即结合言词证据和书证、电子数据等其他证据综合认定非法集资对象人数和吸收资金数额等犯罪事实，进一步加强执法办案过程中收集证据的可操作性。

（十）关于涉及民事案件的处理问题

在司法实践中，部分集资参与人在非法集资刑事案件立案前或者刑事诉讼过程中，以经济纠纷特别是借贷纠纷为由对非法集资犯罪行为人提起民事诉讼，要求其返还集资款项，部分案件民事判决生效后，涉案财物被强制执行。上述情况导致在处理非法集资案件时，基于同一法律事实的刑事法律关系和民事法律关系发生交叉，既不利于保障相关当事人的实体权利和诉讼权利，也容易侵害其他集资参与人的合法权益，进一步激化社会矛盾，影响社会稳定。

1998 年《最高人民法院关于在审理经济纠纷案件中涉及经济犯罪嫌疑若干问题的规定》第十一条至第十二条对刑事、民事案件互涉问题作了原则性规定：人民法院作为经济纠纷受理的案件，经审理认为不属经济纠纷案件而有经济犯罪嫌疑的，应当裁定驳回起诉，将有关材料移送公安机关或检察机关。人民法院已立案审理的经济纠纷案件，公安机关或检察机关认为有经济犯罪嫌疑，并说明理由附有关材料函告受理该案的人民法院的，有关人民法院应当认真审查。为确保依法妥善处理非法集资刑事案件，避免公安司法机关就案办案、孤立办案，做好涉案财物的权属认定和返还工作。2014 年《意见》参照上述规定对非法集资刑事案件中涉及民事案件的处理问题作了明确。本条强调在同一法律事实下，刑事案件应当优先于民事案件。

在此基础上，不同诉讼程序和环节可分为三个层次：一是对于公安机关、人民检察院、人民法院正在侦查、起诉、审理的非法集资刑事案件，有关单位或者个人就同一事实向人民法院提起民事诉讼或者申请执行涉案财物的，人民法院应当不予受理，并将有关材料移送公安机关或者检察机关。二是人民法院在审理民事案件或者执行过程中，发现有非法集资犯罪嫌疑的，应当裁定驳回起诉或者中止执行，并及时将有关材料移送公安机关或者检察机关。三是公安机关、人民检察院、人民法院在侦查、起诉、审理非法集资刑事案件中，发现与人民法院正在审理的民事案件系属同一事实，或者被申请执行的财物属于涉案财物的，应当及时通报相关人民法院，人民法院经审查认为确属涉嫌犯罪的，依照前款规定处理。

（十一）关于跨区域案件的处理问题

2014 年《意见》第八条明确了跨区域非法集资刑事案件的处理问题，共分三款。

第一款明确，跨区域非法集资刑事案件，在查清犯罪事实的基础上，可以由不同地区的公安机关、人民检察院、人民法院分别处理。主要考虑是，在实践中，对跨区域非法集资刑事案件，由牵头省份制订处置方案，并征求其他涉案省份意见，组织协调各涉案省份按照统一的方案开展涉案资产追缴、集资参与人登记核对、涉案财物拍卖变现、集资款清退等工作。考虑到跨区域非法集资刑事案件涉及范围广、人数多，为了提高诉讼效率、降低诉讼成本、缓解办案压力，本款明确在查清犯罪事实的基础上，可以由不同地区的公安机关、人民检察院、人民法院分别处理。

第二款明确，对于分别处理的跨区域非法集资刑事案件，应当按照统一制订的方案处置涉案财物。主要考虑是，对于跨区域非法集资刑事案件，各涉案省份应当按照统一的方案和原则处置涉案财物，不得因地方利益擅自处置辖区内涉案财物或者提前向辖区内集资参与人清退集资款，本款强调了跨区域非法集资刑事案件的统一处置原则。

第三款明确，国家机关工作人员违反规定处置涉案财物，构成渎职等犯罪的，应当依法追究刑事责任。主要考虑是，在处置非法集资工作中，相关国家机关工作人员应当严格依照有关法律、法规或者规范性文件的规定处置涉案财物，不得违反有关处置程序、超越职责范围，非法或者擅自处置涉案财物。比如，2014 年《意见》第五条关于涉案财物追缴和处置的规定，就必须严格执行，不得违反。对国家机关工作人员在处置涉案财物过程中，滥用职权、玩忽职守或者徇私舞弊，致使公共财产、国家和人民利益遭受重大损失，依照《刑法》和相关司法解释规定构成犯罪的，应当以滥用职权罪、玩忽职守罪等罪名追究刑事责任；同时有受贿行为构成受贿罪的，除《刑法》另有规定外，还应当以渎职犯罪和受贿罪数罪并罚。

（十二）量刑情节及非法集资犯罪金额的计算问题

2010 年《解释》第三条第三款规定："非法吸收或者变相吸收公众存款的数额，以行为人所吸收的资金全额计算。案发前后已归还的数额，可以作为量刑情节酌情考虑。"司法实践中，对于行为人吸收资金的计算，还涉及以下情况，应区别对待。

1. 本金及利息数额在犯罪数额中的认定

（1）预扣利息后对犯罪数额的认定。行为人在非法吸收公众存款后，于案发前支付的利息是否要从犯罪数额中扣除，应根据利息支付的时间来具体决定。

第一种情况，如果被告人在收到被害人本金的同时即已经将利息事先予以扣除的，甚至在收到本金之前即已经预先支付了利息的，则利息应当从犯罪数额中扣除。首先，从非法吸收公众存款罪的犯罪构成要件分析，本罪的犯罪对象是公众存款。所谓存款应狭义地解释为以货币为表现形式，用来进行周转，有价值的货币资金或有价证券。而对于投资人在给付借款时虚增出的这部分金额，行为人并没有以资金的方式吸收，则不应当计算到本罪的犯罪数额中。其次，根据 2010 年《解释》的规定，非法吸收或者变相吸收公众存款的"资金全额"是指行为人所实际吸收的资金。据此，预先扣除的利息，行为人并没有实际得到，就不应计入借款数额之中。因此，在认定行为人的犯罪数额时应当扣除预先支付的利息，以实际收到的钱款数额来认定。在许多案件中，投资人在交钱时行为人当场支付利息的，也应当认定为预扣的利息，因该部分款项并没有交入行为人手中，如果交入行为人手中后再支付利息的，则属于对吸收款项的处分。由于该部分款项并没有实际交付给行为人，也就不应计入本案的犯罪数额。

第二种情况，如果行为人先收取本金，经过一段时间后再依照约定支付利息。在此种情况下，行为人支付的利息不应从犯罪数额中扣除。从犯罪构成要件的角度分析，此种情况下支付的利息符合非法吸收公众存款“四个特征”中的有偿性特征。另外，非法吸收公众存款罪是行为犯，只要是行为人实施了吸收公众存款的行为，其对国家金融管理秩序的破坏已经形成，相应金额就应认定为犯罪数额。故该已支付的利息的数额不应扣除。但已支付的利息的数额应在量刑时考虑酌情从轻处罚。

（2）对于复利的数额是否应计入犯罪数额的认定。复利是指由利息产生的利息。行为人在借款到期后，与借款人约定暂不支付利息，而将利息计入本金，重新签订协议，本金与约定的利息重新计算，再形成新的数额。此种情况下，本金不变，只是归还利息的时间上有新变化。我们认为此时的犯罪数额应当只是本金而不包括利息。从非法吸收公众存款罪的犯罪对象来看，非法吸收公众存款罪的犯罪对象应当是指投资人实际支付的钱款，而不是其应当得到的回报。因利息是行为人支付的，而不是投资人支付的，而且该罪的社会危害性也是体现在对投资人实际拥有的钱款的“吸收”上。另外，对其他犯罪的处理也可以作为借鉴。如信用卡诈骗罪的犯罪数额只计算犯罪的本金而不计算犯罪的利息，其他诈骗类犯罪也是如此，犯罪的危害性主要体现在本金上。因此，复利的数额不应计入犯罪数额。

（3）本金到期后再次投资如何认定犯罪数额（存续借行为的犯罪数额认定）。本金到期后再次投资又可称为续借，即行为人在借款到期后支付约定利息，本金继续借用的情况。我们认为，对于存在续借行为的借款，只能认定初次的借款数额。其主要理由是，被告人向同一被害人反复实施吸收公众存款或变相吸收公众存款的行为时，被害人仅用原来的本金反复投资，这种行为造成的危害后果没有变化。在这种情况下不应累计计算犯罪数额，尽管行为人续签了合同，但是，其犯罪的对象还是同一个数额，犯罪数额并没有增加，只是犯罪时间延长而已，这和被告人针对这一数额签订两年、三年，甚至更长期限的借款协议没有本质区别。所以，对于存在续借行为的借款事实，只能认定初次的借款数额。

2. 对亲友等特定对象集资数额的认定

司法实践中经常会遇到这样一种现象，被告人集资的对象可能成百上千人，但是其中既有如亲友这样的特定对象又有不特定对象。那么对于亲友这样的特定对象是否应当从集资人中予以剔除？我国《刑法》非法吸收公众存款罪明确规定的是针对不特定对象，也就是说非法吸收公众存款罪的对象只应当限定在“不特定”的那个群体。但在司法实践中，办案机关经常将所有集资人的集资数额不分特定与不特定对象而一并认定为行为人的犯罪数额。这种做法同非法吸收公众存款罪的立法本意是背道而驰的。因此，如果在集资人中有亲友这样的特定对象，应当首先予以剔除，同时针对特定对象吸收的存款数额也应当从被告人的犯罪数额之中剔除。但如果行为人先向特定对象借款，而后特定被借款的对象又向其他不特定对象宣传并非法吸收存款的，则应看行为人主观上是否明知其特定的被借款对象向社会不特定对象宣传而吸收存款，从而决定是否认定该笔借款为犯罪数额。

3. 集资参与人未报案的犯罪数额的认定

在非法吸收公众存款案中，集资人数往往众多，但出于种种原因集资参与人可能不会全部报案，对于没有报案的集资参与人的集资金额的认定，实践中有不同认识，尤其是法院和检察院的看法存在一定分歧。有些办案人尤其是法院的主流观点认为，非法吸收公众存款案件的数额认定，集资参与人的报案和言词证据是关键必备证据，没有集资参与人的报案和言词证据的，不能认定。笔者认为，这一做法过于机械，忽视了证据裁判规则的运用。理想的确实充分的证据认定当然是有参与人的报案记录、言词证据与相关的合同、银行账户交易记录、会计凭证及会计账簿、资金收付凭证等书证相吻合。而实践中许多案件难以做到所有前述证据都完备，如果仅仅是缺少个别集资参与人的报案记录，而不予认定这一部分的犯罪数额，可能会有放纵犯罪之嫌。集资参与人的言词证据仅是认定非法吸收公众存款罪的证据之一，而不是唯一，有它不一定能定罪，无它也不一定不能定罪，关键还要看其他证据能否与其形成认定犯罪的证据链条并足以排除合理怀疑。2014 年《意见》第六条对此曾作出规定：“办理非法集资刑事案件中，确因客观条件的限制无法逐一收集集资参与人的言词证据的，可结合已收集的集资参与人的言词证据和依法收集并查证属实的书面合同、银行账户交易记录、会计凭证及会计账簿、资金收付凭证、审计报告、互联网电子数据等证据，综合认定非法集资对象人数和吸收资金数额等犯罪事实。”2014 年《意见》所作出的规定不但对公安机关的侦查取证具有指导意义，同时更进一步明确了该类案件的证据审查判断应充分运用证据裁判规则来综合认定犯罪数额，而不能机械局限于或受制于参与人的言词取证工作。

4. 业务人员及行政主管人员犯罪数额的认定

（1）业务人员犯罪数额的认定。非法吸收公众存款案件多是共同犯罪，在司法实践中，办案机关在追究该类案件的犯罪主体时，基于种种原因往往不区分主从犯，而只是根据行为人吸收存款的数额来决定如何对其量刑，对于某些业务人员吸收存款数额巨大的往往也会按共同犯罪中主犯的标准对其量刑，这种现象体现在起诉书中就是按照各被告人吸收存款数额的大小来排列被告人的顺序；同时，法院在作出判决时往往也会依据起诉书中被告人的排列顺序对其由重到轻进行判决。事实上，这些业务人员虽然吸收存款的数额巨大，但其在共同犯罪中既不是组织者，也不是策划者和指挥者，若仅依据其吸收存款的数额而不考虑其在共同犯罪中实际所起的作用便简单地对其按主犯的标准进行量刑是不客观公正的。

（2）行政主管人员犯罪数额的认定。对于没有从事吸收存款活动的行政主管人员如何认定犯罪数额，也是司法实践中经常遇到的问题。公司的行政主管人员往往只负责公司正常的行政事务，没有实际从事吸收存款活动，没有业务提成，只是领取工资。如果其主观上明知公司从事非法吸收公众存款活动，即使只是从事的行政事务，也应当认定构成犯罪。同时，应当以其在共同犯罪中所起的作用，并从其入职时开始计算犯罪数额，而不应将其入职前涉案企业吸收存款的数额也算入其中。

综上所述，对于非法吸收公众存款案件中犯罪数额的认定应当区分不同的情况综合分析，而不能简单地依据司法审计报告认定的数额对被告人予以定罪和量刑。

（十三）鉴定问题

对《司法会计鉴定检验报告书》的质证意见，主要涉及司法会计鉴定报告形式要件不完备，检验材料不真实、不充分、不可靠，程序不合法，存在重大瑕疵，不能作为认定案件事实的证据，具体问题有以下情形。

1. 检验材料来源手续不完备

未见现场封存笔录、提取笔录、送检笔录、扣押物品清单等手续，不排除被污染、被替换的可能性。

2. 检验材料不足

仅仅依靠方案工作表、返点计划表、银行流水、报案投资人名单作出鉴定，缺乏相关的投资合同、收据、原始记账凭证等原始材料。并且涉案的银行账户不只有鉴定报告上的银行账户，委托人并未将涉案的全部银行账户予以送检。依据《人民检察院司法会计工作细则（试行）》第十一条规定，委托鉴定应当提供以下材料：（1）鉴定涉及的财务会计资料及相关材料，如会计报表、总分类账、明细分类账、记账凭证及所附原始凭证、银行对账单等；（2）与鉴定有关的勘验检查笔录、扣押清单、调取证据通知书等；（3）鉴定所需的其他相关材料。第十九条第一款规定，鉴定过程中遇有下列情形之一的，应当中止鉴定：（1）送检材料不足需要补充才能继续鉴定的；（2）委托单位或部门要求中止鉴定的；（3）其他需要中止鉴定的情形。

3. 检验材料不真实不可靠

Excel 表格形式的工作表，不排除增加、删除或者更改的可能性，并且送检材料中也缺乏原始记账凭证和投资合同。

4. 鉴定文书的形式要件不完备

《司法会计鉴定检验报告书》的委托鉴定事项包括涉案资金的去向，但最后的检验结果中并未显示涉案资金的去向，鉴定人并未按照委托鉴定事项进行鉴定，这种鉴定不具有合法性。

5. 司法鉴定聘请书内容不完备

司法部《司法鉴定程序通则》第十六条规定："司法鉴定机构决定受理鉴定委托的，应当与委托人签订司法鉴定委托书。司法鉴定委托书应当载明委托人名称、司法鉴定机构名称、委托鉴定事项、是否属于重新鉴定、鉴定用途、与鉴定有关的基本案情、鉴定材料的提供和退还、鉴定风险，以及双方商定的鉴定时限、鉴定费用及收取方式、双方权利义务等其他需要载明的事项。"同时 2012 年《公安机关办理刑事案件程序规定》第二百三十九条规定："为了查明案情，解决案件中某些专门性问题，应当指派、聘请有专门知识的人进行鉴定。需要聘请有专门知识的人进行鉴定，应当经县级以上公安机关负责人批准后，制作鉴定聘请书。"

6. 鉴定程序不合法

司法会计鉴定检验报告已超出《司法鉴定程序通则》规定的时限。根据《司法鉴定程序通则》第二十八条规定，司法鉴定机构应当自司法鉴定委托书生效之日起三十个工作日内完成鉴定。鉴定事项涉及复杂、疑难、特殊技术问题或者鉴定过程需要较长时间的，经本机构负责人批准，完成鉴定的时限可以延长，延长时限一般不得超过三十个工作日。鉴定时限延长的，应当及时告知委托人。司法鉴定机构与委托人对鉴定时限另有约定的，从其约定。在鉴定过程中补充或者重新提取鉴定材料所需的时间，不计入鉴定时限。2000 年《司法鉴定人管理办法》第二十九条规定，司法鉴定人执业，履行下列义务：(1) 按时完成鉴定任务；(2) 依法主动回避；(3) 保守在执业活动中知悉的国家秘密、商业秘密和个人隐私；(4) 依法按时出庭；(5) 遵守职业道德和执业纪律；(6) 法律、法规规定的其他义务。

7. 鉴定聘请书的委托事项与鉴定报告中的委托事项不一致

鉴定聘请书中的鉴定事项为涉案账户资金流向，而鉴定报告中的委托鉴定事项还包括涉案投资人的人数、投资金额和针对投资数额，将投资者按照是否在账户流水中显示进行分类统计。

8. 鉴定报告未告知相关人员

根据 2012 年《公安机关办理刑事案件程序规定》第二百四十三条第二款规定，对经审查作为证据使用的鉴定意见，公安机关应当及时告知犯罪嫌疑人、被害人或者其法定代理人。而本案卷宗并未显示公安机关已将本鉴定报告告知犯罪嫌疑人、被害人或者其法定代理人。

综合以上几点，如果鉴定报告无论从形式上还是内容上，皆不具备证据的合法性、真实性，也不具备科学性，不能达到其证明目的，那么就不能作为定案的依据。

承办律师：吴桂阳　彭　坤

朴某敲诈勒索案（金融证券领域）

在金融证券领域中“事出有因”“索要赔偿”型敲诈勒索案的无罪辩护实务

案情简介

深圳某资产管理有限公司于2018年10月20日共出资4000万元，通过某证券有限责任公司（以下简称某证券）购买某股份。某股份有限公司（以下简称某股份）于2005年2月1日注册成立，于2016年8月9日起在转股系统挂牌交易，推荐某股份在股转让系统挂牌交易的主办券商为某证券。深圳某资产管理有限公司投资后约40天，市值降到只有几十万元，造成巨额亏损，深圳某资产管理有限公司展开调查，根据公开的资料，受委托的某律师事务所出具了一份专业翔实的材料，指出某证券存在诸多违规甚至违法的行为，该材料认为，某证券作为推荐某股份在股份转让系统挂牌交易的主办券商以及重大重组交易的财务顾问时的种种行径，掩饰了某股份的违法违规行为，隐藏了某股份的经营风险，使广大投资者及中小股东对于某股份的现实状况作出错误判断，因而购入、继续持有某股份的股份。

本次重组交易所涉及的资产定价不公允，某化工的总资产中“预付款项”“其他应收款”与“应收利息”“存货”“在建工程”四大项目的真实性存疑，价值共计12亿余元，占某化工总资产约65%。某证券作为独立财务顾问未充分核查验证某化工资产中明显不合理的大额关联方未结算项目、存货以及在建工程的真实价值，而直接为存在虚假记载的资产定价背书。某证券亦未对此次交易的潜在风险做全面评估，在标的公司所处磷化工行业震荡下行、国内停产企业较多的情况下，作出误导性陈述，称磷化工行业前景广阔，误导投资者将资金投入某股份，而本次重组交易后，某化工营业收入即大幅下跌。《重大资产重组报告书》未披露中小股东单独计票的情况，某证券也未对某股份《重大资产重组报告书》内容的合规性予以核查、验证。

因此，某证券作为独立财务顾问未履行勤勉尽责、诚实守信的义务，导致某股份以不合理之高价购入某化工 100%的股份。除此之外，某证券还对某股份的股东 A 和 B 在本次重组交易前频繁、明显的高买低卖行为以及某股份以资金拆借的方式对股东 A 和 B 等关联方进行利益输送的行为视而不见，而且从中放纵甚至协助股东 A 和 B 等主体操纵市场。

另外，某证券作为某股份的主办券商，未尽到持续督导义务，对某股份未履行关联交易审批程序、未披露关联交易及其定价政策、关联资金拆借致使关联股东占用资金、对公司经营独立性做误导性陈述等违规行为未予充分关注。同时，某证券亦未督导某股份的股东 B 在大量减持后按规定公告权益变动书。

某股份上述种种违规行为所涉金额巨大，某证券未关注其本应重点关注的事项，未发现其中的明显违法违规行为，某证券在其中不仅仅是简单的“未尽勤勉义务”，而且是有意识的“不作为”，甚至是唆使、协助、参与其中。

而深圳某资产管理有限公司依据不真实的信息作出错误决策，造成巨额损失，深圳某资产管理有限公司职业经理人朴某代表公司与某证券谈判，要求某证券赔偿损失，否则将向证监会投诉其违法违规行为，某证券赔偿深圳某资产管理有限公司 4500 万元，此事告一段落。两年后，某证券以敲诈勒索罪向深圳市公安局报案，深圳市公安局受理后通知深圳某资产管理有限公司职业经理人朴某到深圳市公安局某经侦大队接受调查。

辩护思路

该案涉及金融证券领域的专业性问题，属于典型的刑民交叉案件，因此需要从犯罪构成要件的角度解构金融专业核心问题，并将解构出的关键内容纳入整个刑法评价体系之中，而不能局限于某个专业问题对其进行片面的出罪解读。

我国刑法只规定了两种违法性阻却事由，一是正当防卫，二是紧急避险。但在理论和实践中还有大量的其他违法性阻却事由，如推定承诺、危险接受、法令行为、正当业务行为、自救行为等，在案件办理过程中判断是否构成违法阻却事由，笔者认为要把握两点：第一，是否具有“正当性”，即施害者是否有正当的权利基础，是否拥有民法、行政法所赋予的权利。第二，是否具有“相当性”，即施害人在行使权利时是否违背社会的通常观念（不局限于法律的明确规定），是否在限度内行使权利，有无“用力过猛”。《最高人民法院、最高人民检察院关于办理敲诈勒索刑事案件适用法律若干问题的解释》第六条第二款即被害人过错条款，就是从法律规定的层面对“正当性”和“相当性”的具体解读，系“事出有因”和“索要赔偿”型敲诈勒索案件的重要出罪条款，不仅可以在量刑中使用，也可以在定罪情节中使用。在“事出有因”和“索要赔偿”型敲诈勒索案件中，辩护律师能从“正当性”和“相当性”的角度反向解构“以非法占有为目的、利用某种借口或者滥用某种权利、利用威胁手段、基于恐惧交付财物”等敲诈勒索犯罪构成要件要素，这正是解决问题的有力武器。

一、从“正当性”角度判读“非法占有目的”

（一）敲诈勒索罪是以非法占有为目的，主观方面是直接故意

行为人明知财物不属于自己而故意以刑法禁止的方式将该财物占为己有，若行为人索要财物的诉求有事实基础、法律基础、常理基础，那么主观上具有“正当性”而不构成非法占有目的。即使行为人在主观上存在模糊的认识，如抢劫所赢、所输赌债，威胁索要所欠高利贷，偷盗他人占有的为己所有的车辆等，但按照一般人的常识“欠债还钱，天经地义”，施害者的诉求有一定的合法性、合理性，这样的情况下即使手段超出“相当性”，但依然能够认定施害者主观上非法占有的目的依据不足。

（二）非法占有为目的，也需要兼顾客观行为

比较直观的是时间要素，施害者索要补偿时，该纠纷是否得到实质的解决，且纠纷中的受害者在没有遭受欺诈、胁迫等方式手段、在没有违背真实意思表示的前提下达成了相关的协议、方案，施害者的损失已经基本填平，并未违背公平原则，若施害者仍采用法律所禁止的手段继续追索，则可以判断其对索要的财物已经没有任何根据，而意图非法占为己有，其行为否定了诉求的“正当性”与“相当性”，会被认定为具有非法占有的目的。

（三）法律规定从有无“正当性”解读“非法占有目的”

法律规定及一些规范性文件也从有无“正当性”角度对“非法占有目

的”进行解读，这也是辩护律师可参照使用的辩护角度。《最高人民法院关于审理抢劫、抢夺刑事案件适用法律若干问题的意见》第七条“关于抢劫特定财物行为的定性”第二款规定，抢劫赌资、犯罪所得的赃款赃物的，以抢劫罪定罪，但行为人仅以其所输赌资或者所赢赌债为抢劫对象，一般不以抢劫罪定罪处罚。

笔者认为，对于是否具有“非法占有目的”的论述，是辩护工作的出发点也是落脚点，各项论证工作一定要直接或者间接围绕该核心点展开，重点放在行为的“正当性”上，但又不能局限于此。

二、从“正当性”的角度判读“利用某种借口”

对敲诈勒索罪的刑事出罪论证不能脱离民事、行政等法律分析，“正当性”指向的必然是索要民事、行政赔偿（补偿）的法律依据，这也是判断民事、行政手段能否调整矫治、是否必须采用刑法作为调整手段的依据。鉴于该案的性质，我们将重点放在刑民交织的角度。客观上，金融领域动辄以百万元为单位的投资行为，比照敲诈勒索犯罪较低的入罪金额而言，一旦进入司法程序，行为人往往面临无罪或者高达十年以上有期徒刑的处罚，罪与非罪的结果有着天壤之别，因此是否具有“正当性”的判定必然会成为控辩双方争论的焦点，必须对诉求的合法性进行大胆而严谨的论证。

我们的论证方向应紧紧围绕公权力机关侦查、起诉过程中的逻辑链路和判断指向，在过程中办案机关往往隐藏或是伪装逻辑关系，即得出施害者无故索要补偿，侵犯了他人合法财产和人身权益的结论，辩护律师要对该逻辑作出有针对性的回应，进而反驳、反证当事人并非无故索要，而是“事出有因”。同时要论证诉求的合法性，说明其诉求的合法性要跳过一个误区，即不要求在民事诉讼中必须达到胜诉的程度，只要有理由相信自身的合法权益被侵害，要求赔偿（补偿）的诉求合乎常情、常理、常识，即使客观行为偏激一些，采用了所谓的威胁手段，也不能认为是敲诈勒索犯罪。

辩护律师在以“正当性基础”作为抗辩理由时，必须要从实质上把握问题，做好以下三方面的审查和认定。第一，索要补偿有没有事实基础。即存在真实的民事纠纷而非平白无故索要财物，进一步讲就是对方有没有过错，即这种“敲诈勒索”行为有没有民法意义上的请求权基础。第二，索要补偿的理由要与该纠纷事实具有相关性。索要财物，正是基于该过错事由，而非其他理由。第三，这种索要补偿的行为在法律上有相应的规定和依据，属于民法调整的范围。

三、从“相当性”的角度判读“滥用某种权利”

“相当性”是对“是否滥用某种权利”更加精准的表达，但对于“相当性”的认识，控辩双方是存在差异的。辩护律师往往从“保障人权”的角度审视这个问题，必然会得出这样的结论，即私人权利不是法律赋予的，只要法律没有禁止就是民众权利之所在（法无禁止即自由）；相反，公权力是法律赋予的，只要法律没有授权那么公权力就不能轻举妄动（法无授权即禁止）。因此，私权利的行使是一种私人自治行为，法律没有必要干涉太多，只要权利没有超出正当性边界，即使法律没有明确的规定，这种行为也不能以敲诈勒索罪论处。但公安、检察等司法办案人员，则更偏重于“打击犯罪”的立场，常常会认为：索赔必须严格按照法律规定来确定数额，同时损害的确定必须依据法定程序，如果超出法定正当数额，就可以得出当事人的维权行为没有法律依据的判断，若强行索赔则应以敲诈勒索罪论处。

对于辩护律师而言，要想达到有效辩护的目的，最好是找到控辩双方对于该问题判断的交集，笔者建议可以用以下观点进行阐释进而避免办案人员对“相当性”作出过于机械的理解和判定，即被害人侵犯的强度直接影响到施害者的反应强度，如果行为人反应的强度小于或等于“过错方”侵害的强度，就存在对等关系，那么这种对等关系只要没有超越法律的禁止，就具有“相当性”。若把该行为作为一种私力的救济手段，而这种救济手段在当时条件下虽非必须但可供选择，那么即使要对其进行否定性评价，该评价所依据的规范体系也不会落到刑法的领域。

四、从“相当性”的角度判读“威胁手段”和“基于恐惧交出财物”

笔者将该种威胁手段总结为两种类型、四种情况。

第一种类型，诉求具有“正当性”，“威胁手段”也具有合法性，在这种情况下需要分别进行讨论，看“威胁手段”是否超出“相当性”，区分为两种情况。

第一种情况，“威胁手段”合法且具有相当性，该种情况系典型的维权行为，不构成犯罪。

第二种情况，“威胁手段”合法但不具有相当性，该种情况下属于诉求的合法表达，私权利在法律范围内的自由处置，即使有诉求额度悖于常识的“限度”，也不构成犯罪。该类型在司法实践中存在大量无罪案例，背后逻辑支撑为：合法手段是为了维护合法权益，不能认为手段偏激就系非法占有。

第二种类型，诉求具有“正当性”，“威胁手段”具有违法性，在这种情况下需要分别进行讨论，看“威胁手段”是否超出“相当性”，区分为两种情况。

第一种情况，如果“威胁手段”没有超出“相当性”，即使出现“基于恐惧交出财物”，评价该整体行为时仍不构成犯罪。司法实践中，有各级法院的判决支撑该观点，比较典型的是沈某敲诈勒索案〔1〕，法院判决无罪的裁判要旨为：虽然实施了一定的威胁、恐吓行为，但在案证据不能排除初衷是索要合法债权，不足以认定主观上具有非法占有的目的，不构成敲诈勒索罪。

第二种情况，如果“威胁手段”已经超出“相当性”，即使出现“基于恐惧交出财物”，仍不构成敲诈勒索罪，只是这种威胁手段已经具备被刑法单独评价的条件，仅对“威胁手段”单独评价为犯罪。例如，《最高人民法院关于对为索取法律不予保护的债务非法拘禁他人行为如何定罪问题的解释》规定：“行为人为索取高利贷、赌债等法律不予保护的债务，非法扣押、拘禁他人的，依照刑法第二百三十八条的规定定罪处罚。”即以非法拘禁罪而非以抢劫罪进行论处，其背后的逻辑是，只要诉求具有一定的“正当性”，就不足以认定主观犯意达到了“确实、充分”的程度，进而无法推断其具有“非法占有目的”，而只能评价其为法律所禁止的行为手段。

该案涉及商业秘密，因此在辩护要点中笔者仅将核心问题进行梳理、总结，从“正当性”和“相当性”的角度去分析、阐释该案不构成犯罪，仅将逻辑思路和核心内容作以整理和展示。首先，从“正当性”角度，区分时间阶段对某证券涉嫌违法违规行为进行综合且深入的分析论证；而后再从“相当性”角度判读该行为作为一种私力救济手段系在法律规定范围内行使，为正当维权行为，根本不需要也不应该在刑法层面进行评价。

具体到本案，律师提出如下辩护意见。

〔1〕 见（2015）粤高法审监刑再字第13号刑事判决书。

的赔偿诉求具有“正当性”。某证券未勤勉尽责，其所出具的《独立财务顾问报告》存在虚假记载，违反公司重组相关业务规范与信息披露制度，甚至可能在本次重组交易中与某股份及某化工合谋虚增资产、操纵市场，在本次重组交易后协助某股份隐藏高额关联交易、违规披露，严重损害了广大投资者的利益，已经涉嫌犯罪。

（2）朴某向某证券提出赔偿费的要求，属于法律许可的范畴。朴某索取赔偿费并非没有任何事实依据，该补偿费，并非明显地不属于朴某及其所属公司所有，而是处于不确定状态。对于这样的争议利益，朴某予以索取，实际上是行使民事权利的一种方式，不属于“以非法占有为目的”，在朴某可以依法提出索赔补偿费的情况下，这种索要是合法的，索要数额也没有超出最大损失范围。

（二）朴某的行为不符合敲诈勒索罪中“以威胁、要挟手段，强索公私财物”的客观要件

成立敲诈勒索罪，其客观行为要件应当符合以下几个特征：采用威胁、要挟手段；威胁、要挟的内容足以引起被威胁、被要挟的人内心恐慌、惧怕；被胁迫者因此处分了财产，将财物交予威胁、要挟者。本案中，朴某的行为不符合敲诈勒索罪的客观行为要件。理由在于：

（1）朴某向某证券提出索赔，是在行使正当权利，该私力救济行为的手段和数额不在法律所禁止的范围内，具有相当性。

（2）朴某与某证券谈判是一个民事谈判过程，且这一过程持续的时间较长，该谈判的结果也不是敲诈勒索的结果。

（3）朴某以向证监会举报为条件，要求得到全额赔偿，该举报手段是法律赋予公民的一项权利，我国宪法保护公民的言论自由，在目的合法、手段合法的情况下，举报是维护自身合法权利的一种表达方式，不应视为一种威胁、要挟手段，而某证券也不是基于恐惧不得不交出财物，而是基于商业利益的考虑答应了朴某的要求。

依据刑法规定，只有行为人明知财产不属于自己而故意以法律禁止的方式将该财物占为己有的，才能认定具有非法占有的目的。而本案中朴某索要赔偿具有事实依据，威胁手段和索赔数额并未被法律禁止，也未让某证券产生精神上的强制性从而产生畏惧、恐惧心理，故该行为不足以构成威胁、胁

迫。某证券也不是基于恐惧不得不交出财物，而是基于商业利益的考虑，并经双方多次协商后，就赔偿的问题如何解决达成协议，是双方真实意思表示，系民事行为，不能认定行为人主观上具有非法占有目的，因此不构成犯罪。

案件评析

笔者在涉金融犯罪案件的辩护过程中，最为直观的感受就是金融专业领域和刑事司法领域之间跨学科的交织与碰撞，虽然在案件表面上是常规的犯罪构成要件，是罪与非罪的关系，但其背后却是复杂的金融专业知识与刑法规定的交汇与融合，辩护律师要从犯罪构成要件的角度解构金融专业核心问题，而这种解构能力是办理金融案件中最需要掌握的核心。所以说，对涉及金融犯罪案件的辩护，律师仅掌握刑法的知识是远远不够的，必须具备相应的金融专业知识，从而具备金融、财务及法律等跨学科知识的桥接能力。这也告诉我们一个事实，即辩护律师若要在涉金融案件中作出有效辩护，不仅要有对当事人极致负责的态度，更要有相关金融领域的专业知识。

承办律师：彭　坤　王　源

郑某某非法经营案

信用卡代还款和信用卡套现区分的辩护实务

案情简介

2017年8月1日至2018年4月18日，被告人郑某某租赁聊城市东昌府区某灯具城二楼作为财务室，租赁聊城市东昌府区某市场某街某号二楼、东昌府区A大厦1108室和开发区B大厦A座1306室作为办公室，雇用被告人曹某、郑某某、庄某、石某、孙某等多人，在没有实际经营业务的情况下，使用销售点终端机具（POS机）进行虚假交易，给信用卡持卡人代刷、代还信用卡，从中谋取利润，交易金额共计186 378 816元。

辩护思路

一、郑某某在此次案件中从事的信用卡代套现行为构成非法经营罪，但是信用卡代还款业务不存在违反刑事法律法规的情形，该部分不构成犯罪

应对信用卡代还款业务部分的数额与信用卡套现业务的数额予以区分且不计入犯罪数额，具体理由如下：

根据《刑法》第二百二十五条，违反国家规定，有下列非法经营行为之一，扰乱市场秩序，情节严重的，处五年以下有期徒刑或者拘役，并处或者单处违法所得一倍以上五倍以下罚金；情节特别严重的，处五年以上有期徒刑，并处违法所得一倍以上五倍以下罚金或者没收财产：（1）未经许可经营法律、行政法规规定的专营、专卖物品或者其他限制买卖的物品的；（2）买卖进出口许可证、进出口原产地证明以及其他法律、行政法规规定的经营许可证或者批准文件的；（3）未经国家有关主管部门批准非法经营证券、期货、保险业务的，或者非法从事资金支付结算业务的；（4）其他严重扰乱市场秩序的非法经营行为。

从上述规定可以看出，郑某某的行为明显不符合该条前三项的规定，是否符合第四项的规定，要结合司法解释来综合判断，辩护人查阅了所有有关非法经营案的司法解释，唯一一个与本案有关联的是最高人民法院、最高人民检察院2009年起施行并于2018年修正的《关于办理妨害信用卡管理刑事案件具体应用法律若干问题的解释》(以下简称《解释》)。该解释第十二条第一款规定："违反国家规定，使用销售点终端机具（POS机）等方法，以虚构交易、虚开价格、现金退货等方式向信用卡持卡人直接支付现金，情节严重的，应当依据刑法第二百二十五条的规定，以非法经营罪定罪处罚。"该解释强调的是采取虚构交易、虚开价格、现金退货等方式来获取代人还款的资金，此时，代还款行为就等同于套现，因为其规避了信用卡取现所必须承担的较高银行利息，主观上具有非法牟利的目的，同时客观上又通过POS机向客户直接支付现金，符合《解释》第十二条规定的非法经营罪构成要件，而本案郑某某的行为绝大部分是代还款，不是套现，郑某某虽然主观上具有牟利的目的，但是客观上并未使用POS机向信用卡持卡人直接支付现金，其所套出用于支付手续费的资金从根本上讲是其本人的，不是银行的消费信贷额度，其行为不仅没有损害银行的利益，而且对银行的资金还起到了一定的保障作用，故郑某某单纯的代还款行为不构成犯罪。法无明文规定不为罪，法无明文规定不处罚。广东省深圳市中级人民法院（2015）深中法刑二终字第219号刑事裁定书认定信用卡套现构成非法经营罪，信用卡代还款不构成犯罪，主要理由是：被告人从事的代还款业务虽然采用了使用POS机虚构交易等方式，但并未向持卡人直接支付现金，不符合司法解释规定的情形，且代还款业务不会增加持卡人未还款金额，不会增加银行的经济损失，按有利于被告人的原则，对该解释不宜做扩大解释，故被告人从事的代还款业务的金额不应被纳入非法经营的数额。从该判决的认定来看，信用卡代还款不构成犯罪，请检察院予以重视。

本案的证据不足以证明犯罪数额的合理性，如上所述，本案绝大多数金额是信用卡代还款业务，只有一小部分是信用卡套现，该部分报案人的刷卡数额与鉴定意见的数额差距巨大，在没有报案人报案的情况下，仅凭POS机就认定犯罪数额于法无据，无法形成完整的证据链条，达不到《刑事诉讼法》要求的证据确实充分的标准，属于事实不清、证据不足。

二、卷内证据之司法鉴定审计报告程序违法，不能作为定案的依据，更不能以司法审计代替司法审判，法院应依法认定审计报告程序违法，并予以排除

涉案司法鉴定审计报告，存在形式要件不完备，检材不真实、不充分、不可靠，程序不合法，存在重大瑕疵等问题，不能作为认定案件事实的证据，具体问题如下。

（1）检材来源手续不完备，未见现场封存笔录、提取笔录、送检笔录，扣押物品清单等手续，不排除被污染、被替换的可能性。

（2）检材不足，仅仅依靠记账本、银行流水、收据、原始记账凭证等原始材料，并且涉案的银行账户不只有代刷、代还信用卡的业务往来，还有其他事项，鉴定机构并未予以区分。法律依据如下：

《人民检察院司法会计工作细则（试行）》第十一条 委托鉴定应当提供以下材料：

（一）鉴定涉及的财务会计资料及相关材料，如会计报表、总分类账、明细分类账、记账凭证及所附原始凭证、银行对账单等；

（二）与鉴定有关的勘验检查笔录、扣押清单、调取证据通知书等；

（三）鉴定所需的其他相关材料。

《人民检察院司法会计工作细则（试行）》第十九条 鉴定过程中遇有下列情形之一的，应当中止鉴定：

（一）送检材料不足需要补充才能继续鉴定的；

（二）委托单位或部门要求中止鉴定的；

（三）其他需要中止鉴定的情形。

中止鉴定的，应当书面说明原因。

（3）检材不真实不可靠，记账本不一定准确，小票不一定能证实是刷卡的项目，并且送检材料中也缺乏原始记账收据。

（4）鉴定文书的形式要件不完备。《司法会计鉴定检验报告书》的委托鉴定事项不明确，这种鉴定不具有合法性。

（5）司法鉴定聘请书内容不完备。根据司法部《司法鉴定程序通则》第十六条的规定，“司法鉴定机构决定受理鉴定委托的，应当与委托人签订司法

鉴定委托书。司法鉴定委托书应当载明委托人名称、司法鉴定机构名称、委托鉴定事项、是否属于重新鉴定、鉴定用途、与鉴定有关的基本案情、鉴定材料的提供和退还、鉴定风险，以及双方商定的鉴定时限、鉴定费用及收取方式、双方权利义务等其他需要载明的事项”。同时 2012 年《公安机关办理刑事案件程序规定》第二百三十九条规定：“为了查明案情，解决案件中某些专门性问题，应当指派、聘请有专门知识的人进行鉴定。需要聘请有专门知识的人进行鉴定，应当经县级以上公安机关负责人批准后，制作鉴定聘请书。”本案并未对鉴定费用、鉴定材料的提供和退还等内容作出明确约定。

（6）鉴定程序不合法，司法会计鉴定检验报告已超出《司法鉴定程序通则》规定的时限。根据《司法鉴定程序通则》第二十八条规定，司法鉴定机构应当自司法鉴定委托书生效之日起三十个工作日内完成鉴定。鉴定事项涉及复杂、疑难、特殊技术问题或者鉴定过程需要较长时间的，经本机构负责人批准，完成鉴定的时限可以延长，延长时限一般不得超过三十个工作日。鉴定时限延长的，应当及时告知委托人。司法鉴定机构与委托人对鉴定时限另有约定的，从其约定。在鉴定过程中补充或者重新提取鉴定材料所需的时间，不计入鉴定时限。本案鉴定机构接受委托的时间不明确，时间是空白的，程序违法。法律依据如下：

《司法鉴定人管理办法》第二十九条 司法鉴定人执业，履行下列义务：

（一）按时完成鉴定任务；

（二）依法主动回避；

（三）保守在执业活动中知悉的国家秘密、商业秘密和个人隐私；

（四）依法按时出庭；

（五）遵守职业道德和执业纪律；

（六）法律、法规规定的其他义务。

本鉴定报告没有明确写明接受时间，鉴定程序不合法，应予以排除。但是否有补充或者重新提取鉴定材料的所需时间需要公安机关提供完整的证据才能予以判断。

（7）鉴定报告未告知相关人员。根据 2012 年《公安机关办理刑事案件程序规定》第二百四十三条第二款规定，对经审查作为证据使用的鉴定意见，公安机关应当及时告知犯罪嫌疑人、被害人或者其法定代理人。而本案卷宗并未显示公安机关已将本鉴定报告告知犯罪嫌疑人、被害人或者其法定代理人。

综上所述，这个鉴定报告无论从形式上还是内容上，皆不具备证据的合法性、真实性，也不具备科学性，因而不能达到其证明目的，不能作为定案的依据。

三、被告人郑某某系初犯、偶犯，认罪态度较好，具有令人怜悯的情节

郑某某离异，独自抚养两个年幼的孩子，目前孩子处于无人监管的状态，其母亲也已经 80 多岁，请法庭综合考虑以上情节，依法从轻判处，使其早日回归社会，回归家庭，尽到做女儿、做母亲的责任。

四、被告人郑某某依法构成自首

2018 年 5 月 13 日郑某某自动到东昌府区经侦大队投案，2018 年 5 月 14 日的案发报告对此有清楚的记载，郑某某到案后第一时间基本如实供述了案情，根据《刑事审判参考》第 113 期指导案例确立的规则，到案后，供述的事实大于未供述的事实，供述的情节多于未供述的情节，供述的数额大于未供述的数额的，都应认定为如实供述案情。本案中，郑某某在未被司法机关控制的情形下，主动到案，说明其主观恶性不大，人身危险性较小，其本意向善、向好，对这种行为法律应给予最大限度的鼓励，其到案后如实供述案情，节约了大量的司法资源，使案情得以迅速查清，根据案内证据，足以证明郑某某的行为构成自首。

案件结果

法院判决，被告人郑某某犯非法经营罪，判处有期徒刑 6 年 6 个月，并处罚金 300 000 元。

案件评析

一、信用卡代还款业务没有直接向持卡人交付现金，不应认定为信用卡套现，这部分金额不应认定为非法经营罪的金额

2018 年修正的《解释》第十二条第一款明确规定：“……向信用卡持卡人直接支付现金，情节严重的，应当依据刑法第二百二十五条的规定，以非法经营罪定罪处罚。”

郑某某只是替他人代还信用卡，而没有实施任何套取现金的行为。实施的行为仅仅是帮助他人代还透支的信用卡额度，然后用POS机将为持卡人垫付的款项刷回自己的信用卡，整个过程与《解释》所规定的向信用卡持卡人直接支付现金的行为完全不相符。

郑某某从事的信用卡代还款业务虽然采用了使用POS机虚假交易的方式，但并未向持卡人直接支付现金，只是利用POS机在多张银行卡之间采取“拆东墙补西墙”的办法拖延还款期限。信用卡代还款业务不会增加持卡人的未还款金额，也不会增加银行的经济损失，按照有利于被告人的原则，对该司法解释不宜作扩大解释。因此，郑某某从事的信用卡代还款业务的金额不应纳入非法经营的数额。

2018年修正的《解释》第十二条第一款仅仅规定了套现行为构成犯罪，并没有规定代还数额较大时也构成犯罪。信用卡套现行为不仅增加了金融秩序中的不稳定因素，而且还给发卡银行带来了巨大信贷风险。但就单纯的“代还”行为而言，一方面，郑某某并未帮助持卡人套取银行的资金，另一方面，在持卡人无法及时归还透支款项、银行面临无法收回的巨大风险的情况下，郑某某替持卡人归还透支款的行为，实际上对于银行顺利收回透支款还起到了一定的帮助作用。

郑某某代还款行为只是延展了还款期限，也没有给其他任何一方造成任何经济损失，本案将信用卡代还款金额盲目列为信用卡套现金额，是对司法解释的盲目扩大，明显不妥。信用卡代还款金额不应计入非法经营的数额。

二、司法审计金额不准确，且郑某某的行为未给银行金融机构带来实际经济损失

涉案司法鉴定审计报告存在形式要件不完备，检材不真实、不充分、不可靠，程序不合法，存在重大瑕疵等问题，不能作为认定案件事实的证据。具体问题有：（1）检材来源手续不完备，未见现场封存笔录、提取笔录、送检笔录，扣押物品清单等手续，不排除被污染、被替换的可能性；（2）检材不足，仅仅依靠记账本、银行流水、收据、原始记账凭证等原始材料。并且涉案的银行账户不只有代刷、代还信用卡的业务往来，还有其他事项，鉴定机构并未予以区分。以非法的鉴定报告来认定犯罪数额，不能作为本案的定罪依据。

POS 机是方便消费者的一种终端金融工具，被告人郑某某在使用 POS 机从事代还款业务时，只是延长透支期限，原则上应当将其定位为民事违约或者侵权行为，且现有证据未能证实被告人郑某某的行为造成银行金融机构款项无法追回的后果，社会危害性相对较小。

三、对郑某某的量刑过重，适用法律错误

2009 年 2 月 28 日，《刑法修正案（七）》第五条将《刑法》第二百二十五条第三项修改为："未经国家有关主管部门批准非法经营证券、期货、保险业务的，或者非法从事资金支付结算业务的"。2019 年 2 月 1 日，《最高人民法院、最高人民检察院关于办理非法从事资金支付结算业务、非法买卖外汇刑事案件适用法律若干问题的解释》第一条规定："违反国家规定，具有下列情形之一的，属于刑法第二百二十五条第三项规定的'非法从事资金支付结算业务'：……（四）其他非法从事资金支付结算业务的情形。"

退一步讲，代还款行为如果属于《刑法》规定的"非法从事资金支付结算业务"，也应当以《刑法》第二百二十五条定罪量刑，而不应当适用《解释》第十二条第二款来量刑。

目前没有任何司法解释规定，非法从事资金支付结算业务的犯罪行为有"情节特别严重"的数额标准。郑某某的刑期应当适用《刑法》第二百二十五条"处五年以下有期徒刑或者拘役，并处或者单处违法所得一倍以上五倍以下罚金"，而无任何依据以"情节特别严重"处 5 年以上有期徒刑。

四、信用卡代还款业务不同于信用卡套现，亟须新的立法解释予以规制，将代还款业务排除在非法经营罪之外

辩护人在案例检索过程中，发现存在类案不同判的判例，司法实践中对代还款业务急亟须的立法解释予以规制。多数判例认为信用卡代还款业务没有直接向持卡人交付现金，不能混同于信用卡套现，将其金额列为非法经营罪的金额是对司法解释的肆意扩大。不过，也有相当一部分的判例认为使用销售点终端机具（POS 机），以虚构交易方式，变相将信用卡的授信额度转化为现金，向信用卡持卡人变相直接支付现金，非法从事资金支付结算业务或者是认为延展还款期限，也是扰乱国家金融管理秩序的一种形式，构成非法经营罪。

《最高人民法院关于统一法律适用加强类案检索的指导意见（试行）》倡导类案同判，体现司法的权威性。最高人民法院倡导“类案同判”，最高人民检察院倡导“可不捕的不捕，可不诉的不诉”，这些理念在保障人权、保障被告人权益方面起到了标杆作用，但如果落实不到执行上，该倡导就会成为一句空话。

《刑法》第二百二十五条第四项规定“其他严重扰乱市场秩序的非法经营行为”，由于该项所规定的犯罪成立条件高度概括，因此在实践中造成了司法机关自由裁量权的过度扩张。POS 机是方便消费者的一种终端金融工具，银行给予一定的还款期限也是为了刺激消费，将资金最大限度地使用，利用资金赚取利息促进市场活力，银行有很多种方式对信用卡持卡人的真实还款能力进行监控，一旦出现资金问题，违约或者侵权也能起到很好的救济效果。降低国家对经济活动的干预程度，能更好地保证经济活动的活力与动力。最起码，在颁布正式的立法解释前，还是应当作出有利于被告人的解释。

承办律师：彭　坤　王　源

马某、宋某等非法采矿案（二审发回重审）

争取二审开庭审理、指出一审程序违法，最终发回重审的程序辩护实务

案情简介

马某、宋某等人系福建省厦门市兴某鑫公司实际控制人、主要负责人，因涉嫌犯非法采矿罪于2018年10月30日被公安机关刑事拘留，同年12月7日被逮捕。厦门市同安区人民检察院以同检公诉刑诉（2019）450号起诉书指控被告单位厦门市兴某鑫公司，被告人宋某、梁某某、马某犯非法采矿罪，于2019年9月6日向同安区人民法院提起公诉。诉讼过程中，厦门市同安区人民检察院以同检刑附民公诉（2020）2号刑事附带民事公益诉讼起诉书向该院提起附带民事公益诉讼，并以同检刑变诉（2020）2号变更起诉。

厦门市同安区人民法院受理后，依法适用普通程序并组成合议庭，分别于2019年11月5日、2019年12月6日、2020年8月20日召开庭前会议，于2020年1月7日至8日、2020年10月30日两次进行公开开庭审理。审理期间，公诉机关建议延期审理二次，并于期满后建议恢复审理，因案情复杂，2020年7月16日，经福建省厦门市中级人民法院批准延长三个月审限。2020年12月9日，福建省厦门市同安区人民法院作出的刑事附带民事判决书（2019）闽0212刑初471号判决如下：（1）被告单位厦门市兴某鑫公司犯非法采矿罪，判处罚金20万元；（2）被告人宋某、梁某某、马某3人犯非法采矿罪，分别判处有期徒刑6年8个月、5年、3年，并共处罚金164万元；（3）向被告共同追缴违法所得9000余万元，赔偿越界开采部分生态损害修复费137万元。

判决后，被告人均向福建省厦门市中级人民法院提起上诉，律师在上诉期间接受委托，针对一审判决结果及案件疑问，向厦门市中级人民法院提交《厦门市兴某鑫公司非法采矿案辩护意见》，随后根据梳理出的焦点问题，适时提交《提请收集、调取证据申请书》《非法证据排除申请书》《重新鉴定申

请书》《召开庭前会议申请书》《二审开庭审理申请书》等文书。2021 年 4 月 19 日，福建省厦门市中级人民法院作出刑事附带民事裁定，认为合议庭成员没有参与全部的审判活动，却参与了案件的评议表决，违反法律规定的诉讼程序，可能影响案件的公正审判，裁定发回重审。

辩护思路

辩护律师在案件上诉期间接受委托，通过阅卷、会见、分析案情，对整个办案过程和判决结果存有诸多疑问，如果二审进行开庭审理将更有助于查明案情、公正司法，但绝大多数二审刑事案件是采用书面审理直接作出裁决，形成以书面审理为原则、开庭审理为例外的司法现状，这导致律师争取开庭审理在客观上是比较困难的。下面笔者结合办案经历谈一谈辩护律师争取二审开庭审理的办案思路。

一、争取二审开庭审理对辩护律师而言的必要性

进入二审程序后，法院对于是否开庭审理具有决定权，绝大部分案件是进行书面审理，总体上开庭率不会超过 20%。而受制于书面审理的固有局限，改变一审判决的情况是比较少的，因此辩护律师在办理上诉案件时，争取二审开庭审理是头等大事。很多案件，二审法官直接要求辩护人提交二审辩护词或找律师做庭前谈话，这种做法往往意味着不再开庭。只有开庭才能更好地将一审判决中存在的实质性问题呈现给法庭，辩护律师才能更好地从事实、理由、法律规定等方面向法庭进行完整的表达和反映，让二审法官重新审视案件。上诉人因为亲历了一审，对一审存在的问题最有发言权，如果再开庭审理，被告人能够针对一审判决情况充分表达上诉理由和辩解观点，此时被告人的参与程度往往超过一审，可以向法官展现更为清晰的案件全貌，这样有利于法庭作出更为公正的判断，以期达到预定的辩护目标。

二、关于二审开庭审理律师在办案中遇到的实际困境及突破

在实践中辩护律师向二审法院书面申请开庭审理，往往被一纸函告拒绝。是否开庭审理的决定权，完全由二审法院把握，即使申请开庭审理被驳回，也缺乏法定救济渠道。《刑事诉讼法》第二百三十四条第一款第一项经常被上诉律师援引为二审开庭的理由，即“被告人、自诉人及其法定代理人对第一

审认定的事实、证据提出异议，可能影响定罪量刑的上诉案件”。但是，对于什么是“可能影响定罪量刑的”情况，却没有一个明确的标准和答案。认定是否影响定罪量刑的权力在二审法院，而不在上诉人。也就是说，如果二审法院不想开庭，完全可以认为不影响定罪量刑而不开庭。此时，对所有的二审案件不开庭均不违反《刑事诉讼法》第二百三十四条的规定。辩护律师可以依据该条要求二审法院依法开庭，二审法院也可以依据《刑事诉讼法》第二百三十四条不开庭。在这样的情况下，辩护律师的主要方向应该转为第二百三十四条第一款第四项的规定，即“其他应当开庭审理的案件”，这是个兜底条款，凡是有关联的都可以往里装，比如有新的证据、适用法律错误、程序违法、合议庭组成人员不符合规定、有立功线索等。我们接手本案后第一时间看一审开庭笔录，发现一审时参与开庭的法官与开庭笔录上签字的法官不一致，笔录上签字的法官没有参与庭审，不可能了解庭审过程，也不可能了解案件事实，更无从对案件事实作出判断，这毫无疑问会影响公正审判。

三、辩护律师在争取开庭审理过程中的具体方式方法

笔者在办理二审案件与法官沟通过程中发现，二审法官基本上都让律师先把辩护词交上去，因为从办案精力上来说，要求二审法院对一审案件进行“全面审查”并不现实，其一定是针对重大问题进行审查，而对重大问题的异议往往会体现在辩护词上。所以辩护律师可以利用这个机会，把开庭的理由糅合到辩护词之中，说服二审法官存在“可能影响定罪量刑的”事由，主要有以下几个方面：一是控辩双方争议较多的点；二是上诉人对事实、证据有强烈的异议，影响定罪量刑；三是一审中存在对非法证据视而不见的情形，需要二审开庭审理查验这些证据的合法性；四是对一审中提交的对被告人有利的证据没有进行评价或者二审阶段提交了新证据，需要在二审中予以质证和评判；五是一审中存在重大的程序性问题，影响案件审理的公正性。递交辩护意见后，在二审法院决定是否开庭前，辩护律师要适时递交相关申请文书，特别是在《二审开庭审理申请书》中，要载明理由直接、法规明确且权重较高的申请事由，强化法官开庭审理的意向。

在本案中，笔者即按照以上思路，先提交辩护意见，在与法官沟通的过程中择机递交申请，最终取得二审法院发回重审的良好效果。

（一）《鉴定意见》严重违反法律规定，其内容不具有客观性，鉴定结论不能作为本案定罪量刑的根据

（1）辩护人认为行政机关在办案过程中收集的矿产资源破坏价值的鉴定意见不宜直接作为证据在刑事诉讼中使用。最高人民法院研究室在其编著的《新刑事诉讼法及司法解释适用解答》一书中提出，需要注意的是，对行政机关收集的鉴定意见、勘验笔录、检查笔录等证据材料，《刑事诉讼法》第五十四条第二款和 2012 年《最高人民法院关于适用〈中华人民共和国刑事诉讼法〉的解释》第七十五条第一款均未明确是否可以在刑事诉讼中作为证据使用。我们认为，鉴定意见、勘验笔录、检查笔录等证据在取得方式、客观性方面与书证、物证、电子数据和视听资料有较大差别。直接承认这三类证据材料在刑事诉讼中的证据资格，不符合刑事诉讼法程序公正的价值取向。因此，司法实践中，对鉴定意见、勘验笔录、检查笔录等证据材料，如果在案件进入刑事诉讼中可以重新鉴定、收集的，应当由公安、司法机关依法重新鉴定、收集。但是，司法实践中也确实存在无法重新鉴定、收集的情况，对于确属无法重新鉴定、收集的，也可以作为证据使用。对上述最高人民法院研究室的观点简单概括为：对行政机关收集的鉴定意见除确属无法重新鉴定的以外，都应当由司法机关重新鉴定。对本案采矿地点仍然可以重新鉴定，故由行政机关收集的关于矿产资源破坏价值的鉴定意见不宜直接在刑事诉讼中使用。

（2）对于行政机关翔安区城市管理行政执法局委托地勘机构所做的矿产资源破坏价值的鉴定意见，委托程序违法。翔安区城市管理行政执法局不是法定的委托鉴定主体，根据《最高人民法院、最高人民检察院关于办理非法采矿、破坏性采矿刑事案件适用法律若干问题的解释》第十四条第一项至第二项，对案件所涉的有关专门性问题难以确定的，依据下列机构出具的鉴定意见或者报告，结合其他证据作出认定：第一，司法鉴定机构就生态环境损害出具的鉴定意见；第二，省级以上人民政府国土资源主管部门就造成矿产资源破坏的价值、是否属于破坏性开采方法出具的报告。该司法解释规定对于矿产资源破坏的价值由省级以上国土资源主管部门出具报告。根据《福建省国土资源厅关于非法采矿和破坏性采矿造成矿产资源破坏价值鉴定工作的实施意见》第三条关于鉴定工作委托的规定，矿产资源破坏价值技术鉴定工作须由案发地市、县（区）或其上级国土资源主管部门委托有相应资质的地勘单位承办，国土资源主管部门为委托方，地勘单位为承办方。该规定表明鉴定工作的法定委托机构是国土资源部门，而本案委托方是翔安区城市管理行政执法局，虽属于行政单位，但并不具有委托资格。同时其委托的厦门某地理信息测绘有限公司也不在福建省国土资源厅公布的《福建省矿产资源破坏价值技术鉴定工作单位名录》中，即厦门某地理信息测绘有限公司不具有地勘单位的承办方资格。

（3）鉴定程序严重违法，评审意见不能作为定案依据。根据《福建省国土资源厅关于非法采矿和破坏性采矿造成矿产资源破坏价值鉴定工作的实施意见》第二条第一款规定，矿产资源破坏价值鉴定工作由技术鉴定和审查确认两部分工作组成，其中审查确认工作由省国土厅矿产资源破坏价值鉴定委员会办公室组织实施。该意见第四条规定，鉴定委员会办公室应当指派专家进行评审，评审通过的，形成最终评审意见书，其应当对评审专家通过的鉴定报告予以审查并提出意见，对认定可以提交鉴定委员会会审的报告，及时安排上鉴定委员会会议审议。经鉴定委员会集体审议通过的，即行办理出具鉴定意见批示件，鉴定意见经厅长或分管副厅长批准后，由省厅出具鉴定意见。上述规定表明，形成鉴定意见必须经过三个流程：一是形成鉴定报告；二是鉴定报告经专家评审，由专家形成评审意见；三是评审意见报鉴定委员会集体会审，通过后形成鉴定意见。但是本案中，鉴定报告仅由鉴定单位厦门地质工程勘察院自行评审，并出具《审查意见书》，而不是由省国土资源厅矿产资源破坏价值鉴定委员会办公室组织专家进行评审并出具评审意见书。

（4）上述鉴定报告鉴定过程和方法不符合相关专业的规范要求。两份报告的第二条“非法开采点地质概况——矿石质量部分”及第五条“各项采矿体各项指标的确定”均写明：“建筑用花岗岩矿各项指标按 GB/T 14685—2001 进行确认，经厦门市公路局中心实验室试验，其矿品质量可以达到Ⅱ类碎石质量要求，适宜作为普通路桥等建筑工程混凝土骨料。”

①首先，涉案卷宗中并未见厦门市公路局中心实验室试验数据，无法确认该引用依据是否真实、客观，属于证据链缺失；其次，涉案采矿行为发生的时间为 2013 年 7 月以后，报告显示鉴定时间分别为 2018 年 6 月 18 日和 2018 年 11 月 21 日，还在引用已经废止的 GB/T 14685—2001《建设用卵石、碎石》的标准。《司法鉴定程序通则》第二十三条规定：“司法鉴定人进行鉴定，应当依下列顺序遵守和采用该专业领域的技术标准、技术规范和技术方

法：（一）国家标准；（二）行业标准和技术规范；（三）该专业领域多数专家认可的技术方法。”显然，引用已废止的标准侵犯了程序正义和实体正义。

②上述鉴定报告未按有关规范采集相应样品。《福建省国土资源厅关于非法采矿和破坏性采矿造成矿产资源破坏价值鉴定工作的实施意见》附件1《技术鉴定的方法及要点》第三条“关于品位和厚度的确定”第一项规定：“需要确定矿体品位的，应参照有关规范采集相应样品，进行基本分析，测试样品采集应按有关规范要求进行。样品采集位置根据实际情况而定，可采自开采区内，也可采自采空区附近，还可采自堆积的矿产品中，但应注意其代表性和单样的长度，采样数量原则上控制在3处以上，并在相应图上标出采集位置。样品测试应由有资质的测试单位进行测试，并提供分析报告单。”但本案鉴定报告内容未包含实际采样确定矿体品位的描述，违反技术鉴定规范。

③两份报告附件5《小光山矿区岩石检测报告》上载明的出具日期为2015年3月6日，远早于涉案两份报告的委托时间。同时该报告未体现委托信息，没有鉴定单位盖章，鉴定人员资质情况不明，且样品来源为来样测试，具体来源于何处不明，没有制作并附图，且作为矿体品位的检测报告，根据《技术鉴定的方法及要点》的规定，取样点也要控制在三处以上。所以鉴定报告所依据的该项检测报告，不具有合法性、客观性。

综上所述，上述鉴定意见存在鉴定程序违反规定、鉴定过程和方法不符合相关专业的规范要求、鉴定文书缺少签名及盖章等问题，严重违反法定程序，根据《最高人民法院关于适用〈中华人民共和国刑事诉讼法〉的解释》第九十八条的规定：“鉴定意见具有下列情形之一的，不得作为定案的根据：……（二）鉴定人不具备法定资质，不具有相关专业技术或者职称，或者违反回避规定的；……（七）鉴定文书缺少签名、盖章的……”

（二）鉴定意见中涉案1号、3号采矿地块并不反映实际开采范围，相应部分应予以扣除

（1）关于1号地块。兴某鑫公司花岗岩矿山北面的两处鱼塘涉及的矿产储量应予以扣除；厦门地质工程勘察院在勘察过程中，拟定了两处危岩体清除区域，该区域涉及的矿产储量应予以扣除。另外，公诉机关一审中提到，兴某鑫公司涉案1号地块在2018年5月至11月是在该公司自己已经开采的前提下继续深挖，那么该处矿体本身应当已经被剥离了覆土层和风化层，而据兴某鑫公司相关工作人员描述，1号地块2018年5月至11月在平常是被用于堆砌矿渣及废土的，那么鉴定报告以覆土层厚度为2米来确定被减基数则违反常理。

（2）关于3号地块。据兴某鑫公司相关工作人员陈述，兴某鑫公司花岗岩矿山历史上为边坡岩体变形，坡面上危石、浮石杂多，临边坡的岩体有裂隙，且在当时平台顶部有较大的倒倾破碎岩体，有顺层滑塌的危险。故在2013年4月11日，厦门市永宾爆破工程有限公司设计了边坡排险专项爆破方案，对该问题进行了专项排险设计。而鉴定报告所认定的越界开采3号地块恰是当年爆破方案排险区域，鉴定报告不应将该部分划为兴某鑫公司越界开采区域。

（三）该案审理违反《刑事诉讼法》第一百九十条、第二百条的规定，程序严重违法，剥夺了被告人的合法权益，影响案件公正判决

（1）庭审笔录中显示合议庭组成人员为3人，即审判长洪某某、人民陪审员马某、审判员叶某甲。而判决书中显示为7人合议庭，即审判长洪某某，审判员叶某乙、杨某，人民陪审员叶某甲、马某、纪某某、郑某某。依据以上可推知：审判员叶某乙、杨某，人民陪审员纪某某、郑某某等4名合议庭组成人员并未参加庭审，被告人无法对以上4人提出回避申请，法律规定的诉讼权利被剥夺。同时，以上4人并未参加庭审，则7人合议庭如何进行评议，又如何根据已经查明的事实、证据和有关法律规定认定有罪并作出判决呢？

（2）庭审笔录中最后签字确认页显示，合议庭签字人员为4人，即聂某某、孙某某、钟某某和第四人（个人签字无法识别），以上4人并不是笔录显示参加庭审的3人合议庭成员，也不是参与判决的7人合议庭成员，是何人参与审理、判决存在疑问。

综上所述，原审判决认定非法开采矿产资源矿品价值所依据的鉴定报告严重违反法定程序，不能作为定案根据；且其内容不具有客观性，错误地认定非法采矿的区域及开采矿品价值，导致对兴某鑫公司的量刑畸高；同时一审程序违背《刑事诉讼法》对审理程序的规定。

案件结果

2021年4月19日，福建省厦门市中级人民法院作出的（2021）闽02刑终 48 号刑事附带民事裁定书认为，原审法院在审理本案期间，对合议庭人员进行调整，但更换后的合议庭成员，没有参与全部的审判活动，却参与了案件的评议表决，违反法律规定的诉讼程序，可能影响案件的公正审判，裁定如下：（1）撤销厦门市同安区人民法院（2019）闽 0212 刑初 471 号刑事附带民事判决；（2）发回厦门市同安区人民法院重新审判。

案件评析

找准辩点，足以撬动整个案件。

接受委托，拿到卷宗材料后，我首先找到一审开庭笔录，这是了解案情最直接、最有效的方法，职业的敏感性让我首先审视诉讼程序是否合法，只有程序合法、公正才能保证实体公正，对司法机关程序性的问题必须重视，带着疑问看卷，在不疑处生疑，在小地方往往能发现大问题。我们在查阅本案开庭笔录时，笔录开头部分清晰地写明合议庭的组成人员，一般情况下，合议庭组成不会有问题，这是基本常识，铺开卷，一直往下看，到最后发现合议庭签名人员与开头部分记载的不一致，一是人名不一致，二是人数不一致，这就可能出现出庭审判的人员没有签字、没有参与审判的人员却在笔录上签字的情况，这显然影响了被告人的辩护权，经仔细核对后发现是明显错误，我们立即与二审法官联系，说明事实，很快二审法院裁定撤销原判，发回重审。

找准问题，找准法律依据，这就是最好的辩护。

承办律师：彭　坤　于建新

第五部分

贪污、贿赂等职务犯罪案件

本部分介绍贪污贿赂等职务犯罪案件的辩护思路。

贪污贿赂犯罪规定在《刑法》分则第八章，是指国家工作人员或国有单位实施的贪污、受贿以及与贪污、受贿犯罪密切相关的侵犯职务廉洁性的行为。具体包括以下三类：(1) 国家工作人员利用职务上的便利实施的非法占有、使用、私分国有财物或公共财物的犯罪。包括贪污罪、挪用公款罪、私分国有资产罪、私分罚没财物罪。(2) 就国家工作人员职务事项，实施的提供、介绍、非法收受或索取公私财物的犯罪。包括个人受贿罪、斡旋受贿罪、单位受贿罪、个人行贿罪、个人向单位行贿罪、单位向单位行贿罪、单位向国家工作人员行贿罪、介绍贿赂罪。(3) 国家工作人员的财产不明和隐瞒境外存款的犯罪。包括巨额财产来源不明罪和隐瞒境外存款罪。

在本章所涉犯罪的辩护过程中，要注重以下三点：第一，职权行为与职务便利的区分。公职人员只有利用职权形成的影响力获取不正当利益才能构成职务犯罪，应与单纯地利用职务便利条件的行为区分开来。第二，注意个人责任与单位责任的区分。行贿罪的一个常见辩护思路就是将个人行贿罪转化成单位行贿罪以降低行为人的罪责。第三，注意非法证据排除规则的应用。职务犯罪一般判罚比较重，建议律师在工作中注意程序辩护的作用。

谢某行贿、对非国家工作人员行贿案

在行贿案中运用“阶梯理论”，在非国家工作人员行贿案中运用“一对一”证据规则进行无罪辩护和罪轻辩护的实务

案情简介

厦门A建设工程有限公司是一家具有高超工程技术和雄厚资金实力的知名民营企业，主要承接港口航道建设、港口疏浚、吹填造地、码头船闸等大型工程服务。谢某系该公司的总经理、公司的实际控制人。本案涉及的工程为漳湾航道二期工程，总造价5亿元。厦门A建设工程有限公司凭借其自身优势从宁德市某集团有限公司承接了工程总量的30%，分包工程造价达1.5亿元。工程推进过程中，谢某因涉嫌行贿罪、对非国家工作人员行贿罪先后被宁德市监委、宁德市公安局立案调查。案件主要进程如下：

(1) 2020年6月24日，谢某因涉嫌犯行贿罪（涉案金额100万元）被宁德市蕉城区监委立案调查，同年7月3日经宁德市蕉城区人民检察院决定，同日由宁德市公安局蕉城分局执行逮捕，同年9月17日经宁德市蕉城区人民检察院决定由福建省厦门市公安局湖里区分局执行取保候审。2019年12月27日，谢某因涉嫌犯对非国家工作人员行贿罪（涉案金额240万元）被宁德市公安局采取强制措施。2020年2月2日，经宁德市蕉城区人民检察院决定，同日由宁德市公安局蕉城分局执行逮捕，关押至宁德市某看守所。

(2) 2020年7月20日，本律师接受委托，完成阅卷后立即前往福建省宁德市会见，就案件核心问题进行了深入了解，并与办案人员进行数次沟通交流，最终取得了实质进展，2021年4月22日由福建省厦门市公安局湖里区分局执行取保候审。

(3) 2020年8月27日，该案移送至宁德市蕉城区人民检察院审查起诉，辩护律师向检察机关提出法律意见书，就行贿罪（涉案金额100万元）是否构成犯罪、是否构成轻罪进行了论证，最终检察院认同律师关于本案构成单

位犯罪的辩护意见；对非国家工作人员行贿罪（涉案金额240万元），律师主要从证据角度出发，指出证据之间存在的明显矛盾、证据与指控事实之间不能形成完整的证据链条，不能排除合理怀疑，应当依据“疑罪从无原则”不予起诉。最终宁德市蕉城区人民检察院采纳了辩护律师的意见，对该罪依法作出不予起诉的决定。

（4）庭审中，公诉机关指控：被告单位厦门A建设工程有限公司为谋取不正当利益，向非国家工作人员行贿，情节严重；被告人谢某作为直接负责的主管人员，其行为触犯了《刑法》第三百九十三条、第三十条、第三十一条之规定，应当以单位行贿罪追究其刑事责任。被告单位厦门A建设工程有限公司、被告人谢某认罪认罚，可从宽处理。建议对被告单位厦门A建设工程有限公司判处罚金；对被告人谢某判处有期徒刑1年，并处罚金，适用缓刑。

辩护思路

我们在阅卷和会见的基础上，对于行贿案和对非国家工作人员行贿案制定了不同的辩护策略，在行贿案中我们采用“阶梯理论”采取实体辩护，而在对非国家工作人员行贿案中我们采用“一对一”的证据规则进行证据辩护。

一、在行贿案中采用“阶梯理论”的辩护思路

通过会见我们了解到，时任宁德海事局政委的夏某某在漳湾航道二期工程开始前就已经通过张某某（江苏交通工程投资咨询有限公司福州分公司经理、实际控制人）打听项目进展情况，意图分包部分工程，后来因为客观原因没有得逞。工程进展中，夏某某利用自己的职权，在张某某的斡旋下，向谢某索要100万元。谢某担心工程进展受影响，不得已交付财物，但在工程进展过程中，谢某并未获得“实质”意义上的好处。据此，我们从谢某“未牟取不当利益”的角度确定了无罪辩护的思路。

但是有一点我们不能忽视：夏某某作为受贿的一方，犯受贿罪已经被判处7年有期徒刑，且卷内的证据指向仍有很多对谢某不利之处。如果按照无罪辩护的思路，笔者判断说服检察院撤回起诉或法院作出无罪判决几无可能，这就要求我们必须做好两手准备，谋划多方出路，制定优选策略。故此我们

采取北京大学陈瑞华教授提出的“阶梯理论”，[1]本着最大限度维护委托人利益的原则，在积极争取无罪辩护的同时，论证其即使构成犯罪也是构成另一新的轻罪即单位行贿罪，并说服办案机关以轻罪作出认定。

这一方案既考虑到使被告人受到较为宽大的刑事处罚，又兼顾了公诉、审判机关的职责，使得办案机关在避免冤假错案与避免放纵犯罪之间找到了一种平衡。要知道，行贿罪和单位行贿罪的罪名虽然只有两字之差，但判决结果却截然不同，个人行贿罪最高可判处无期徒刑，而单位行贿罪最高仅5年有期徒刑。经笔者分析判断，该案完全符合单位犯罪中“以单位名义实施，体现单位意志，利益归属单位”的特征。事实证明，正是基于对该理论的灵活运用，案件才得到了良好的辩护效果。

二、在对非国家工作人员行贿案中利用“一对一”证据规则的辩护思路

通过详细阅卷，我们将该案突破口放在证据之间的矛盾上。在证据辩护[2]中，控方只是表面上处于进攻态势，实际上是处于防守态势，往往辩护律师只需提出一处关键证据矛盾就可以起到“破城”的效果。如果控方没有及时发现矛盾，或不能作出合理解释，就会直接影响到整个证据体系的完整性。然而，卷内证据的复杂性、多样性，不可避免地会出现鱼龙混杂、真伪并存的情况，这就是我们律师可以利用的窗口、空间。尤其对于贿赂型案件，因为其隐秘特性，必定涉及“一对一”的证据问题——如果将涉及定罪量刑的关键证据按照“直接证据”和“间接证据”做好分类，并将其放在全案证据体系中进行比对，发现证据之间存在“无法解释”的矛盾，整个案件便会峰回路转、拨云见日。

在具体操作上，直接证据着眼于局部和核心问题，如犯罪嫌疑人、被害人和证人关于犯罪事实的描述，我们主要采用同一事件对照表的方式，放在一起比较，分别看言词证据横向是否一致、纵向是否稳定，这将直接影响对主要犯罪事实的认定。间接证据主要解决宏观和整体问题，如行贿、受贿过程中的资金流水、支付方式与行贿、受贿过程以外环节的证言。我们主要使用“时间轴”的方式复盘整个流程，看证据能否支持主要犯罪事实、能否补强直接证据，整个证据体系能否达到排除合理怀疑的证明程度。运用以上两

[1] 参见陈瑞华：《刑事诉讼法》，北京大学出版社2021年版，第264页。

[2] 参见陈瑞华：《刑事诉讼法》，北京大学出版社2021年版，第266页以下。

种方式，目的只有一个，就是要在关键节点上找出证明方向不一致或者证明效果互相抵消的情况。只要使案件事实处于存疑状态，律师就可以为委托人争取存疑利益，其实际效果不言自明。

这里还需要注意两个问题：第一，消除“一对一”证据理解上的误区。“一对一”证据主要是指能够独立证明案件主要事实的直接言词证据，通常存在于被告人供述与被害人陈述、被告人供述与目击证人证言之间。“一对一”证据不是指案件除相互对立的两个直接证据外，再无其他证据，若是如此，便是孤证，按“孤证不能定案”的刑事证据法规则处置。因此切勿在被告人供述、被害人陈述、证人证言是否一致中过度纠缠，这一点要非常明确。第二，间接证据对于直接证据的补强程度。辩护律师需要把握三个核心标准：一是间接证据链能够独立排除合理怀疑；二是间接证据群基本能使犯罪事实得到独立证明；三是间接证据与被告人供述或被害人陈述相结合，看能否排除合理怀疑。

三、其他影响定罪量刑的辩护思路

司法追求的社会效果也是该案考虑的一个辩护方向，即对于民营企业家的刑事政策和审判导向，该类政策、导向也可以在一定程度上影响法官的判断，为争取好的辩护效果增加权重，具有一定的辅助作用。

最高人民法院在《关于充分发挥审判职能作用为企业家创新创业营造良好法治环境的通知》中提出，要充分发挥审判职能作用，依法平等保护企业家合法权益，为企业家创新创业营造良好法治环境。2019 年 10 月 18 日，张军检察长在北京大学作《中国特色社会主义司法制度的优越性》专题讲座时强调，对于企业家，应当坚持“能不捕的不捕、能不诉的不诉、能判缓的判缓”三原则。2019 年 12 月，中共中央、国务院印发的《关于营造更好发展环境支持民营企业改革发展的意见》指出，国家将加大对民营企业的刑事保护力度，营造公平竞争的市场环境、政策环境、法治环境，依法保护民营企业和企业家的合法权益。

具体到本案，由于竞争环境、市场环境、行政环境等现实情况，谢某在违法犯罪过程中有其明显的苦衷。谢某系该行业知名民营企业家，其行为未造成实际损失和严重社会影响，公司为当地经济发展作出了积极贡献，且有诸多项目正在紧张施工，如宁德漳湾航道疏浚工程、厦门海沧航道四期疏浚工程、辽宁盘锦荣兴港区航道疏浚项目、漳州古雷航道三期疏浚和炸礁项目，这些民生项目以及所涉及的劳工就业、施工管理、银行贷款等诸多的问题，都需要谢某实际操作运转。

在这里，笔者主要展示如何利用“阶梯理论”辩护策略进行无罪和轻罪辩护。

（一）关于行贿案中是否谋取“不正当利益”的辩护（无罪辩护）

辩护人认为谢某并未谋取“不正当利益”。根据《刑法》第三百九十三条的规定，单位行贿罪是指单位为谋取不正当利益而行贿，或者违反国家规定，给予国家工作人员回扣、手续费，情节严重的行为，至于利益是否实际取得，不影响对行为性质的认定。在本案有关单位行贿的事实中，给予国家工作人员贿赂这一事实没有争议，实务中，除非能证明谋取的是合法利益，否则法院一般都会认定为谋取非法利益，但本案谢某的请托目的明确，是保护企业合法权益的正当请求，并非为谋取不正当利益。

1. 根据“两高”的规定，对不正当利益的不正当性认定有着明确的限制范围

1999 年，《最高人民法院、最高人民检察院关于在办理受贿犯罪大要案的同时要严肃查处严重行贿犯罪分子的通知》第二条第一款规定：“……‘谋取不正当利益’是指谋取违反法律、法规、国家政策和国务院各部门规章规定的利益，以及要求国家工作人员或者有关单位提供违反法律、法规、国家政策和国务院各部门规章规定的帮助或者方便条件。”即请托事项违反且只能违反法律、法规、国家政策和国务院各部门规章的规定。换言之，国务院或国务院各部门制定的非法规、规章的一些规定、制度以及地方政府制定的规章或政策都不能成为认定利益正当与否的依据。

2. 根据“两高”的规定，不正当利益包括两种情形

第一种情形：违反法律、法规、国家政策和国务院各部门规章规定的利益，这是一种实体上的不正当利益。（1）这种利益多是一种财产性利益或与财产性利益有直接联系的一种利益，如不具备相应的投标资质而意图取得投标资格参与投标并最终中标；（2）这种利益也包括按照有关法律、法规、国家政策和部门规章的规定，行为人应履行某项义务而意图免除该项义务，如行为人有缴纳税款的义务而意图免除该项义务；（3）这种利益还包括应被剥

夺某项权益而意图保留该项权益，如违反交通规则应被罚款而意图免除罚款的行政处罚等。本案中，可以看出谢某在请托事项中，请求协调关系是为了更顺利地施工，并不是在承接工程时谋取了竞争优势或其他不正当利益，其意图谋取的利益是正当的，没有违反法律、法规、国家政策或部门规章的规定，不具有实体上的不正当性，因此不属于第一种情形。

第二种情形：国家工作人员或者有关单位提供的违反法律、法规、国家政策和国务院各部门规章规定的帮助或者便利条件。该种利益系行为人为实现某种实体利益而要求国家工作人员违反规定给予的一种不正当帮助行为。具体到本案，谢某请托夏某某协调的事项是想理顺和业主单位的关系，以便在后面的工程正常施工、项目验收、工程款项拨付等方面获得宁德市某集团有限公司的支持，后来的事实证明，这些具体的请托事项并不违法，具有正当性，且海事局在后来具体事务处罚中均是依法办理，并未出现海事局工作人员提供违反法律、法规、国家政策和国务院各部门规章规定的帮助或者便利条件，杜某、林某良的证言足以证明。所以，谢某的行为也不属于谋取不正当利益的第二种情形。

焦点问题：谢某希望对行政违法行为处理快一点，不影响施工进度，这是否属于不正当利益？笔者认为，不能仅仅因为该利益是通过采取行贿这一不正当手段获得的，就一概地将其认定为不正当利益。

处罚行为、批复行为本身具有一定的弹性，即便不打招呼，也可能很快得到处理。由于行政处罚一般有一定的自由裁量幅度，只要处罚金额在一定幅度内、在法定期间，就很难说处罚不当，因此仅从处罚快慢的角度很难认定该企业因此获得了不正当利益。实际上，对于该企业是否获得利益或所获利益的性质可以两说，即可以认为即使不打招呼也有可能处理得更快，那么该企业就没有获得不正当利益甚至有损其利益；另外，如果不打招呼可能会罚款更多、处理更慢，那么该企业就获得了不正当利益。在这种利益正当与否的认定没有单一、确定标准的情况下，我们不能再孤立地将请托事项的正当与否作为认定是否构成行贿罪的依据。

当利益本身正当与否的判断存在不确定性的情况时，应将取得该利益的手段性质作为认定利益正当与否的依据。核心在于，当利益本身正当与否在形式上存在弹性空间时，只有程序公正才能保证该利益的实质合法性。本案中，海事局均是按照法定程序办事，谢某的请托事项具有实质上的正当性，属于正当利益。

综上所述，现有证据无法证明上述请托事项的内容违反了法律、法规、部门规章的规定，因此不能直接认定上述请托事项为不正当利益，即上述请托事项具有形式上的合法性。

3. 从夏某某的实际权限和工程结算等方式上看，协调关系只能算是工作上的沟通，不具备获得非法利益的可能性，因而不具有刑事违法性

谢某希望夏某某协调和业主单位宁德市某集团有限公司的关系，业主仅作为验收申请单位，验收过程由省交通质监局负责，并委托第三方机构检测，对验收结果业主无干涉的权力。这也说明，谢某希望协调关系只是工作上的沟通，不具有违法性，工作沟通是为了更好地保证质量并完成工程，并不涉及将不合格工程转变为合格工程这样的违法利益。

漳湾航道二期工程的付款方式为：总包方申报当月产量、监理单位现场监督计量、业主单位审核，并根据合同约定的计量方式和价格同步支付厦门A建设工程有限公司及其他合作单位的款项，对厦门A建设工程有限公司付款审核的权限在总包方，同时厦门A建设工程有限公司在本项目中所占份额较小，业主单位在付款上关照厦门A建设工程有限公司也无操作空间。

（二）关于行贿案中在构成犯罪的前提下认定为单位行贿而非自然人行贿的辩护（轻罪辩护）

1. 根据相关证据，谢某是为厦门A建设工程有限公司谋取利益而实施相关的行贿行为，应从实质上认定其为本单位利益行贿的行为性质

2001年《全国法院审理金融犯罪案件工作座谈会纪要》对单位犯罪进行了界定："以单位名义实施犯罪，违法所得归单位所有的，是单位犯罪。"从现有的证据材料看，谢某是厦门A建设工程有限公司的实际控制人，在认定其是否构成单位行贿时应对"以单位名义实施"进行实质上的考量。一般来说，单位行贿是指经单位领导集体决定或由有权决定的负责人决定，以单位名义、为了给单位谋取不正当利益而行贿。

单位行贿与自然人行贿的最主要区别在于犯罪主体的不同，单位行贿的主体是单位，多数情况下单位行贿也是通过具体个人实施的，但这是在单位意志的支配下实施的，其主要是为了本单位的利益而非个人的利益。而自然人行贿犯罪则是个人为了谋取不正当利益，单独或共同向国家工作人员行贿。

因此在认定单位行贿罪时应对“以单位名义实施”予以实质上的考虑，不能仅表面化地理解为在实施犯罪时冠以单位的名号，而应当实质性地区分实施犯罪的自然人能否代表单位。

在本案中，其一，依据企业公司章程及工商登记情况、谢某的讯问笔录，谢某是厦门A建设工程有限公司的实际控制人。谢某作为公司的实际控制人和法定代表人（后发生变更），其对外活动实际上可以代表厦门A建设工程有限公司。其二，相关证据表明，谢某给付的100万元实际上是通过公司支付的。这也表明在对外活动中谢某具有形式意义上的履职行为，且实质上也是为单位利益而实施相关行为，应当认定为“以单位名义实施”。

2. 不当利益的归属决定行贿主体，案内证据足以证明谢某主观上是为了公司发展谋求利益

司法实践中，区分单位行贿还是自然人行贿的重要标志在于谋取利益的归属。对于单位法定代表人为本单位利益行贿的，应当从实质上把握其行为性质。从表面上看，法定代表人或实际控制人往往自行决定而不是经过集体研究实施行贿，并以个人名义给予国家工作人员财物。但实际上，法定代表人是在履行职务时实施的行贿行为且是出于为单位谋取不正当利益的目的，则仍应认定为单位行贿。因此，不当利益的归属，对认定是单位行贿还是个人行贿具有重要意义。

本案中，谢某行贿的主要原因在于，让夏某某帮助介绍理顺谢某和业主单位的关系，以便在后面的工程正常施工、项目验收、工程款项拨付等方面获得集团的支持。由此可见，谢某主要是为厦门A建设工程有限公司谋取利益，并希望夏某某能在今后公司发展的过程中提供帮助。

故而从行贿行为的表现形式来看，虽然谢某自行实施行贿，并以个人的名义给予国家工作人员财物，但是从行为的实质来看，其是在履行职务时实施的行贿行为，且出于为单位谋取利益的目的，应当认定为单位行贿。谢某是厦门A建设工程有限公司的实际控制人，其给予夏某某财物是基于为厦门A建设工程有限公司谋取利益的目的，即使构成单位行贿，也是情节轻微，未造成严重损害。

案件结果

福建省宁德市蕉城区人民法院认为，被告单位厦门A建设工程有限公司

为谋取不正当利益，向国家工作人员行贿，情节严重；被告人谢某作为直接负责的主管人员，其行为已构成单位行贿罪，应予依法惩处。公诉机关的指控成立。被告单位厦门A建设工程有限公司自愿认罪认罚，可从宽处理。被告人谢某在被追诉前主动交代行贿行为，如实供述本单位及本人的犯罪事实，并自愿认罪认罚，可以从轻处罚。综合全案，可认定被告人谢某具有悔罪表现，经厦门市湖里区社区矫正管理局审前社会调查，适合社区矫正，故依法对被告人谢某适用缓刑。公诉机关量刑建议适当。关于被告单位的辩护人提出被告单位认罪认罚，建议从宽处理的辩护意见，予以采纳。关于被告人谢某的辩护人提出被告人应免予刑事处罚的辩护意见，依据我国《刑法修正案（九）》的相关规定，被告人不符合免予刑事处罚的情形，故该项辩护意见不予采纳；关于辩护人提出被告人谢某在被追诉前主动交代行贿事实且认罪认罚，建议从宽处罚的辩护意见，予以采纳。法院判决如下：（1）被告单位厦门A建设工程有限公司犯单位行贿罪，判处罚金20万元（罚金已缴纳）。（2）被告人谢某犯单位行贿罪，判处有期徒刑1年，缓刑1年，并处罚金10万元。

案件评析

无论从律师履行忠诚义务的角度，还是从维护程序正义的角度，有效辩护都是刑事辩护的一项基本准则，是刑辩人的辩护追求。本案先是除去一罪，并将原先认定的个人行贿辩为单位行贿，并综合其他量刑因素，使被告人谢某最终被判处有期徒刑1年，并适用缓刑，对公司处以罚金。可以说，该案获得了较好的处理结果，律师发挥了至关重要的作用。

在对非国家机关工作人员行贿案办理的过程中，我们的思路是从证据角度，紧紧抓住“一对一”证据裁判要求，把握细节、逐层推进，投入大量的时间和精力，对卷内定罪证据进行程序性和真实性的甄别与细化，对公安机关证据体系是否达到严格证明标准提出合理质疑，并最终被检察机关采纳。

这里笔者特别强调一下办理行贿案的心得，对于刑辩律师而言不仅要掌握实体辩护的策略和方向，更要有对实体辩护的宏观把握能力，形成一整套实体辩护的基本思路并捋清逻辑关系。随着对案情关键点的把握，在整个辩护框架下进行自由穿梭和精准切换，明确“无罪辩护”还是“有罪辩护”的方向选择，确定方向后到底从哪里入手、从哪个角度切入，要在利益权衡上“精打细算”“锱铢必较”，力求实现委托人利益的最大化。针对这一点，中国政法大学顾永忠教授为刑辩律师提供了一个非常有效的方法，可供学习借鉴。将同类刑事案件中共有的辩点提炼、抽象出来，结合案情在模块中做好选择和组合，对提升刑辩业务水平大有裨益。下面我将顾永忠教授所做的实体辩护办案思路及其逻辑关系树状图展示给大家，这个树状图表达的就是刑事辩护当中实体辩护的基本思路和逻辑关系。分享在此，一同学习！

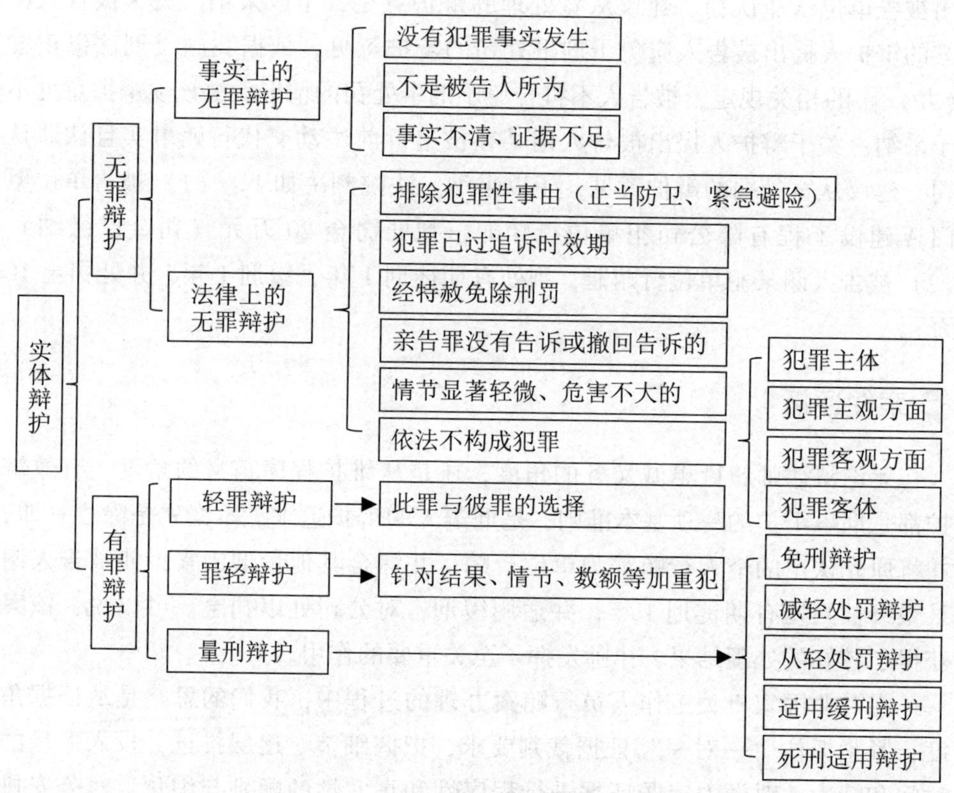

承办律师：彭　坤　于建新　曾　然

庄某行贿案（改变定性）

将个人行贿变更为单位行贿的辩护实务

案情简介

被告人庄某，因涉嫌行贿罪，于2019年5月21日被某市监委采取留置措施，2019年11月29日经某市人民检察院决定，并于当日由某市公安局执行逮捕。

云南省某市人民检察院以文检二部刑诉（2020）16号起诉书指控被告人庄某犯单位行贿罪向某市人民法院提起公诉。

某市人民法院经公开审理查明：2001年至2012年，被告人庄某担任云南某公司法定代表人、董事长，为感谢国家工作人员杨某某在产品推荐、某产业园区用地规划调整、财政资金扶持、土地性质变更等方面为云南某公司谋取利益，先后十四次向杨某某行贿。

某市人民法院认为，被告人庄某为云南某公司谋取不正当利益，向国家工作人员杨某某行贿262万余元人民币、1万澳元的行为，构成单位行贿罪；公诉机关指控的犯罪事实清楚，证据确实、充分，本院予以确认并以单位行贿罪追究被告人庄某的刑事责任。被告人庄某未被宣布采取调查措施以前，经监委工作人员通知，主动到监委工作人员指定地点，后被监委工作人员带回某州监委工作点留置调查，且如实供述了监委尚未掌握的犯罪事实，应当认定为自首。结合庄某认罪认罚的情节，决定对其从轻处罚。公诉机关对被告人庄某判处2年至2年6个月有期徒刑的量刑建议适当，本院予以采纳。被告人庄某的辩护人关于被告人庄某属于自首以及本案适用从旧兼从轻原则的辩护意见，与本案查明的事实相符，予以采纳；关于庄某犯罪情节较轻，建议对其适用缓刑的辩护意见，因被告人庄某不符合缓刑适用条件，故不予采纳。据此，为严肃国法，维护国家工作人员行为的廉洁性以及国家机关、公司的正常管理活动，根据被告人庄某的犯罪事实、性质、情节、认罪态度、悔罪表现及对社会的危害程度，依照《刑法》第三百九十三条、第六十七条第一款，《刑事诉讼法》第十五条、第二百零一条的规定，对被告人庄某以单位行贿罪判处有期徒刑2年。

辩护思路

本案争议点主要集中在：（1）单位行贿还是自然人行贿；（2）庄某的行为是否构成自首；（3）本案适用旧法还是新法；（4）被追诉前时间点的把握；（5）是否适用罚金刑。

一、认同检察院关于单位行贿的指控，但是犯罪较轻

（1）根据案内证据，庄某为云南某公司谋取利益而实施相关的行贿行为，应从实质上认定其为本单位利益行贿的单位犯罪性质。

2001年《全国法院审理金融犯罪案件工作座谈会纪要》对单位犯罪进行了界定："以单位名义实施犯罪，违法所得归单位所有的，是单位犯罪。"从现有的证据材料看，2015年以前庄某是云南某公司的法定代表人和实际控制人，在认定其是否构成单位行贿时应对"以单位名义实施"进行实质上的考量。一般来说，单位行贿是指经单位领导集体决定或由有权决定的负责人决定，以单位名义，为了给单位谋取不正当利益而行贿。单位行贿罪与自然人行贿罪的区别本质为单位犯罪与个人犯罪的不同，主要体现在以下三个方面：第一，决策主体；第二，行为主体；第三，利益归属。单位犯罪是单位为集体利益以单位名义由集体意志决策、由直接负责人员实施的犯罪，缺少以上任一要素即可将单位行贿罪转化为个人行贿罪。

在认定单位行贿罪时应对"以单位名义实施"予以实质上的考虑，不能仅表面化地将之理解为在实施犯罪时冠以单位的名号，而应当实质性地区分实施犯罪的自然人能否代表单位。在本案中，其一，依据企业公司章程、工商登记情况及庄某的讯问笔录，2015年前庄某是云南某公司的法定代表人和实际控制人，其对外活动实际上可以代表云南某公司。其二，相关证据表明，庄某给杨某的财物中，除1万澳元外，其他财物均是通过公司账款的形式支付。这也表明在对外活动中庄某具有形式意义上的履职行为，且实质上也是为其单位利益而实施相关行为，应当认定为"以单位名义实施"。

（2）不当利益的归属决定行贿主体，庄某在多次讯问中均表示向杨某某

行贿的目的是为云南某公司的发展谋求利益。

司法实践中，区分单位行贿与自然人行贿的重要标志在于不当利益的归属。对于单位法定代表人为本单位利益行贿的，应当从实质上把握其行为性质。从表面上看，法定代表人往往自行决定而不是经过集体研究实施行贿，并以个人名义给予国家工作人员财物；但实际上，法定代表人是在履行其职务时实施的行贿行为且是出于为单位谋取不正当利益的目的，则仍应认定为单位行贿。因此，不当利益的归属，对认定单位行贿还是个人行贿具有重要意义。本案中，根据庄某、杨某某等人的供述，庄某向杨某某行贿的主要原因在于杨某某在用地规划调整、土地性质变更、财政资金扶持、政策优惠等方面给庄某实际控制的云南某公司提供了帮助，并希望杨某某能在今后公司的发展过程中继续提供帮助。而且依据云南某公司土地性质变更文件和庄某、杨某某供述等相关材料，云南某公司客观上也实际上获取了相关利益。故而从行贿行为的表现形式来看，虽然庄某自行实施行贿，并以个人的名义给予国家工作人员财物。但是从庄某行为的实质来看，其是在履行职务时实施的行贿行为，且出于为单位谋取不正当利益的目的，应当认定为单位行贿。

综上，认定是否构成单位行贿罪时应进行实质上的考量，庄某当时是云南某公司的实际控制人和法定代表人，其给予杨某某财物是基于为云南某公司谋取利益的目的，构成单位行贿，但是情节轻微，未造成严重损害。

二、庄某的行为构成自首

“两高”《关于办理职务犯罪案件认定自首、立功等量刑情节若干问题的意见》对自动投案规定了具体的认定标准，即“犯罪事实或者犯罪分子未被办案机关掌握，或者虽被掌握，但犯罪分子尚未受到调查谈话、讯问，或者未被宣布采取调查措施或者强制措施时，向办案机关投案的，是自动投案”。本案被告人是接到电话后，尚未受到调查谈话、讯问，未被宣布采取调查措施或者强制措施之前到案，具备到案的主动性，完全符合该意见中关于自动投案的规定。某市监委出具的《到案说明》指出：2019 年 5 月 15 日，云南省纪委监委办理某州人大常委会原主任杨某某案时发现云南某公司董事长庄某与杨某某有不正当的经济往来问题，省监委随即对庄某启动了边控措施程序。2019 年 5 月 21 日，庄某根据某州监委的电话通知到州监委接受调查，并被采取留置措施。这份证据足以说明庄某自动投案。某市公安局出具了《关于对庄某有无违法犯罪记录审核的情况》，审核结果为：庄某未发现违法犯罪记录，不是网上在逃人员。这足以证明庄某未被司法机关控制。2019年8月20日，某市公安局治安管理大队民警对庄某进行有无犯罪记录及前科劣迹的审查，审查结果为：经“彩云智搜”和“全国在逃人员信息系统”的查询比对，庄某在我辖区未发现有违法犯罪记录、不是网上在逃人员。这说明犯罪事实和犯罪嫌疑人均未被掌握，这时自动投案的价值最大，依法可以在基准刑之上从轻、减轻40%以上的刑罚。

庄某在接受调查期间，积极主动配合调查，其供述的内容是办案机关未掌握的犯罪事实。某市监委出具说明：庄某在接受调查期间，积极主动配合调查，主动如实供述监察机关未掌握的犯罪事实。办案机关掌握案情有两个途径，一是庄某的供述，二是杨某某的供述，而杨某某的供述是在2019年8月7日，明显晚于庄某供述，结合某市监委出具的说明，足以证明在庄某供述前办案机关未掌握具体案情。《最高人民法院关于处理自首和立功具体应用法律若干问题的解释》第一条第一项规定：“犯罪嫌疑人向其所在单位、城乡基层组织或者其他有关负责人员投案的；……应当视为自动投案。”向纪检监察机关投案的，当然也应被视为自动投案。向纪检监察部门主动投案并交代罪行的以自首论，这有利于鼓励职务犯罪分子积极投案，符合刑法自首制度的立法精神。因此《关于办理职务犯罪案件认定自首、立功等量刑情节若干问题的意见》适应职务犯罪的办案实际，其规定在纪检监察部门采取调查措施期间交代罪行的，可以认定为自首。2017年施行的《最高人民法院关于常见犯罪的量刑指导意见（二）（试行）》规定，对于自首情节，综合考虑自首的动机、时间、方式、罪行轻重、如实供述罪行的程度以及悔罪表现等情况，可以减少基准刑的40%以下；犯罪较轻的，可以减少基准刑的40%以上或者依法免除处罚。

三、本案依法应适用旧法

庄某的行贿行为发生在《刑法修正案（九）》生效之前，其主动投案后主动交代行贿行为，应当适用修正前的《刑法》第三百九十条第二款的规定，可以减轻处罚或免除处罚。

依据某市监委出具的《关于庄某在接受某市监委调查期间有关情况的说明》，庄某在接受调查期间，积极主动配合调查，主动如实供述监察机关未掌握的犯罪事实。这一事实证明，庄某在被追诉前主动交代行贿行为。依据我国《刑法》的相关规定，在被追诉前主动交代行贿行为的，依法可以从宽处罚。我国1997年《刑法》第三百九十条第二款规定："行贿人在被追诉前主动交待行贿行为的，可以减轻处罚或者免除处罚。"2015年《刑法修正案（九）》进一步加大对行贿罪的处罚力度，发挥从宽处罚制度对于腐败犯罪防治之效果，对行贿罪减轻或免除处罚设定了更严格的适用条件，其将1997年《刑法》第三百九十条第二款修改为"行贿人在被追诉前主动交待行贿行为的，可以从轻或者减轻处罚。其中，犯罪较轻的，对侦破重大案件起关键作用的，或者有重大立功表现的，可以减轻或者免除处罚"。

本案中，庄某的行贿行为发生在2006年至2012年，这就涉及《刑法》第三百九十条第二款的时间效力问题。新旧法条的时间效力问题在理论和实务上一般采取从旧兼从轻的原则。由于《刑法修正案（九）》对行贿罪规定了更加严格的从宽处罚适用条件，故应适用修正前《刑法》，即对于2015年10月31日以前实施的行贿行为，适用修正前《刑法》第三百九十条第二款的规定，可以减轻处罚或者免除处罚。所以，对于庄某在被追诉前主动交代行贿行为的从宽处罚，应当适用修正前《刑法》第三百九十条第二款的规定，可以减轻处罚或者免除处罚。

本案中，庄某的行贿行为发生在《刑法修正案（九）》生效之前，其在接受调查期间主动交代行贿行为，应对其采取从旧兼从轻的原则，适用修正前《刑法》第三百九十条第二款的规定，可以减轻处罚或者免除处罚。

四、庄某对该地区经济的发展作出了积极的贡献，对本案的处理应符合国家关于企业家犯罪刑事政策的基本精神

为了实现对企业家人身和财产安全的保护，我国强调对企业刑事案件的被告人持宽容态度，以保护企业家的正当合法权益。

中共中央、国务院《关于完善产权保护制度依法保护产权的意见》中明确要求，"严格遵循法不溯及既往、罪刑法定、在新旧法之间从旧兼从轻等原则，以发展眼光客观看待和依法妥善处理改革开放以来各类企业特别是民营企业经营过程中存在的不规范问题"。最高人民法院在《关于充分发挥审判职能作用为企业家创新创业营造良好法治环境的通知》中提出，要充分发挥审判职能作用，依法平等保护企业家合法权益，为企业家创新创业营造良好法治环境。2019年10月18日，张军检察长在北京大学作《中国特色社会主义司法制度的优越性》专题讲座时强调，对于企业家，应当坚持“能不捕的不捕、能不诉的不诉、能判缓的判缓”三原则。2019年12月，中共中央、国务院印发的《关于营造更好发展环境支持民营企业改革发展的意见》提出，国家将加大对民营企业的刑事保护力度，营造公平竞争的市场环境、政策环境、法治环境，依法保护民营企业和企业家的合法权益。

具体到本案，庄某系云南当地纳税大户及龙头企业著名企业家，积极响应当地政府的某市某产业园区建设的号召，并给工业园区进行相关垫资，其为了解决云南某公司在园区入驻中遇到的问题请求杨某某给予帮助而给付财物，这属于特定历史背景下企业经营过程中存在的不规范行为。根据中央精神，应该用发展的眼光看待此类问题。

综上，庄某主观上是为了公司利益考虑，且在追诉前主动交代行贿行为，认罪认罚，表明庄某的人身危险性和主观恶性较小。在对企业家“宽容”对待的刑事政策背景下，建议对庄某可以判处缓刑。

五、庄某具有从宽处罚的量刑情节

（1）庄某认罪认罚，依法可以从宽处罚。

（2）未发现庄某有违法犯罪记录，没有前科，其主观恶性和人身危险性较小。

（3）本案中庄某只向杨某某一人行贿，未向多人行贿。

（4）这类不法行为是由当时的大环境造成的，请法庭充分考虑当时的营商环境。

案件结果

一审判处庄某构成单位行贿罪，判处有期徒刑2年。二审驳回上诉，维持原判。

案件评析

一、检察院审查起诉阶段，成功变更为轻罪名起诉

案件起初，公安机关对庄某以行贿罪移送检察机关，检察机关也欲以行贿罪对其进行审查起诉。律师接受委托后，详细查阅了全卷，并通过会见了

解情况，认为本案应属于单位行贿罪，而不是行贿罪。

行贿罪人身刑的量刑幅度包括：（1）5年以下有期徒刑或者拘役；（2）5年以上10年以下有期徒刑；（3）10年以上有期徒刑或者无期徒刑。单位行贿罪人身刑的量刑幅度为5年以下有期徒刑或拘役。

如果本案行贿罪成立，本案涉案金额为262万余元人民币和1万澳元，暂不考虑财产刑罚金问题，根据《刑法》第三百九十条和《最高人民法院、最高人民检察院关于办理贪污贿赂刑事案件适用法律若干问题的解释》第八条，行贿数额在100万元（含）至500万元，使国家利益遭受重大损失，属于情节严重。这意味着庄某将被判处5年以上10年以下有期徒刑。而如果可以变更罪名为单位行贿罪，人身刑量刑幅度则为5年以下有期徒刑或拘役。量刑的巨大差异，无疑是委托人和律师争取将行贿罪变更为单位行贿罪的最大动力。

单位行贿罪和行贿罪有很多相似之处。二者在客观方面都表现为给予国家工作人员以财物或在经济往来中违反国家规定，给予国家工作人员各种名义的回扣、手续费的行为；在主观方面都是直接故意且具有谋取不正当利益的犯罪目的。当单位意志的行为和单位利益与个人行为和利益相混同时，就需要根据案情，作出准确界定及区分。二者的区别主要有两点：第一，体现单位意志还是个人意志。《刑法》第三百九十三条对单位行贿罪作出规定，同时又规定因行贿取得的违法所得归个人所有的，依照行贿罪定罪处罚。可见，对行贿罪和单位行贿罪区分的关键标准就是看行贿所得利益的归属。第二，实践中，司法机关还常以行贿意志对二者进行区分，行贿意志体现的是个人意志则是行贿罪，体现的是单位意志则是单位行贿罪。

本案中，被告人的主观目的并非为其个人利益，而是为了单位利益，谋求公司的发展。向政府申请土地性质变更的报批手续和签署《国有建设用地使用权出让合同》等相关文件的主体均系公司，本案庄某作为云南某公司的控股股东，其对外活动实际上可以代表云南某公司，其行贿行为体现单位意志，获得的客观收益也归于公司。从行贿利益归属、行贿意志、行贿主体多方面考虑，本案应为单位行贿罪。

律师和检察机关既有理性沟通、共同释法、求同存异的协作，又有坚决的对抗。检察机关最终变更罪名为单位行贿罪进行审查起诉，无疑实现了单位行贿、“两高”关于依法保护民营企业家精神、认罪认罚等辩护目标。但是对于律师提出的庄某构成自首的观点，检察机关则坚决予以否定。其间，律师多次向云南省监委提交材料，反映公司的困难，争取对庄某取保候审，但过程艰难，收效甚微。

二、法院审判阶段，成功认定自首，并未处罚金

案件起诉到法院，争取认定自首是必争目标。律师通过查阅大量资料、案例，使检察院对自首没有异议，最终法院认定庄某的行为构成自首，并未处罚金。

本案符合自动投案和如实供述的要件，应当认定为自首，具体释理在辩护思路环节已论述，此处不再赘述。

同时，根据从旧兼从轻原则，对庄某不应并处罚金。起诉书指控的行贿行为时间在 2006 年至 2012 年，发生在 2015 年 11 月 1 日《刑法修正案（九）》实施以前，《刑法修正案（九）》对责任人的处罚比修改前重，依据“从旧兼从轻”的原则，本案应适用《刑法修正案（九）》实施前的 1997 年《刑法》第三百九十三条，即根据从旧兼从轻原则，适用 1997 年《刑法》第三百九十三条之规定，对庄某依法不应并处罚金。本案中，最终法院认定了自首，对庄某未判处罚金，最后判处庄某有期徒刑 2 年。

虽然对案件事实和法律分析都在预料之中，法院对案件事实、变更为轻罪名、自首、不并处罚金等辩护意见均予以采纳，但是仍有遗憾。

检察院在建议量刑时，没有考虑自首及相关刑事政策，量刑建议是 2 年到 2 年 6 个月。法院经审理认为，庄某属于自首以及本案适用从旧兼从轻原则的辩护意见，与本案查明的事实相符，也考虑了中央关于依法保护民营企业家的刑事政策。律师接受委托时确立的辩护要点、目标，全部实现，但是量刑却依然在 2 年以上，与律师预期有偏差，心中难免落寞。

司法审判的目标是在司法裁判中实现法律效果与社会效果的统一，案件裁判结果与事实、法律关系最为密切；同时，也会考虑社会效果、舆论导向、类案同判等多种因素。想起一位朋友曾说过的，“岂能尽如人意，但所有的付出，只为时代留下一点标注”。

承办律师：彭　坤　王　源

尹某贪污、受贿、行贿、滥用职权、诈骗、巨额财产来源不明案（二审改判）

竞合犯、吸收犯、牵连犯共存一案，二审从改变定性入手通过减少罪名数量降低刑期幅度的辩护实务

案情简介

尹某，案发前系内蒙古自治区乌兰察布市金融办副主任；2009年6月至2016年6月，任化德县财政局局长；2016年7月至2017年12月，任化德县政府副县长。2019年5月29日，尹某到乌兰察布市纪委监委投案，5月30日被赤峰市监委留置。内蒙古自治区赤峰市中级人民法院审理赤峰市人民检察院指控被告人尹某犯贪污罪、受贿罪、行贿罪、巨额财产来源不明罪、滥用职权罪、诈骗罪一案，于2020年12月20日作出（2020）内刑初28号刑事判决书。原审法院认定：

（1）贪污事实。2009年至2014年，被告人尹某担任乌兰察布市化德县财政局局长期间，县财政局将国家的“一事一议”、转移支付等款项拨付到乡镇、科局等单位后，要求各单位向财政局返还部分资金，形成财政局账外资金。尹某利用职务便利，多次采取虚列工程款、公务经费、编造虚假退休手续、假借公务支出等手段套取、骗取、侵吞公共财物合计3702万元。2014年，内蒙古自治区党委巡视组巡视化德县前，尹某为掩盖其贪占资金的行为，采取补做虚假借款协议的方式将1562万元归还化德县财政局；2018年尹某担心其行为败露，又将556万元归还化德县财政局，合计归还2118万元。

（2）受贿事实。2009年至2016年，被告人尹某任化德县财政局局长、化德县人民政府副县长期间，利用职务上的便利，为他人谋取利益，多次非法收受他人钱款，合计213.6万元。

（3）行贿事实。2016年7月，被告人尹某被任命为化德县人民政府副县

长；2016 年 8 月，为感谢时任化德县委书记霍某某在其职务晋升过程中给予的帮助，尹某到霍某某办公室送给霍某某 20 万元；2018 年 10 月，霍某某将 10 万元退给尹某。

（4）滥用职权事实。2012 年 8 月，时任内蒙古自治区农牧区综合改革领导小组办公室副主任的易某某向时任化德县财政局局长的尹某借款 200 万元，并要求存入指定账户。尹某指使化德县财政局农村综合改革办公室负责人宋某某以“一事一议”项目套取资金，分别在化德县公腊胡乡、朝阳镇虚列项目款 50 万元、150 万元，并将此款汇入易某某指定的陈某凯的账户和赤峰市红山区新东华装饰材料商店的账户。易某某用此款偿还其个人债务，现已无法归还。

（5）诈骗事实。2008 年至 2014 年，被告人尹某编造“葛某”“郑某某”“刘某”相关信息，并办理了身份证，后用该三人身份证在化德县社会保险事业局办理了养老保险，骗取退休金合计 24.6 万元，被尹某及其侄女杨某某据为己有。案发后杨某某退还其占有的养老金 4.3 万元。

（6）巨额财产来源不明事实。被告人尹某个人及其家庭现有现金、存款、房产、贵重物品折合共计 4485.1 万元，尹某的家庭支出合计 1436.4 万元，除能够说明来源的家庭合法收入 1014.6 万元，贪污、受贿、诈骗等违法违纪所得及孳息 2625.5 万元以外，尚有 2281.3 万元不能说明来源。

该案一审判决：尹某犯贪污罪，判处有期徒刑 10 年，并处罚金 300 万元；犯受贿罪，判处有期徒刑 6 年，并处罚金 20 万元；犯行贿罪，判处有期徒刑 1 年，并处罚金 10 万元；犯滥用职权罪，判处有期徒刑 3 年；犯诈骗罪，判处有期徒刑 4 年，并处罚金 5 万元；犯巨额财产来源不明罪，判处有期徒刑 5 年；决定执行有期徒刑 18 年，并处罚金 335 万元，被告人尹某违法所得的财物及孳息、向霍某某行贿被退还的 10 万元予以追缴。

辩护思路

尹某涉嫌系列职务犯罪案由内蒙古自治区监委督办，指定赤峰市监委管辖，专案组查办历时半年，共形成办案卷宗 132 本。辩护团队接受委托时已经是二审上诉后，审限较短，各方压力都很大。时值春节期间，笔者带团队律师立即开展会见、阅卷、研讨，集中攻关 20 余天，形成初始意见后，新年刚过便带着问题再次会见。恰巧在看守所会见时，遇到前来提讯的内蒙古自治区高级人民法院法官，借此机会充分跟法官交流观点，并要求开庭审理，主办法官在认真听取辩护律师意见后说："如果我们认为一审判决有问题就开庭，如果一审判决没问题就不开庭。"大约半个月后，我们接到书记员电话，通知开庭，时间待定。

科学的辩护策略、律师团队的大量付出、及时有效的沟通是该案最终取得良好效果的关键。由于案情复杂且涉及理论界争议的定性问题，内蒙古检察机关阅卷将近2个月，这也给辩护团队更精准地分析案情，提出强有力的辩护意见争取了宝贵的时间。辩护人经阅卷并结合客观情况以及被告人尹某自行辩解的理由，确定了如下辩护思路。

（1）笔者认为一审法院在滥用职权罪、诈骗罪的定性上是错误的，均应以贪污罪论处，如果能够改变这两罪的定性，将数罪变为一罪或减少罪名数量，这样可以大大降低数罪并罚的最高刑；同时，贪污数额即使提高，对量刑影响也不大。辩护律师决定重点从改变定性入手，在确定案内证据没有争议的前提下，提出尹某仅构成一罪的辩护思路。

（2）在巨额财产来源不明罪中，一审法院合法财产数额的确定只凭最后一次讯问的数额（600万元），且在办案期间调取的由被告人家属提供的证据并没有在卷内出示，也没有采信尹某和其家属提出的比较一致的数额（800万元至900万元之间）。在定罪证据不充分的情况下，一审法院并没有坚持存疑有利于被告人的原则，而是将举证责任转嫁到被告人身上，这是对法律的误读，本案并不涉及举证责任分配，且公诉机关和审判机关不能排除存在合法来源的可能性。

（3）关于是否为全案自首问题，赤峰市人民检察院、人民法院认定对尹某揭发易某某一事不构成自首，即易某某供述在前、尹某供述在后。辩护人认为该认定与内蒙古自治区监委向赤峰市监委的回函是互相矛盾的，也与内蒙古自治区监委向尹某核实情况的时间是不吻合的，我们认为尹某揭发易某某的行为构成自首，即构成全案自首。

（4）一审法院判决尹某收取第二十三笔钱款的行为为贪污罪系事实认定错误，公诉机关并没有厘清2012年12月10日的550万元"保证金"系化德县借款利息、544万元系个人集资，即使认定2013年2月6日的550万元"保证金"替换544万元后所得的58万元利息应归属于化德县，但该利息中仍包含2个月的个人集资利息，该利息为合法收入，一审法院将该58万元全部认作贪污数额系事实认定错误。

在案件办理过程中，我们认为滥用职权罪和诈骗罪系定性错误，如果能够改变定性，将对案件结果产生实质性的影响，刑期将大幅度缩减，因此在辩护策略上，将改变二罪的定性、构成全案自首、认罪认罚适用作为重点攻关。

一、在滥用职权罪的认定过程中，公诉机关和一审法院均认为尹某犯滥用职权罪而非贪污罪，辩护律师认为在改变罪名的策略实施过程中需要解决两个问题

首先，笔者认为国家公职人员贪污的行为通常都伴随着滥用职权的行为，需要对是非法占有公共财物还是故意逾越职权或违规处理公务进行精准区分。从“主观见之于客观”的角度分析，化德县、公腊胡乡、朝阳镇的相关账目已平，年度会计结算终结，尹某已经完成了对财物实质上的占有、控制，行为人本身就是通过滥用职权的行为达到非法占有公共财产的目的。而滥用职权往往只要求给国家造成损失结果，而不需要行为人非法占有公共财物，尹某的行为不只是给国有资产造成了损失，而且其个人和他人共同占有了200万元公共财物，自平账时已完成对财物的实际控制。张明楷教授在《侵犯人身罪与侵犯财产罪》一书中支持这一观点，并讲解过类似案例：国有公司的负责人甲个人决定以单位名义无偿送给某民营企业2000万元，不要求该民营企业返还，收受了该企业10万元。张明楷教授认为，甲的行为构成贪污罪，即应将行为人的行为认定为贪污罪，当然同时也能肯定其行为成立国有公司人员滥用职权罪，二者是想象竞合的关系。

其次，本案还需解决另外一个核心问题，即赃款的去向是否影响贪污罪的认定。2003年《全国法院审理经济犯罪案件工作座谈会纪要》第二条第一项明确规定：“行为人控制公共财物后，是否将财物据为已有，不影响贪污既遂的认定。”根据该纪要的精神，贪污罪中无论贪污款项用途如何，应一概予以认定，贪污的赃款去向不影响犯罪成立。同时最高人民法院发布的指导案例“杨延虎贪污案”（最高人民法院指导性案例11号）中，在理解贪污罪“非法占有”的主观故意时指出，不能将“非法占有”理解为专指非法为自己占有，而是包括本人、特定关系人、其他第三人占有或者本人与他人共同占有。显然在本案中扎某某作为内蒙古财政厅的国家工作人员属于尹某的特定关系人。

二、在诈骗罪的辩护过程中，辩护的要点聚焦于尹某是利用“职务上的便利”还是利用“职务上的影响力”

（1）通过会见，辩护律师发现了直接影响案件走向的重要细节，即在伪造社保资料时申请的初始资料需要加盖社保局公章，否则无法进入审核流程，该行为已经完全超出一般意义上诈骗对事物的支配、控制程度，并确定以此为突破口，逐层推进。据此，辩护律师对社保的审批流程进行了客观的还原，得出一个结论，即在社保基金的预算、审批、发放上，财政局对每一个环节都有直接的影响力、作用力，实质上与社保局对社保基金都有着主管、管理、经手的权限。事实上，时任财政局局长的尹某能够干预所有环节，控制社保金发放与不发放、发放的多少与快慢，该能力完全是基于尹某“职务上的便利”而非“职务上的影响力”。

（2）从相反的角度分析，如果社保局局长刘某利用尹某的影响力办理此事，即尹某基于财政局局长的身份改变了刘某的思想和行为，通过刘某让材料进入审核流程，则可以推定刘某并没有陷入错误认识，未陷入错误认识而为一个没有相关管理权限的人递送材料进入审核程序，这样看来刘某涉嫌玩忽职守罪。但卷内并没有尹某和刘某其他共同的违规违纪行为的证据，且二人均为局长，互不隶属，财政局局长能对社保局局长产生什么影响力？产生多大的影响力？有什么证据表明产生的影响力足以让社保局局长违规违法办理此事？以上合理疑问均缺乏证据证实。

（3）最高人民法院主办的《人民司法》中有与本案相似的案例，该指导性案例所确定的裁判要旨，对人民法院审理类似案件具有指导效力。

【案例】国家工作人员利用职务之便骗取公共财物构成贪污罪（《人民司法》2015.24）

【案号】一审：（2014）潮平法刑初字第31号

【裁判要旨】国家工作人员利用职务上的便利骗取社会养老保险金的，构成贪污罪而非诈骗罪

三、在巨额财产来源不明罪辩护中，核心问题是对尹某家庭合法收入金额的认定

（1）尹某供述其家庭合法收入为800万元至900万元，其妻子第一次提

供了家庭做生意收入 925 万元的证据，第二次提供了 1520 万元收入的证据，最终法院依据公诉机关的起诉意见判定该笔合法收入金额为 600 万元，即以尹某 10 月的口供（最后一次讯问笔录）为认定依据。

（2）公诉机关采信尹某供述的 600 万元合法收入，对尹某提出的 800 万元至 900 万元的合法收入因无法“提供有效证据证明”而不予认定，法院最终采纳公诉机关的意见。笔者认为，将举证责任转嫁到被告人身上是对法律的误读，本案并不涉及举证责任分配问题，且公诉机关和审判机关不能排除存在合法来源的可能性与合理性，不能因为尹某无法提供证据证明，就武断地以最低 600 万元金额的供述作为合法收入的最终依据。

（3）《刑法》中对该罪名的规定，也说明被告人所承担的是解释责任，与举证责任有着本质的不同。对本罪罪状的描述用的是“说明”而非“证明”，法律条文的特点就是明确具体唯一，即使在一般人看来“说明”和“证明”的含义都具有较大区别，一审法院显然不应认为“说明”和“证明”是同义，巨额财产来源不明罪中被告人所应承担的责任是指无须提供印证材料的单纯解释性行为，也就说，被告人所承担的是解释责任，这种责任与举证责任显然不是同一回事。

（4）《全国法院审理经济犯罪案件工作座谈会纪要》第五条第一项规定，“不能说明”是指，行为人拒不说明财产来源；行为人无法说明财产的具体来源；行为人所说的财产来源经司法机关查证并不属实；行为人所说的财产来源因线索不具体等原因，司法机关无法查实，但能排除存在来源合法的可能性和合理性的。巨额财产来源不明罪源自我国特殊的历史条件，系出于对国家工作人员廉洁自律的要求和反腐工作的现实需求而设立，该罪名属于立法推定，基于推定财产来源不合法而适用举证责任倒置，可以说，该证明规则是在职务犯罪确实存在难以证实的情况下，权衡利弊作出的选择。但举证责任倒置只是无罪推定的一种特殊情形，因此其必须受自身规则的限制，才不至于与《刑事诉讼法》确立的公诉机关负有证明责任相悖，即被告人的举证责任属于相对有限的责任，其只需证明该事实存在的可能性大于不可能性，达到使裁判者对不利于被告人的证据产生合理怀疑即可。因此该纪要规定的第四种情况是指，财产来源虽然无法查证，但是只有排除来源合法、合理的可能，才属于“不能说明”，如果财产来源具有合法的可能性和合理性，就不能认定为“不能说明”。合法性、合理性仍由控告机关查证，与之相关联的对于合理的程度的理解，仍然按照无罪推定原则所衍生出来的存疑利益归属于被告的原则，这在司法实践中也有相关的判例支持，如梁斌受贿、巨额财产来源不明案［（2018）桂刑终 90 号］。

四、认罪认罚的适用辩护思路

在一审及二审庭审过程中，公诉机关认为，尹某虽然签订了认罪认罚具结书，但在一审庭审中对事实和罪名有异议，撤销认罪认罚符合法律规定。这里涉及三个核心问题：一是认罪是否应该对公诉机关指控的“所有犯罪事实”都承认，还是对“主要犯罪事实”予以承认？二是认罪要求既认罪行又认罪名，但对被告人辩解如何把握？三是公诉机关是否有权撤回认罪认罚具结书？

第一，所谓的事实、罪行，指的是主要犯罪事实，不必然是全部犯罪事实。“两高三部”《关于适用认罪认罚从宽制度的指导意见》（以下简称《指导意见》）第六条规定：“……承认指控的主要犯罪事实，仅对个别事实情节提出异议……不影响‘认罪’的认定……”

第二，认罪，认的是事实、罪行，辩解和持有异议不影响认罪。《刑事诉讼法》第十五条、《指导意见》第六条已经对此进行了规定。特别是《指导意见》第六条明确指出，虽然对行为性质提出辩解但表示接受司法机关认定意见的，不影响“认罪”的认定。对行为性质的辩解当然包括对罪名持有异议。

第三，反悔或者撤回具结书是犯罪嫌疑人、被告人的权利，检察院不能单方撤回量刑建议。《指导意见》第五十一条、第五十二条、第五十三条分别对犯罪嫌疑人、被告人在不起诉后、起诉前、审判阶段三个时间节点的反悔权作出了规定。可知，反悔权的主体是犯罪嫌疑人、被告人，且反悔能够使认罪认罚具结书失效。而并未规定检察院反悔或者撤回量刑建议的权力。依据现代法治原则，对于国家公权力机关而言，法无授权不可为。认罪认罚具结书虽然形式上属于犯罪嫌疑人、被告人的单方声明，但实质上是控辩合意的结果，司法公信力不容许检察院反悔或者撤回。

综合以上三个焦点问题，笔者认为，尹某在一审期间签订的认罪认罚具结书有效，其对部分事实和个别罪名持有异议，但承认主要犯罪事实，在对行为性质的辩解过程中，一审中未告知尹某相关法律规定和后果，致使尹某对上述内容的认识并不清晰，直接影响认罪认罚的认定。但事实上，尹某在一审和二审中都明确表示接受司法机关认定的意见，因此对尹某应该适用认罪认罚。同时本案应构成全案自首，根据“两高三部”《指导意见》，即使认罪认罚不与自首作重复评价，但应当在法定刑幅度内给予相对更大的从宽幅度。

案件结果

内蒙古自治区高级人民法院认同辩护律师提出的“滥用职权罪定性错误问题”，改判为贪污罪，认定尹某全案自首，以及二审中认罪认罚从宽的成功适用使得二审量刑幅度得到了有效降低——减刑 3 年，取得了辩护的实质效果。但对于诈骗罪的定性，内蒙古自治区高级人民法院认为，卷内并无用于“骗保”的初始资料等证据，不支持改变定性；巨额财产来源不明罪中，未采纳“排除存在来源合法的可能性和合理性资产”的解释，实质上采取了举证责任倒置，没有支持辩方提出的合法财产数额。

一审判处贪污罪有期徒刑 10 年，并处罚金 300 万元；对滥用职权罪判处有期徒刑 3 年，两个刑期加和应为 13 年。二审撤销滥用职权罪的定罪、量刑，认定构成贪污罪，在量刑上判处有期徒刑 11 年，并处罚金 310 万元。按照上诉不加刑原则，贪污罪量刑应为 10 年。

这里涉及一个上诉不加刑的解读问题，2012 年《最高人民法院关于适用〈中华人民共和国刑事诉讼法〉的解释》第三百二十五条第一款第三项规定，“原判对被告人实行数罪并罚的，不得加重决定执行的刑罚，也不得加重数罪中某罪的刑罚”，最高人民法院认为该条规则过于绝对和繁琐，不利于司法实践操作，因此作出了调整。最高人民法院研究室《关于上诉不加刑原则具体运用有关问题的答复》规定，“对于原判数罪并罚的上诉案件，在不超过原判决定执行的刑罚，且对刑罚执行也无不利影响的情况下，可以将其中两个或者两个以上的罪名改判为一罪并加重该罪的刑罚”，即原判对被告人数罪并罚的，在认定的犯罪事实不变的情况下，改判为一罪的，在对执行刑罚并无不利影响的前提下，可以在不超过原判决执行刑罚的范围内加重其中某一罪的刑罚。

案件评析

回顾尹某职务犯罪系列案件，该案从内蒙古自治区监委督办、专案组调查到审查起诉、一审判决，形成了完备、严密的定案依据和法律支撑。该案不但错综复杂，而且还涉及“吃项目款”“骗社保”“合法收入证明”等大量在职务犯罪理论上存在诸多争议的问题，本案辩护人认可控方和一审法院认定的基本事实，将辩护的重点放在对行为性质的辩解上。内蒙古自治区高级人民法院认同将滥用职权罪涉及的金额转化为贪污金额，从而降低了数罪并罚的最高刑，此外关于全案自首和认罪认罚的适用意见，法院也给予了充分的支持。

对于如何发现案件突破口，进行有效辩护，是一个值得思考的问题，没有相关的社会工作经历和长期的法学专门训练是很难完成的，这客观上也造成了无形的职业门槛。刑辩律师需要坚持不懈地学习和实践，不断吸取最新理论成果和指导案例的养分，形成自己的职业敏感，相信自己的专业判断，制订行之有效的辩护方案。尽管该案仍有遗憾之处，但从二审判决较大的降刑幅度看，已经获得了预期的办理结果，做到了有效辩护，最大限度地维护了当事人的合法权益。

无数的经验、教训告诉我们，无论如何强调法庭发问的重要性都不为过，在案件事实无法通过证据证实的情况下，法庭发问是最有效和最直接的方式。本案的关键事实为，上诉人通过社保局局长办理离退休手续，一审法院以社保局局长不知道上诉人提交的材料是虚假的为由，认定构成诈骗罪。上诉人的供述说，社保局局长不知道材料是虚假的，社保局局长的证言也说不知道是虚假的，这两份证据对辩护方非常不利，事实上他们不可能不知道。办理离退休手续需要多种材料，其中有些材料在十年前甚至二十年前就已经存在，比如招工审批表，必然是入职时就已经存在。因为机构改革，社保局的名称以前叫劳动局，公章也已经改变，当时的招工审批表不可能盖现在社保局的公章，因为在那时，社保局还不存在。政府的文件一般都有文号、各级领导的签字，需要存档，这一套程序下来，社保局局长如果说不知道，则违背基本的常理，且这些材料在档案馆可以查询，但是卷内并没有这些材料。作为辩护律师，就是要扭转这一不利形势，把案件真相呈现于法庭。做过的事肯定会留下痕迹，真的假不了，假的也真不了。在法庭上，我们按照时间逻辑，依据常理，抽丝剥茧，通过一个个问题，基本还原了事实真相，使各方不得不接受这一真相，这就是最有意义的辩护。正所谓天下大事必作于细，天下难事必作于易，把握好细节，从小问题着手，往往会取得意想不到的效果。

承办律师：彭　坤　于建新

钟某贪污受贿案（重审改判）

准确解读“拒不交代赃款去向导致无法追缴”，争取到再审大幅改判的辩护实务

案情简介

太原铁路某房建公司成立于2006年5月23日，于2011年12月9日撤销，是太原铁路局的下属单位；太原铁路房建总公司于2010年7月1日经太原铁路局党政联席会议研究决定成立，是太原铁路局的直属多经公司。

被告人钟某于2006年5月至2010年6月担任太原铁路某房建公司副总经理，2010年7月至案发前，先后担任太原铁路局太原铁路房建总公司副总经理、太原铁路局太原铁路房建段副段长（太原铁路某房建公司副总经理）。被告人钟某在担任太原铁路某房建公司副总经理期间，利用分管供暖工作的职务便利，在本单位与工程施工方山西万沈某建筑安装工程有限公司锅炉机电设备安装分公司、山西省某县建筑安装工程有限公司经济往来过程中，以提取“建管费”等名义要求该两家公司返还已结算的部分工程款，并转入被告人钟某本人以及由其实际使用的户名为邓某的个人银行账户，形成单位账外资金。2008年1月至2013年3月，山西万沈某建筑安装工程有限公司、山西省某县建筑安装工程有限公司及其负责人先后向被告人钟某本人以及由其实际控制使用的户名为邓某的个人银行账户返还工程款共计2 355 445元。被告人钟某收款后，除将部分款项用于给太原铁路某房建公司部分人员发放奖金外，将其余2 112 145元非法占为己有。赃款用于其本人及妻子杜某某个人炒股、购买基金等。

案发后，监察机关冻结钟某账户资金4269.72元；冻结邓某涉案银行账户资金81 199.81元；冻结杜某某保单一份（保费100 700.8元）、债券份额120 000元。

受贿事实：2009年2月16日、2010年2月10日，被告人钟某在担任太

原铁路某房建公司副总经理期间，在与供货方晋中某水处理工程有限公司经济往来过程中，先后非法收受该公司负责人刘某感谢费共计60 000元。

辩护思路

本案争议焦点为：（1）如何准确理解“拒不交代赃款去向，导致赃款无法追缴”？（2）如何认定单位领导研究决定设立“小金库”并为少数领导私用的行为？（3）贪污款项用于公务性支出的部分能否从贪污数额中扣除？

辩护要点如下：

（1）《最高人民法院、最高人民检察院关于办理贪污贿赂刑事案件适用法律若干问题的解释》（以下简称《贪污贿赂司法解释》）第三条第一款规定：“贪污或者受贿数额在三百万元以上的，应当认定为刑法第三百八十三条第一款规定的‘数额特别巨大’，依法判处十年以上有期徒刑、无期徒刑或者死刑，并处罚金或者没收财产。”本案中，法院认定贪污数额是2 112 145元，按照该条规定，量刑应在10年以下。另外，《贪污贿赂司法解释》第三条第二款规定：“贪污数额在一百五十万元以上不满三百万元，具有本解释第一条第二款规定的情形之一的，应当认定为刑法第三百八十三条第一款规定的‘其他特别严重情节’，依法判处十年以上有期徒刑、无期徒刑或者死刑，并处罚金或者没收财产。”本案被告人钟某的行为是否符合“其他特别严重的情节”是本案的关键点，原一审法院依据被告人拒不交代赃款去向，导致赃款无法追缴的事实，认定其属于“其他特别严重情节”从而升格处罚，这明显与立法本意不一致，“拒不交代赃款去向，导致赃款无法追缴”的立法本意是只要能够追缴，即使拒不交代赃款去向也应在法定刑幅度内量刑，不应使用《刑法修正案（九）》的规定升格处罚，案内证据足以证明赃款可以追缴，依法不能升格处罚。本案按照贪污罪20万元3年起刑，每增加40万元增加1年的刑期计算，贪污2 112 145元的基准刑为8年左右。

2014年实施的《最高人民法院关于常见犯罪的量刑指导意见》（以下简称《量刑指导意见》）规定，“对于积极赔偿被害人经济损失并取得谅解的，综合考虑犯罪性质、赔偿数额、赔偿能力以及认罪、悔罪程度等情况，可以减少基准刑的40%以下”，本案因贪污而造成的2 112 145元损失已于2018年2月26日全额退赔并且取得了被害单位的谅解，故可以减少基准刑的40%。

贪污罪虽不属于《量刑指导意见》列举的常见罪名，但根据《量刑指导意见》附则的规定，其他判处有期徒刑、拘役的案件，可以参照量刑的指导原则、基本方法和常见量刑情节的适用规范量刑。

《最高人民法院、最高人民检察院关于办理职务犯罪案件认定自首、立功等量刑情节若干问题的意见》规定，"犯罪分子及其亲友主动退赃或者在办案机关追缴赃款赃物过程中积极配合的，在量刑时应当与办案机关查办案件过程中依职权追缴赃款赃物的有所区别"。根据该规定，本案属于主动退赃，故在从轻幅度上应当大于司法机关依职权追赃的情形。该意见还规定，"贪污案件中赃款赃物全部或者大部分追缴的，一般应当考虑从轻处罚。受贿案件中赃款赃物全部或者大部分追缴的，视具体情况可以酌定从轻处罚"。根据该规定，贪污案件中的退赃相比受贿案件中的退赃而言，从轻处罚具有一定的刚性。

《量刑指导意见》规定："对于当庭自愿认罪的，根据犯罪的性质、罪行的轻重、认罪程度以及悔罪表现等情况，可以减少基准刑的10%以下。"本案被告人钟某当庭自愿认罪，可以按10%的幅度从轻处罚。

本案被告人钟某是2017年7月27日经太原市监委电话通知自行到案的，符合自动投案的构成要件；在原一审前钟某虽一直辩称，自己从工程项目中套取的款项用于单位公务开支，自己的行为不构成贪污罪，但对自己从工程项目中套取款项的行为以及套取的数额一直是如实供述的。赃款是否用于单位公务开支并不影响钟某如实供述的成立，至于在原一审前，钟某辩称自己的行为不构成贪污罪，属于对自己行为性质的辩解，根据最高人民法院的有关批复，行为人对自己行为性质的辩解不影响自首的成立。综上，辩护人认为钟某符合自首所要求的自动投案和如实供述两个构成要件，应认定为自首。参照《山西省高级人民法院〈关于常见犯罪的量刑指导意见〉实施细则》的有关规定，此种类型的自首可以减少基准刑的25%以下。

根据《量刑指导意见》的规定，当庭认罪和自首不能重复使用，本案如认定自首，退赔谅解加自首累计可以得到65%的减轻幅度，从8年左右的基准刑可以减到2.8年左右；如不能认定自首，退赔谅解加当庭认罪累计可以得到50%的减轻幅度，从8年左右的基准刑可以减少到4年左右。

根据本案现有证据虽无法进一步证明涉案的2 112 145元有用于单位的情形，但这种情形在事实上尚不能绝对排除，根据《贪污贿赂司法解释》第十六条之规定，请求法院量刑时酌情考虑。

针对贪污罪，钟某已委托亲属请求法院将扣押的约20万元钱款（81 199.81元在邓某账户，120 000元的债券份额）充当罚金，故请求法院可以作为一个酌定的从轻情节。

综合以上两个酌定情节，对钟某贪污罪的宣告刑，还可以在上述量刑基础之上酌定从轻，即使不能认定自首，也可以在4年以下量刑。

《最高人民法院关于适用财产刑若干问题的规定》第二条第一款规定："人民法院应当根据犯罪情节，如违法所得数额、造成损失的大小等，并综合考虑犯罪分子缴纳罚金的能力，依法判处罚金……"本案贪污造成的损失已经全部挽回，被告人因退赃已缺乏缴纳更多罚金的能力，故罚金数额以已被查扣在案的可供执行的20万元为宜，这一罚金数额也符合《贪污贿赂司法解释》有关罚金的规定。

（2）单位设立"小金库"有其历史原因，因部分涉案款项被用于公务性支出，钟某对该部分款项没有占为己有的主观故意，客观上也没有使国有财产受到损失，对该部分款项应从贪污数额中扣除。2009年中共中央办公厅、国务院办公厅印发《关于深入开展"小金库"治理工作的意见》的通知以后，全国各级、各部门均开展了全面治理"小金库"的行动。关于"小金库"的界定，中共中央纪委发布的《关于设立"小金库"和使用"小金库"款项违纪行为适用〈中国共产党纪律处分条例〉若干问题的解释》中将"小金库"定义为"违反法律法规及其他有关规定，应列入而未列入符合规定的单位账簿的各项资金（含有价证券）及其形成的资产"。中共中央纪委、监察部、财政部、审计署发布的《关于在党政机关和事业单位开展"小金库"专项治理工作的实施办法》中沿用了上述定义，并将"小金库"总结为七种表现形式：违规收费、罚款及摊派设立"小金库"；用资产处置、出租收入设立"小金库"；以会议费、劳务费、培训费和咨询费等名义套取资金设立"小金库"；经营收入未纳入规定账簿核算设立"小金库"；虚列支出转出资金设立"小金库"；以假发票等非法票据骗取资金设立"小金库"；上下级单位之间相互转移资金设立"小金库"等。综观上述规定可以看出，"小金库"在设立、管理、使用过程中均应经过单位的集体决策程序，体现单位意志。本案属于违规收费，从"小金库"设立的知情面、设置目的、管理以及经费的使用、受益来看，用于给员工发奖金的部分应予扣除，钟某本身就是替单位保管这些财产，实际上也按照单位的意志使用该财产。钟某是先将“小金库”资金用于公务支出后贪污，而不是贪污后再从赃款中支出公务费用，因此该部分应予扣除。

《贪污贿赂司法解释》第十六条第一款明确规定：“国家工作人员出于贪污、受贿的故意，非法占有公共财物、收受他人财物之后，将赃款赃物用于单位公务支出或者社会捐赠的，不影响贪污罪、受贿罪的认定，但量刑时可以酌情考虑。”该解释对贪污、贿赂犯罪既遂后，在行为人出于各种目的将赃款用于公务性支出或者社会公益事业的情况下如何认定犯罪数额的问题进行了明确规定，本解释强调的是非法占有财物之后，而本案钟某是先替单位保管并未自己占有，其只须对后来自己实际占有的数额负刑事责任。

（3）关于受贿罪，辩护人认为事实不清、证据不足，不能以犯罪论处。其一，被告人钟某的讯问笔录及当庭供述中均坚持认为证人刘某之前向他借过 3 万多元，刘某转账给他的 6 万元是还他的借款。刘某证言以及自书材料中，多次承认曾经确实跟钟某借过两三万元。至于刘某同时说向钟某所借的两三万元半个月之后就还给了钟某，由于钟某不承认，又无其他证据印证，故该事实不能认定。刘某翻证中称其从来没有向钟某借过钱。辩护人认为，该翻证不具有合理性，翻证不能被采信，刘某之前三次承认向钟某借过两三万元，所作证言自然、合理、稳定。其二，刘某在前三次的证言里均强调后面转账给钟某的 6 万元，与归还借款无关，就是给钟某的行贿款，因此这三次证言并无故意作伪证包庇钟某的可能。其在翻证中，倒是有可能在他人的指示下所作的伪证，是为了弥补其前面三次指控钟某受贿 6 万元证言的漏洞——其已归还钟某借款无证据证明。

辩护人认为由于钟某和刘某双方无具体利息约定，多归还的部分可以认定为受贿。关于借款数额，钟某说的是 3 万多元，刘某说的是两三万元，双方说法略有差异，但尚不足以排除钟某所说的借款为 3 万多元的可能，因此，也尚不足以排除多归还部分不足 3 万元的可能。由此，多归还部分虽可以认定为受贿，但由于可能不足 3 万元，从而可能达不到受贿罪的定罪标准，根据 2012 年《刑事诉讼法》第五十三条的规定，只有排除合理怀疑才能定罪，故该案受贿罪不能成立，只能作为违纪处理。

如法院仍坚持按受贿 6 万元定罪，也请求法院考虑被告人家属已代为全额退赃的情况，酌情予以从轻处罚。

案件结果

原一审法院判决被告人钟某犯贪污罪，判处有期徒刑10年6个月，并处罚金50万元；犯受贿罪，判处有期徒刑8个月，并处罚金10万元。

二审法院裁定撤销原判，发回重审。

重审法院认为，被告人钟某利用担任太原铁路某房建公司副总经理的职务便利，在其分管的供暖工程中，以“建管费”等名义将施工单位返还的结余工程款据为己有，数额巨大，其行为已构成贪污罪；被告人钟某利用担任太原铁路某房建公司副总经理的职务便利，非法收受供货方感谢费，数额较大，其行为已构成受贿罪。公诉机关指控罪名成立，被告人钟某犯数罪，依法应当数罪并罚，被告人钟某对公诉机关指控的贪污罪，当庭自愿认罪，酌情从轻处罚。对辩护人相关辩护意见予以采纳。关于被告人钟某辩解及辩护人认为指控受贿罪不能成立的意见，经查，本案证人证言能够充分证明被告人受贿犯罪事实，被告人钟某辩解及辩护人的该项辩护意见，不予采纳。关于辩护人认为被告人有自首的意见，经查，被告人钟某不能如实供述犯罪事实，不应认定为自首，辩护人对此的辩护意见不予采纳。最终法院判决如下：被告人钟某犯贪污罪，判处有期徒刑5年7个月，并处罚金30万元，犯受贿罪，判处有期徒刑8个月，并处罚金10万元；决定执行有期徒刑6年，并处罚金40万元。

案件评析

刑事辩护有两个基本纲领，一是证据事实，二是法律规范。法律人须以法律思维在证据事实与法律规范之间穿梭往来，对号入座，只有证据事实没有法律规范或只有法律规范没有证据事实均不构成犯罪，在证据事实与法律规范之间存在大量的灰色地带，存在着巨大的辩护空间，只有在证据事实和法律规范完全吻合的情况下才可以对一个人定罪量刑，但也不是一定构成犯罪。对事实的认定及对法律的解读往往会有不同的结论和观点，本案就是典型的案例。“拒不交代赃款去向，导致赃款无法追缴”的立法本意是只要能够追缴，即使拒不交代赃款去向也应在法定刑幅度内量刑，不应适用《刑法修正案（九）》的规定而升格处罚，案内证据足以证明赃款可以追缴，依法不能升格处罚。针对这一司法解释，一审、二审法院有不同的解读。

《贪污贿赂司法解释》第三条第一款规定，贪污或者受贿数额在300万元以上的，应当认定为《刑法》第三百八十三条第一款规定的“数额特别巨大”，依法判处10年以上有期徒刑、无期徒刑或者死刑，并处罚金或者没收财产。本案中，法院认定贪污数额是2 112 145元，按照该条规定，量刑应在10年以下。原一审法院认定钟某的行为属于《刑法》第三百八十三条第一款第三项规定的“其他特别严重情节”，依法判处10年以上有期徒刑并处罚金。结合本案，钟某在太原、北京均有可供执行的财产，并非无法追缴，原一审法院误解了该司法解释的本意，即使被告人拒不交代赃款去向，只要其有可供执行的财产，依法就不应该升格判刑，司法解释的落脚点是无法追缴，只要客观上有追缴的可能就不应升格判处，被告人如果交代了赃款去向，但无法追缴的，也不能升格判处刑罚。换句话讲，只有拒不交代赃款去向，同时又导致赃款无法追缴，才能升格判刑。

我们在二审阶段接受委托，办完委托手续立即启程前往太原市中级人民法院。经与主审法官充分沟通，法官同意宽延一些时间。这里强调一点，律师与法官的沟通技巧极其重要。首先，要充分尊重法官，以同理心拉近距离。其次，真正地以专业说理，有理有据，抓住要点，简明扼要。律师的观点真有依据，法官不仅会听还会采纳。在法庭上也是一样，常有律师抱怨发言被法官打断，其实律师更应当反思自己的表达是否做到了精简，因此沟通的方式、技巧非常重要。当天下午到太原市第一看守所会见，第一个问题是将上述法理精神掰开、揉碎、讲透，说服当事人，从专业上帮当事人树立信心；第二个问题很棘手，说服当事人退回赃款，这是个事实判断问题，存在很大风险，任何事情都不是绝对的，万一二审维持原判，当事人200万元的退赃就没有带来任何实际效果，律师承受着巨大的压力，当事人在短时间内作出抉择很困难，但是有些事必须当机立断，没有过多的时间考虑，对就对，错就错，结果都要面对、承担。这时律师的专业判断尤其重要，我们要坚持做自己认为正确的事。一审时的辩护律师，给当事人提的建议是退钱不退钱一个样，在这种情况下，正常人都不会选择退钱，结果导致一审升格判刑。幸运的是，二审时，及时发现了问题，有力地扭转了不利局面，最终太原市中级人民法院撤销原判，发回重审，重审大幅度改判。

承办律师：吴桂阳　彭　坤

拉某挪用公款案（二审改判）

利用“一审宣判前如实供述案情应当认定为自首”在量刑上争取更短刑期的辩护实务

案情简介

2011 年，时任西藏自治区林周县国家税务局副局长的被告人扎某某以其父亲的名义注册成立了林周县某物流有限责任公司。2013 年 4 月 19 日，旁多水利枢纽工程项目部将旁多水利枢纽工程耕地占用税款的 2387.16 万元缴纳至林周县财政局往来资金专户。2013 年 6 月 21 日，林周县国税局和林周县财政局将其中的 601.11 万元税款征收入库，剩余 1786.05 万元存于林周县财政局往来资金专户。被告人扎某某在得知林周县财政局往来资金专户上有一笔占存税款后，经与时任林周县国家税务局局长的被告人拉某共同商议，通过时任林周县财政局副局长的被告人布某某某批准，利用职务之便，假借“退税”之名，未经批准许可，于 2013 年 7 月 5 日，擅自将林周县旁多水利枢纽工程项目部上缴至林周县财政局往来资金专户的耕地占用税款 1786.05 万元挪至林周县某公司账户用于营利。随后，自 2013 年 7 月 11 日起，被告人扎某某、拉某将该笔款分批次借贷给山南某公司、河南某公司并从中收取利息。截至 2015 年 5 月，共计收息 540 万余元。至 2016 年 10 月 10 日，挪用的公款 1786.05 万元全部上缴至林周县国税账户。被告人扎某某于案发后上缴违法所得 251.4 万元，被告人拉某上缴违法所得 195 万元，被告人布某某某上缴违法所得 6500 元，一审赃款均暂存检察机关未移送；被告人扎某某于 2017 年 12 月 4 日被检察机关传唤到案，被告人拉某于 2017 年 11 月 15 日被检察机关传唤到案，被告人布某某某于 2017 年 11 月 15 日被检察机关传唤到案并如实供述。

辩护思路

辩护人在会见拉某时了解到：2017 年 11 月 15 日下午 7 时许，拉萨市国税局监察室打电话给拉某，说城关区人民检察院要找其协助一些案子的事情，具体哪个案子没有说。拉某自己驾车，直接到拉萨市国税局监察室。拉某属于自动到案，无人陪同，无人押送，明知检察院在市国税局监察室等待，仍自愿将自己置于检察院的控制之下，具有投案的主动性，符合自动到案的条件。在 2017 年 11 月 16 日第一次笔录中，拉某如实供述了旁多水利枢纽工程相关税款的征收使用情况，在笔录的后半部分，拉某基于恐惧心理不敢如实承认挪用了公款、获得好处，但是其仍然将案件的过程基本说清楚，其未承认挪用、获得好处不是为了逃避处罚，而是基于害怕、恐惧心理。做完第一次笔录后，拉某立即要求见城关区人民检察院检察长，检察长通知其他几位副检察长共 5 人到场，做了简单的笔录，拉某如实、详细供述了挪用公款、获得好处等具体细节，2017 年 11 月 16 日晚上 10 时左右到达看守所。

2017 年 11 月 17 日 14 时 17 分至 19 时做了第二次笔录，拉某如实、详细供述了案情。之后也完全供述了案情，供述稳定、一致，且多次写信给家人要求积极退款。

拉萨市城关区人民检察院城检侦终（2018）2 号侦查终结报告明确认定，犯罪嫌疑人拉某到案后能如实供述自己的犯罪事实；拉萨市城关区人民检察院城检反贪移诉（2018）2 号起诉意见书也明确认定犯罪嫌疑人拉某到案后能如实供述自己的犯罪事实，并建议对拉某减轻处罚。

根据我国《刑法》第六十七条第一款的规定，犯罪以后自动投案，如实供述自己的罪行的，是自首。对于自首的犯罪分子，可以从轻或者减轻处罚。其中，犯罪较轻的，可以免除处罚。《最高人民法院关于处理自首和立功具体应用法律若干问题的解释》（以下简称《解释》）对于自首的情节作出更加明确具体的规定，其意义在于鼓励犯罪分子自动到案，认罪认罚，洗心革面，不致隐匿于社会继续危害社会，同时也有利于分化瓦解犯罪分子，《解释》第一条第二项规定，犯罪嫌疑人自动投案并如实供述自己的罪行后又翻供的，不能认定为自首；但在一审判决前又能如实供述的，应当认定为自首。在最高人民法院《刑事审判参考》总第 6 辑第 41 号指导案例张某某故意杀人案中，该案被告人到案后前两次笔录未如实供述案情，后又如实供述，一审法院认定构成自首，判处死缓，检察院抗诉，二审判死刑立即执行，报最高人民法院复核，最高人民法院认为，被告人构成自首，可不立即执行死刑，未核准死刑。最高人民法院通过指导案例的方式确立了在一审宣判前如实供述犯罪事实可以认定为自首。本案中，拉某的情况与最高人民法院公布的指导案例基本相似，所以应该认定拉某构成自首，一审法院却没有认定自首，这从法律上、案件事实上都是有待商榷的。

本案中，拉某自动到案，第一次笔录虽未如实供述案件事实，但也未明确否认犯罪，且第一次笔录刚做完就立即向检察长如实供述了案情，之后的供述一直稳定，根据《解释》第一条第二款的规定，在一审前能如实供述的，应当认定为自首。《刑法》第六十七条第一款规定，犯罪嫌疑人犯罪后自首的"可以从轻或者减轻处罚"。《解释》第三条规定，"根据刑法第六十七条第一款的规定，对于自首的犯罪分子，可以从轻或者减轻处罚；对于犯罪较轻的，可以免除处罚。具体确定从轻、减轻还是免除处罚，应当根据犯罪轻重，并考虑自首的具体情节"，这就是说，是否对自首的犯罪分子从轻、减轻或者免除处罚，要联系自首者所犯罪行的社会危害性和人身危险性来决定。《最高人民法院关于贯彻宽严相济刑事政策的若干意见》第十九条规定，"对于较轻犯罪的初犯、偶犯，应当综合考虑其犯罪的动机、手段、情节、后果和犯罪时的主观状态，酌情予以从宽处罚。对于犯罪情节轻微的初犯、偶犯，可以免予刑事处罚；依法应当予以刑事处罚的，也应当尽量适用缓刑或者判处管制、单处罚金等非监禁刑"。本案中，拉某虽挪用公款巨大，但是能及时归还，未造成国有资产流失，且将挪用期间产生的利息全部上交给国家，使国有资产增值，其社会危害性和个人危险性相对来说较小，依据上述法律规定，结合本案事实，依法应对拉某减轻处罚，建议判处3年有期徒刑并宣告缓刑。

本案中，根据在案证据，辩护人认可拉某和扎某某都是主犯，但是，从案发的提议、具体操作过程、两人所获得的利益来说，扎某某的作用明显大于拉某，在不区分主从犯的情况下，建议在量刑上予以区分，对拉某从轻处罚，以彰显法律的公正、公平。

案件结果

二审法院认为，原审法院认定事实清楚，证据确实、充分，定性准确，审判程序合法，鉴于三上诉人挪用的公款已全部退回、非法孳息大部分已被追缴，未造成公款损失，且在二审程序中能够全面、如实供述犯罪事实，具有较好的认罪态度及悔罪表现，可酌情从轻处罚。拉萨市人民检察院关于对上诉人扎某某、拉某适当从宽处罚的出庭建议，符合已查明的事实，且于法有据，本院予以采纳；但关于布某某某适用缓刑的建议，本院认为，虽然上诉人布某某某相比其他同案犯所起作用较小，系从犯，但所起作用仍不可替代，尚不足以对其适用缓刑。综合其在共同犯罪中的作用及认罪态度、悔罪表现，本院对其予以适当从宽。同时，对于原审判决未折抵上诉人扎某某、拉某先行羁押期间，刑期计算错误的问题，以及上诉人布某某某已退回全部违法所得，应不再承担退赔责任的问题，本院予以纠正。在案扣押的林周县某物流有限公司相关证照，虽被用于实施挪用公款等犯罪行为，但不属于三上诉人犯罪使用的本人财物，且证照系持有人合法取得，应依法发还证照持有人，原判决中的没收处理不当，本院一并予以纠正。

根据《刑法》第三百八十四条第一款、第二十五条第一款、第二十六条第一款、第二十七条、第四十七条、第六十一条、第六十二条、第六十三条第一款、第六十四条，《刑事诉讼法》第二百三十六条第一款第二项之规定，判决：（1）撤销西藏自治区拉萨市城关区人民法院（2018）藏0102刑初187号刑事判决书；（2）上诉人扎某某犯挪用公款罪，判处有期徒刑6年6个月；（3）已上交至检察机关的赃款447.05万元，依法予以没收；对上诉人扎某某、拉某继续追缴违法所得92.95万元。

案件评析

本案事实清楚，证据确凿，事实方面没有辩护的空间，加之又是监委办理的案件，二审改判难上加难，在接受委托后，以“鸡蛋里挑骨头”的标准找一审存在的问题，一般情况下，二审纠错不纠偏，星星点点的小错误一般都无法改正，也不会改正，现实就是如此，只有存在实质性问题时才可能改正。律师阅卷后，发现对是否构成自首存在争议，在浩如烟海的案例中查资料，果真找到一个相似的案例，在最高人民法院《刑事审判参考》总第6辑第41号指导案例张某某故意杀人案中，该案被告人到案后前两次笔录未如实供述案情，后又如实供述，一审法院认定其构成自首，判处被告人死缓，检察院提起抗诉，认为不构成自首，二审法院改判死刑立即执行，报最高人民法院核准，最高人民法院认为，被告人到案后未如实供述案情，在一审判决前如实供述，依法应认定为自首，改判死缓。拉某挪用公款案件与张某某故意杀人案在自首方面的情况几乎一样，到案后都没有如实供述案情，间隔一段时间后才如实供述，张某某依法被认定为自首，拉某也应如此。为尽早解决问题，我们先与检察机关沟通，争取将解决问题的阶段前移，因为越往后拖问题越难解决，一旦检察机关同意辩护意见，到法院阶段阻力会小很多，辩护成功的概率就会提高。我们将指导案例作为参考资料提交给检察机关，本案的承办检察官曾在北京市人民检察院工作过，被借调到西藏，非常专业，经过充分沟通，检察官同意辩护律师的辩护意见，同意建议改判。以解决问题为导向，虽然定性没有改变，但是刑期减少了，上诉人的合法权益得到充分的保障，体现了二审法院的监督纠错功能，也体现了司法的灵魂——公正。

承办律师：彭　坤　侯晓宇

吴某受贿、玩忽职守、巨额财产来源不明案

二审期间遇到法律适用新旧衔接，正确选择辩护策略争取大幅改判的辩护实务

案情简介

被告人吴某2004年2月在包头市白云鄂博矿区人民政府担任科技副区长；2007年1月24日至2007年12月8日以及2008年8月11日至2011年期间，吴某分管白云鄂博矿区国土资源局、白云鄂博矿区交通局等部门的工作。被告人刘某某于1984年9月参加工作，2006年2月开始担任包头市白云鄂博矿区国土资源局党组成员、副局长。被告人张某某于1987年12月参加工作，2006年2月开始担任包头市白云鄂博矿区国土资源局局长；2008年3月到包头市白云鄂博矿区宣传部工作，2011年3月到包头市白云鄂博矿区组织部担任副部长。

2001年8月，阿拉腾巴根申请注册成立了包头市白云鄂博矿区某矿石厂(以下简称某矿石厂)，并申办了采矿许可证，露天开采，有效期至2006年1月1日。2004年12月19日，包头市某冶选有限公司法定代表人孙某某为了生产需要，与某矿石厂签订协议，即某冶选有限公司在某矿石厂范围内采矿，某冶选有限公司向某矿石厂缴纳相应的管理费并将所采矿石以市场价优先购买。某矿石厂在采矿证到期后，非法在区域外竖井开采。2006年1月2日，包头市白云鄂博矿区国土资源局向某矿石厂送达了责令停止矿产资源违法开采通知书，责令某矿石厂停止违法开采。2007年7月，某矿石厂采矿许可证被内蒙古自治区国土资源厅依法注销。2008年10月14日，包头市人民政府通告对58户非煤矿山企业予以关闭。被告人吴某身为分管包头市白云鄂博矿区国土资源局的副区长，被告人张某、刘某某身为白云鄂博矿区国土资源局局长、副局长，明知某矿石厂存在违法改变采矿方式和非法采矿行为，不能认真履行工作职责，对非法采矿行为未按有关规定依法处理，未尽到应尽的

责任和义务，存在严重的失职。被告人吴某、张某、刘某某对各自在任期内的非法采矿行为给国家造成的经济损失负有不可推卸的责任。

孙某某在2009年至2010年，分两次在包头市白云鄂博矿区人民政府马某某办公室，送给吴某好处费30万元；送给刘某某36 000元，送给张某20 000元及东芝牌笔记本电脑1台，价值5000元。

2012年，被告人吴某在担任包头市白云鄂博矿区人民政府副区长期间，以方便接待为名，让时任白云鄂博矿区工业园区服务中心主任的陈某某为其办理万豪国际酒店、海德酒店餐饮、住宿消费卡。张某办卡后，将金额为20 000元的万豪国际酒店、海德酒店餐饮消费卡各一张交给被告人马某某，并将办卡的费用40 000元按照公务接待进行了平账处理。案发后，侦查人员在被告人马某某处扣缴余额为15 176元的万豪国际酒店消费卡、余额16 311元的海德酒店消费卡各一张。

截至2013年12月，被告人吴某家庭中有银行存款、房产等折合共计3 889 143.33元，其家庭消费支出不低于660 603元。被告人吴某及其家庭成员能说明其来源合法且查证属实的折合1 598 147.64元，被告人吴某犯罪所得300 000元，尚有2 651 598.69元不能说明来源。

原审法院认为，被告人吴某构成受贿罪、玩忽职守罪、巨额财产来源不明罪，应数罪并罚。

辩护思路

因本案涉及新旧法律适用的衔接，为使本案能适用新法，辩护策略也应因时而变，尽量争取时间，因此选择无罪辩护，一般情况下法庭对无罪辩护的案件会更加谨慎，在对证据的采信上更加严谨，要求更高，所需时间相应较长。

一、吴某不构成玩忽职守罪

（一）吴某任职期间积极履行了相应职责

根据一审时公诉机关提供的相关证据和一审辩护人提供的相关政府文件可以确定，2007年1月前吴某未分管过国土资源局，2007年1月到2007年12月吴某分管国土资源局，2007年12月到2010年3月没有证据证明吴某分管国土资源局。而吴某在分管国土资源局期间，积极作为，完全履行了自己的法定职责，多次带领国土资源局的工作人员以及公安、安监、环保的工作人员到矿山现场检查，并责令停止生产，组织推倒违规进行生产的设施，对矿山采取断水断电的措施，对现场进行了查封，对违法行为进行行政处罚。其作为分管副区长已经履行了自己的职责。至于作出决策后，如何贯彻执行的问题，理应由国土资源局具体负责，或者由该局自行强制执行，或者由该局申请法院强制执行，作为分管副区长，吴某并没有代替分管的职能部门履行职责的权力和义务。

（二）原审法院据以认定吴某分管国土资源局的白云鄂博矿区人民政府（2008）49号文件不真实

一审时公诉机关提供的白云鄂博矿区人民政府白府发〔2008〕49号《关于调整政府部分领导工作的通知》的制发时间是2008年8月11日，而辩护人从白云鄂博矿区档案馆查询到的白府发〔2008〕45号文《关于印发白云鄂博矿区开展解决建设领域拖欠工程款及农民工工资专项治理活动实施方案》的制发时间却是2008年12月11日，45号文是关于农民工工资的问题，在年末发文处理这类问题是正常的，我们有理由相信45号文是真实的、合法的，而49号文的形成时间却在45号文之前，两份文件在时间上发生了颠倒，正常情况应该是45号文件形成的时间在先，49号文件形成的时间在后，我们看到的却与之相反。辩护人认为，49号文无证明力，不能作为裁判的依据。另外，一般而言，如果涉及政府领导分管事项发生变化，不仅仅涉及一个人，如果吴某分管了国土资源局，那么原分管领导不再分管的相关内容也会在文件中一并体现。所以，我们认为，从该文件的内容上看，存在重大疑点。我们一并向法庭提交的白云鄂博矿区人民政府（2008）24号、25号、34号文件也证明了如上怀疑，以上文件的形成时间也在49号文件之后。

（三）国土资源管理体制具有特殊性，分管副区长的权限受到一定的限制

根据现行体制，行政机关实行首长负责制，副区长是协助区长工作，对于分管的部门，副区长是通过组织、协调、配合等形式履行职责，而对于国土资源局而言，属于条块结合的管理体制，该局的具体业务由上级国土资源局领导，吴某虽然分管国土资源局，但无权决定国土资源局的干部任免工作，也不能对国土资源局的具体业务进行安排。因此，吴某在分管国土资源局期

间只能起到协调配合的作用，没有实质性的权力。

（四）原审法院根据吴某等人任职的时间“推算”其应当承担责任的数额的方法是错误的

我们注意到，原审法院是将白云鄂博矿区一段时间内出现破坏矿产资源而造成的损失、按照吴某等人任职时间进行推算，这种计算方法显然没有法律依据。吴某任职期间，没有证据证明出现大规模的破坏矿产资源现象，吴某也忠实地履行了自己作为副区长的职责。

就造成白云鄂博矿区国家经济损失一节，在二审庭审中，相关证据显示，2008 年所谓的 3.6 万吨矿石是经包头市国土资源局及白云鄂博矿区人民政府同意运走的。关于阿拉腾巴根因非法采矿造成的损失数额，也存在一定问题，法院已经执行了大量款项，事实证明，并没有造成国家重大经济损失。

（五）张某、刘某某关于吴某分管国土资源局的时间及汇报相关事宜的供述不真实

张某在供述中说，其在 2006 年 4 月到 6 月发现了破坏矿产资源的情形并向吴某汇报；刘某某也供述，其在 2006 年 6 月发现某矿非法开采，并向吴某汇报。而实际上，此期间是其他副区长分管国土资源局，不是吴某分管，而张某和刘某某却均供述向吴某汇报了非法开采事宜，且吴某也给予了指示，该陈述显然虚假，同时考虑该二人作为直接责任人员，又系本案被告，其存在推卸责任的可能性，其所做供述并不可信。

（六）认定政府分管副职对职能部门玩忽职守的行为承担刑事责任不符合权责统一原则，不利于依法行政

我国刑法实行的是罪责自负原则，行为人只对自己的危害行为所造成的危害结果承担刑事责任，因此查明某一危害结果与某一行为之间存在因果关系是决定该行为人对该结果负刑事责任的客观依据。刑法中的因果关系是指危害行为与危害结果之间引起与被引起的合乎规律的联系，这种联系是行为人的危害行为和危害结果之间所具有的必然因果联系，而不是“一果多因”的偶然因果联系。根据《刑法》第三百九十七条第一款的规定，必须是国家机关工作人员玩忽职守致使公共财产、国家和人民利益遭受重大损失的方构成本罪，明确强调了“玩忽职守”与“公共财产、国家和人民利益遭受重大

损失”之间的因果关系。

在本案中，我们不否认，白云鄂博矿区的确存在破坏矿产资源的现象，但负有制止、处罚的直接责任部门应当是国土资源、矿山安全、公安等职能部门，是相关部门和相应工作人员的失职行为等多方面的原因导致了国家财产损失的情形。对于政府分管领导而言，其并不具有直接进行制止、处罚的法定职责和权力，而仅有敦促、协调等职责，这是由国土资源体制和我国行政权力分工的架构所决定的，政府分管副职并不能越权行使行政职权，根据权责统一的原则当然也就不应承担相应责任。

破坏矿产资源致使国家遭受损失的法律责任应由违法分子以及负有直接管理职权的国家机关行政人员承担，而不应由政府分管领导承担，更不能由政府分管领导承担刑事责任。按照原审法院的逻辑，发生了破坏矿产资源犯罪，就要由政府分管副区长承担刑事责任，一旦这样的判决生效并公之于世，将造成各级、各地政府相应领导的恐慌，既不符合罪责自负的原则，也不利于发挥刑法引导社会良性运转的规范作用。

二、吴某不构成受贿罪

（一）原审法院认定吴某构成受贿罪事实不清、证据不足

在本案中，吴某关于受贿细节的供述存在疑点，所谓的行贿人孙某某也当庭否认了行贿事实。

吴某在2013年12月7日的供述中称：孙某某给过他好处，分两次给了他30万元，第一次是2009年初，给了10万元，第二次是2009年下半年，给了20万元，他先拿回家放了一段时间就存银行了。吴某的该份供述不能与事实相互印证。钱存入银行，必然会有记录，侦查机关已将吴某及家人的所有存折、银行卡扣押，却没有搜集到吴某将受贿款存入银行的证据。就该供述，本案一审时，吴某称其遭到刑讯逼供，这份有罪供述有可能非法获取。依据2012年《刑事诉讼法》第五十六条第一款的规定，法庭审理过程中，审判人员认为可能存在本法第五十四条规定的以非法方法收集证据情形的，应当对证据收集的合法性进行法庭调查。根据2012年《刑事诉讼法》第五十七条规定，在对证据收集的合法性进行法庭调查的过程中，人民检察院应当对证据收集的合法性加以证明。现有证据材料不能证明证据收集具有合法性的，人民检察院可以提请人民法院通知有关侦查人员或者其他人员出庭说明情况；

人民法院可以通知有关侦查人员或者其他人员出庭说明情况。有关侦查人员或者其他人员也可以要求出庭说明情况。经人民法院通知，有关人员应当出庭。本案一审时，吴某本人以及辩护律师明确表示遭受刑讯逼供，法庭没有依法进行法庭调查，辩护人认为，该供述无证明力。

孙某某在一审开庭时当庭否认向吴某行贿，其以前的证言也多次反复，在侦查中承认向吴某行贿，但说不清钱的来源且无公司的财务记录，也没有其他证据予以佐证。

在被告人、行贿人的供述均否认受贿行贿事实，又无其他证据佐证的情况下，本案现有证据达不到《刑事诉讼法》规定的证据确实、充分的证明标准，不能排除合理怀疑。

（二）孙某某向吴某行贿没有现实意义

根据卷内证据反映，孙某某属于白云鄂博矿区通过招商引资引入的企业家，其自身就享受各种优惠政策，向他人行贿并无意义。尤其是2008年，其采区已被包钢整合，白云鄂博矿区政府已经没有了任何话语权，客观上，吴某已经没有可能为孙某某谋取利益，孙某某作为一个精明的商人，当然知道此种情形，不可能向不能为自己谋取利益的吴某行贿。

（三）吴某收取万豪国际酒店、海德酒店消费卡的行为不构成受贿罪

一审认定吴某在担任包头市白云鄂博矿区人民政府副区长期间，以方便公务接待为名，让时任白云鄂博矿区工业园区服务中心主任的陈某某为其办理万豪国际酒店、海德酒店餐饮、住宿、消费卡，已构成受贿，明显属于适用法律错误，其行为是公务行为，用于接待，方便工作，未采取任何违法方式，主观上不具有占有的故意，实际上也未得到该4万元，根本不符合受贿罪的犯罪构成要件；受贿罪与行贿罪是对合犯，如果吴某构成受贿，将导致行贿的主体无法确定，因此吴某对该4万元从法律上不可能构成受贿罪。一审认定吴某构成受贿罪，证据不足，不能成立。

（四）将个人不当使用消费卡的违规行为按照犯罪行为进行处罚将造成打击面扩大

长期以来，一些党政机关领导干部存在违规使用消费卡、会员卡用于个人消费的现象，违反了党员领导干部廉洁自律规定，是违反纪律的，情节严

重者，应当受到党纪、政纪的处分。但在本案中，原审法院将政府办公室负责人员交给作为政府副区长的吴某的消费卡的行为认定为受贿犯罪，显然是错误的，即便是吴某用该卡支付了个人费用，调离白云鄂博矿区人民政府后未将消费卡交回，应当责令其退回消费卡并由个人承担非因公支付的费用，但不能认定构成受贿犯罪。该判决一旦生效，定然存在打击面过宽的问题，混淆了违纪行为与犯罪行为的界限，不利于发挥党内法规体系对党员干部行为的约束作用，将产生刑罚权扩张带来的不良社会反应。

（五）侦查机关调查取证的程序不合法

青山区人民检察院 2013 年 12 月 6 日的询问通知书、12 月 7 日的传唤通知书均没有记载具体的起止时间，而询问、讯问地点均为青山区人民检察院，对吴某的拘留时间为 2013 年 12 月 8 日 19 时，侦查机关调查取证的程序违反 2012 年《刑事诉讼法》第一百一十七条关于传唤、拘传的持续时间不得超过 24 小时的规定，在不能保证犯罪嫌疑人的饮食和必要休息的情况下获取的供述是非法证据，依法应予排除。2013 年 12 月 6 日 16 时 9 分至 21 时 17 分所做的讯问笔录没有告知犯罪嫌疑人有同步录音录像，没有犯罪嫌疑人签字确认，在每一页笔录中没有侦查人员的签字。在青山区人民检察院、昆都仑区人民检察院有同步录音录像并且告知犯罪嫌疑人的讯问笔录中，吴某均不认罪，否认受贿事实，可见有罪供述与无罪供述不能相互印证；检察院没有告知犯罪嫌疑人有同步录音录像的笔录的行为违反 2005 年《最高人民检察院讯问职务犯罪嫌疑人实行全程同步录音录像的规定（试行）》，因此吴某的供述不能作为定案的依据。2012 年《刑事诉讼法》第一百一十八条规定，侦查人员应当让犯罪嫌疑人陈述有罪的情节或无罪的辩解，然后提出问题。本案中，在没有告知同步录音录像、没有犯罪嫌疑人签字的讯问笔录中只有有罪供述却无无罪的辩解，而且这些材料都是在检察院办公区制作的。2013 年 12 月 8 日，吴某被拘留后，告知有录音录像的笔录中，吴某提出了辩解，因此吴某的供述不能排除是非法取得，吴某的无罪辩解从程序上讲更具有合法性，应当采信。

三、认定吴某构成巨额财产来源不明罪证据不足

公诉机关指控吴某家庭财产、支出明显超过合法收入，有 2 651 598.69 元不能说明合法来源，差额巨大，一审法院虽然也剔除了一部分数额，但仍

然认定吴某的家庭财产明显超过合法收入，构成巨额财产来源不明罪。本案中，吴某对其家庭财产完全能说明来源，并且提供了详细的财产线索，如做过房产经纪、经营过牛奶生意、开过商店、倒卖过啤酒、销售取暖设备、收到政府招商引资返税的奖励等，但因时间久远，加之当时的票据很难保存到现在，特别是在从事房产经纪期间，吴某家人根据对商品房市场的预判，充分掌握了市场规律，投资房屋，赚取利润，这完全是合法的投资回报，比如，其向开发商购买房屋，先付一部分定金，按月还房贷，依据以往的房市情况，房价的上涨远超过银行的利息，利润非常可观；期房往往需要很长时间才能交付，在交付前，吴某家人就将房屋出手，将房产证直接办理至买受人名下，这种情况很普遍。而一审只简单计算了工资等事项，忽略了吴某家庭的其他合法收入，这种计算方法不科学、不合理；况且，吴某已提供过这些线索，公诉机关既有责任也有条件进一步收集相关证据，却未能进行详细的调查，故一审法院认定吴某构成巨额财产来源不明罪事实不清。

综上所述，辩护人认为，一审法院认定吴某构成受贿罪、玩忽职守罪、巨额财产来源不明罪没有充分的事实及法律依据，尚不能排除合理怀疑，恳请二审法院依法撤销原审判决，宣告吴某无罪。

同时，我们还要补充说明一点：即便原审法院对吴某构成受贿犯罪的认定正确，量刑也过重，应当予以调整。

由于我国《刑法修正案（九）》已经于2015年11月1日实施，对于受贿犯罪的量刑已经改变了原来单纯、机械按照犯罪数额进行处罚的不科学方法，修订后的刑法是按照“情节加数额”的方式计算。虽然“两高”尚未发布明确的司法解释，但吴某涉嫌犯罪的情节和数额显然未达到“数额特别巨大或者有其他特别严重情节的”档次，应当在“数额巨大或者有其他严重情节的”判处“三年以上十年以下有期徒刑”的量刑幅度之内，如果二审法院认为吴某构成受贿犯罪，则要根据《刑法修正案（九）》调整量刑，在三年以上十年以下量刑。

案件结果

二审法院维持内蒙古自治区包头市昆都仑区人民法院（2014）昆刑初字第289号刑事判决第一项、第二项、第三项中对被告人吴某、刘某某、张某犯受贿罪和被告人吴某犯巨额财产来源不明罪的定罪部分，即被告人吴某犯受贿罪、巨额财产来源不明罪；被告人刘某某、张某犯受贿罪；吴某判处有期徒刑6年。

案件评析

一审判决后，正值《刑法修正案（九）》公布，但是具体的量刑数额还有待司法解释进一步明确；二审的审限是固定的，如果司法解释迟迟不出来，将不能依据从旧兼从轻的原则适用新的法律，这样明显对被告人不利。这种情况下，辩护律师须充分展开程序性辩护，有理有据申请法官延期审理。同时我们也了解到，同一时期，国内很多地方的职务犯罪案件都在等新司法解释出台，出台之前大部分法官将案件中止审理，这样对被告人比较公平。本案在上诉期间，迎来了司法解释的出台，最终适用了新的法律，为被告人争取了较大幅度的改判，这类案件的改判不全是律师的功劳，也是被告人赶上了好的机遇。社会生活、环境发生了变化，法律为更好地调节社会秩序自觉、理性地修改，是法治进步使然。

承办律师：彭　坤

贾某受贿案

从证据上突破进行数额辩护、二审为被告人减轻6年刑期的辩护实务

案情简介

2007年12月至2010年5月，被告人谭某在担任山西省晋焦高速路煤焦管理站站长期间，在明知出省口煤焦管理站严禁“收黑放黑”的情况下，仍安排被告人指挥岗班长贾某等人，利用检查可疑车辆、查验补征煤炭可持续性发展基金、补收煤炭量差价等职务之便，私放部分无票拉煤车辆从非煤车道逃费过站，帮助拉煤车户逃避缴纳煤炭可持续发展基金等相关费用，并收受拉煤车户所送好处费。在此过程中，被告人贾某等人各自伙同指挥岗工作人员利用职务之便，具体实施假装检查以放行伪装拉煤车辆的行为。被告人贺某某等人各自利用职务，配合指挥岗人员共同实施相关“收黑放黑”行为。

其间，各个班组组长亲自或安排他人收受1935.5万元，然后按照事先商定，将所收的好处费依一定比例进行分配。其中送给站长谭某的好处费，是积攒够一定金额的整数，而在其办公室等地交给其他参与实施“收黑放黑”被告人的好处费是每次收钱当天下班后直接进行分配。

辩护思路

一、本案属于单位受贿

我国《刑法》第三百八十七条规定：“国家机关、国有公司、企业、事业单位、人民团体，索取、非法收受他人财物，为他人谋取利益，情节严重的，对单位判处罚金，并对其直接负责的主管人员和其他直接责任人员，处五年以下有期徒刑或者拘役。前款所列单位，在经济往来中，在帐外暗中收受各种名义的回扣、手续费的，以受贿论，依照前款的规定处罚。”本案是有组

织、有计划地收钱，分工明确、比例确定，不可能是某一人能完成的，一定是各行为人协作共同完成，体现的完全是单位的意志。多名行为人在集体意志指挥下统一实施的受贿行为，应以单位受贿定罪。

二、受贿数额的证明标准

被告方对本案受贿的基本事实没有争议，辩护焦点就集中在受贿数额到底是多少。受贿数额的大小是受贿情节的重要组成部分，直接影响量刑，关系被告人的生命权、自由权。因此，《刑事诉讼法》要求无论是侦查、起诉还是审判，均须做到犯罪事实清楚、证据确实充分。侦查、司法机关必须确凿无误地查明犯罪人、犯罪行为、受贿数额等对定罪量刑有决定性影响的事实，而且这些事实必须有确实充分的证据证明，本案原一审法院并未完全查明这些量刑事实。我国 2012 年《刑事诉讼法》第一百七十二条规定："人民检察院认为犯罪嫌疑人的犯罪事实已经查清，证据确实、充分，依法应当追究刑事责任的，应当作出起诉决定，按照审判管辖的规定，向人民法院提起公诉，并将案卷材料、证据移送人民法院。"因此，控诉方承担证明责任所要达到的证明标准是客观标准，即"犯罪事实清楚，证据确实、充分"。原一审法院依据煤焦管理站每天大约过多少辆车，根据车载量大小确定每车收钱数额，再乘以 365 天，得出每年受贿数额，再乘以年数，最终得出一个天文数字，这明显不符合 2012 年《刑事诉讼法》第一百七十二条的规定：据以定罪量刑的基础必须是确凿、合法的证据，绝对不能靠估算。刑事诉讼中，检察院代表国家行使公诉权，在一定程度上主导着诉讼活动，各方面的能力都远超过被告方，处于举证的强势位置；而被告人在刑事诉讼中，身体、思想均处于受强制状态，明显处于不利地位，虽然有辩护律师，但是辩护律师的调查取证权受到诸多制约，行使起来存在诸多障碍，因此，法律将举证责任分配给了公诉方，一审时，公诉人没有完成举证责任，在这种情况下，如果被告人能反证公诉方的指控不能成立，或者能说明公诉方的举证达不到排除合理怀疑的程度，法院则有可能不采信公诉方的意见，作出对被告人有利的认定，然而本案一审时忽视了被告人这一程序性权利。

在没有新证据的情况下，发回重审的案件不得作出与原审相同的判决，最高人民法院发布的指导案例明确了这个司法裁判观点，二审法院撤销原判，发回重审足以说明，二审法院不认可一审法院的判决，在没有新证据的情况下再作出与原审相同的判决会导致发回重审失去意义，重审与二审法院相矛盾。因此，公诉方必须承担举证责任，证明什么时间、什么地点、谁送给谁多少钱、面值多大、钱的来源及去向，否则就没有达到 2012 年《刑事诉讼法》第一百七十二条规定的证明标准。法无明文规定不为罪，法无明文规定不处罚。在刑事案件中，公诉人是诉讼程序的启动者，处于举证的便利位置，有足够的举证能力，而被告人在追诉过程中明显处于人身受限制的不利地位，因此对被告人应当适用无罪推定原则，证明责任应当由控方承担，如果举证不能，依法应作出对被告人有利的认定。

三、公务性支出是否应扣除

《最高人民法院、最高人民检察院关于办理贪污贿赂刑事案件适用法律若干问题的解释》第十六条第一款明确规定："国家工作人员出于贪污、受贿的故意，非法占有公共财物、收受他人财物之后，将赃款赃物用于单位公务支出或者社会捐赠的，不影响贪污罪、受贿罪的认定，但量刑时可以酌情考虑。"该解释对贪污、贿赂犯罪既遂后行为人出于各种目的，将赃款用于公务性支出或者社会公益事业，如何认定犯罪数额的问题进行了明确规定，强调的是非法占有财物之后用于公务性支出。本案为集体受贿，先拿出一部分用于购买办公用品、修建检查站，这一部分该如何认定，依据上述司法解释，虽不能从受贿数额中扣除，但是可以为被告人争取从宽处理的机会。

案件结果

原一审法院判决被告人谭某犯受贿罪，判处有期徒刑 10 年，并处罚金 2 万元。

重审法院认为，被告人谭某等 27 人利用国家工作人员职务上的便利，多次收受他人财物，为他人谋取利益，其行为构成受贿罪，且系共同犯罪；公诉机关指控的各被告人的犯罪事实清楚、证据确实充分，予以支持；但公诉机关指控的受贿数额部分缺乏证据，予以纠正；判决贾某犯受贿罪，判处有期徒刑 4 年，并处罚金 35 万元。

案件评析

开弓没有回头箭，刑事诉讼大多不可逆转，一旦错了，想改太难。本案原审以受贿罪判处被告人有期徒刑 10 年，并处罚金 2 万元；上诉后发回重审，以受贿罪判处有期徒刑 4 年，并处罚金 35 万元。从判决结果来看，重审辩护已经取得预期效果；但若从整个辩护策略来看，原一审第一被告人的辩护策略是错误的。这个案件共 27 位被告人，人数多，数额特别巨大，社会影响恶劣，法院临时租借电影院布置了大法庭，旁听人员 200 多人，这样一个大案件，原审时没有形成统一的辩护方案。主要领导，特别是第一被告百般推脱责任，认为自己能被从轻判处刑罚，殊不知犯了根本性错误。我国《刑法》第三百八十七条规定："国家机关、国有公司、企业、事业单位、人民团体，索取、非法收受他人财物，为他人谋取利益，情节严重的，对单位判处罚金，并对其直接负责的主管人员和其他直接责任人员，处五年以下有期徒刑或者拘役。前款所列单位，在经济往来中，在帐外暗中收受各种名义的回扣、手续费的，以受贿论，依照前款的规定处罚。"本案是有组织、有计划的收钱，分工明确，比例确定，不可能是某一人能完成的，一定是各行为人协作共同完成，完全体现了单位的意志，在集体意志指挥下统一实施，应以单位受贿定罪，对其直接负责的主管人员和其他直接责任人员判处刑罚。同一时期陕西省某地煤检站集体受贿案，案情与本案高度类似，法院最终认定为单位受贿，定性不同，结果当然是天壤之别，一个一般判处 5 年以下有期徒刑，另一个可以判无期徒刑。

重者恒重，轻者恒轻。本案有两个核心辩点：一个是单位受贿；另一个是从证据上突破，把数额降下来。有一分证据讲一分话，有九分证据不讲十分话。原审认定的数额不符合法律规定，是错误的。受贿数额能真实客观地反映案件事实和被告人的主观态度，是体现犯罪情节的重要方面；受贿数额少，说明被告人主观恶性及社会危害性较小，依据罪责刑相适应的原则，量刑必然较轻。从辩护方的角度看，这点尤为重要。除了犯罪数额，被告人在受贿中的其他表现，如有无索贿、严重违法等其他相关情节，是否给国家造成损失等，都是决定刑罚的重要因素，制订辩护方案时需严格把握。法律有规定，如果给国家利益造成重大损失，则要适用 2011 年《刑法》第三百八十三条第一款第一项中"情节特别严重的，处死刑，并处没收财产"的规定。如何防止出现情节特别严重的情况是制订辩护方案时必须考虑的因素。犯罪数额是最直观的，看得见、摸得着，其他情节都建立在数额这个基点之上，因此，数额辩护是重中之重。

判决是有惯性的，因为原审定性为受贿罪，重审必将受到影响。改变定性意味着对原审从根本上否定，会遇到诸多阻力，律师的辩护方向、思路显得尤为重要。有些可以弥补，如本案；有些案件根本没法弥补，只能永远尘封在布满灰尘的档案里。

承办律师：彭　坤

朱某受贿、挪用资金案

当案件存在讯问录音录像不完整等程序违法事项时启动非法证据排除程序的辩护实务

案情简介

一、受贿

2007年至2014年，被告人朱某先后利用其主管的市技师学院基建项目、担任市技师学院基建处处长职务、协助市民政局工会主席吕某某管理民政局基建项目的职务便利，非法收受、索取他人财物折合共计102.9164万元，为他人谋取利益，具体事实如下：

（1）2009年，被告人朱某利用协助市民政局工会主席吕某某管理民政局阳光花园基建项目的职务便利，为某公司在承揽混凝土业务方面提供帮助。2010年下半年，朱某与吕某某、阳光花园基建项目工作人员许某收受该公司负责人殷某混凝土回扣款37万元，朱某分得20万元。朱某在得知被调查之后，互相串供，欲用交到淄博某房地产开发有限公司财务的电梯款提成混淆本次涉案事实，以对抗调查。

（2）2007年，被告人朱某利用主管市技师学院基建项目建设的职务便利，与许某向某混凝土公司负责人殷某索要一辆大众宝来轿车给市技师学院阳光花园基建项目部使用，后约定该车辆抵7万元混凝土回扣款。2011年6月，许某与登记车主殷某签订了车辆转让协议。经鉴定，涉案大众宝来轿车价值为7.5164万元。

（3）2010年，被告人朱某利用主管市技师学院基建项目建设的职务便利，应某混凝土公司负责人殷某的请求，将市技师学院抵顶给山东某建工股份有限公司的一套房子及配套储藏室，转抵给某公司，抵顶价格为35.11881万元。2012年10月，朱某以59万元的价格将该套房子出售，将其中35万元转给某混凝土公司，该公司负责人殷某将房屋差价24万元作为好处费送给朱某。

（4）2009年，被告人朱某利用主管市技师学院基建项目建设的职务便利，以处理项目费为由，向时任某建工公司淄博分公司经理的许某索要现金20万元。

（5）2009年，被告人朱某利用主管市技师学院基建项目建设的职务便利，为某建工公司淄博分公司在工程款拨付等方面提供帮助，先后两次收受该公司经理许某、项目部负责人付某某所送现金1.5万元。

（6）2008年，被告人朱某利用主管市技师学院基建项目建设的职务便利，为淄博市某工贸有限公司在承揽基建项目外保温墙保温工程方面提供帮助。2009年收受该公司负责人朱某现金3万元。

二、挪用资金罪

2010年下半年，被告人朱某与许某利用管理基建项目账户资金的便利，从该账户挪用60万元用于购买淄博一诺房地产公司开发的一套商铺。2013年，许某将该商铺出售后返还挪用的60万元，并与朱某平分商铺收益27.9798万元，朱某分得13.9899万元。

辩护思路

一、启动非法证据排除程序

被告人多次说明被刑讯逼供，侦查人员以抓捕其妻子相威胁，并拍了视频给被告人看，迫使被告人认罪，自书认罪材料，依据2012年《刑事诉讼法》第一百二十一条的规定，侦查人员在讯问犯罪嫌疑人的时候，对于可能判处无期徒刑、死刑的案件或者其他重大犯罪案件，应当对讯问过程进行录音或者录像。录音或者录像应当全程进行，保持完整性。辩护人要求查看全部录音录像，结果录音录像不完整，且录音录像内容与书面供述材料不一致；自书材料程序违法，依据法律规定应当在自书材料第一页右上角注明接收时间及两名侦查人员签字，本案均不符合这些条件，且不能作出合理说明。根据上述司法解释，如果不能排除属于2012年《刑事诉讼法》第五十四条规定的以非法方法收集证据情形的，对有关证据应当依法排除；有关证据的真实性无法确认的，不得作为定案的根据。

二、起诉书指控的第一起事实

朱某收受殷某的好处，将市民政局阳光花园混凝土项目交给其承揽，该行为并非属于“利用职务之便”。我国《刑法》第三百八十五条第一款规定，国家工作人员利用职务上的便利，索取他人财物的，或者非法收受他人财物，为他人谋取利益的，是受贿罪。《全国法院审理经济犯罪案件工作座谈会纪要》第三条第一项规定，《刑法》第三百八十五条第一款规定的“利用职务上的便利”是指利用本人职务上主管、负责、承办某项公共事务的职权以及利用职务上有隶属、制约关系的其他国家工作人员的职权。也就是说，权力是“职务便利”的必要条件。受贿罪保护的法益是公职的不可谋私利性。受贿罪的本质是国家工作人员利用职务上的便利为他人谋取不正当利益，这种“便利”特指与职务具有必然的直接关系的“便利”。有职权，才有便利；没有职权，则没有便利。有权力，利用权力，谋取不正当利益。只有这样，才可以体现受贿罪“权钱交易”的本质，否则就不能成立受贿罪。

2009 年，市民政局在阳光花园建设职工住房，时任市民政局局长宫某，时任市技师学院工会主席、党委委员邵某某，市民政局工会主席、项目部负责人吕某某口头约定让朱某到市民政局项目部协助工作。既没有通过市技师学院、市民政局党委会或办公室研究，也没有正式的书面文件和相关手续。(见邵某某询问笔录：“我们单位党委会应该没有集体研究，如果党委会研究的话，我应该知道。”宫某询问笔录：“没有正式的文件或者手续，都是口头商定的。”吕某某讯问笔录：“这个事情就是宫某定的，没有通过市民政局会议研究，也没有向市技师学院出具聘书之类的书面文件。”)

由于委派朱某到市民政局项目部协助工作是几个人在私下商量决定的，那么此种行为实际上属于几个私人主体之间的民事委托行为。朱某将市民政局阳光花园混凝土项目交给殷某承揽并非利用其职务，而是行使宫某、邵某某、吕某某委托朱某负责市民政局项目工作的事务，该行为并非属于“利用职务之便”，而是“利用委托代理关系之便”。如果把与职务无关的民事行为认定为“利用职务之便”的公务行为，仅凭行为人具有的国家公职人员身份即认定其“利用职务便利”，显然是对“利用职务上的便利”作出的扩大解释甚至是类推解释，这与我国《刑法》解释原理相违背。因此，不能认定朱某有受贿事实。

三、起诉书指控的第二起事实

殷某提供宝来汽车的对象并非朱某。我国《刑法》第三百八十五条第一款规定，国家工作人员利用职务上的便利，索取他人财物的，或者非法收受他人财物，为他人谋取利益的，是受贿罪。无论是索取他人财物还是非法收受他人财物，都要求客观上行为人接受了他人财物。受贿罪打击的是钱权交易的行为，只有权，没有钱，不能成立受贿罪。

2007 年，殷某在朱某和许某的帮助下，承接了市技师学院阳光花园建设职工住房项目混凝土供应，殷某赠与一辆宝来汽车以顶 7 万元的感谢费，但是自始至终朱某都没有收受该车，该车一直是由许某使用。直到 2011 年 6 月 8 日，许某与该车车主殷某签订了车辆转让协议，名义上约定车辆按照68 000 元的价格卖给了许某，但是许某并没有支付相应的费用。（见朱某讯问笔录："……许某跟我说关于殷某提供给市技师学院阳光花园职工住房项目部使用的大众宝来汽车，他已经和殷某说好了，签了个协议，现在归他了，我答应说知道了。"殷某询问笔录："……和许某写了个协议，名义约定以 68 000 元的价格把我们之前送给许某的那辆车卖给了许某，我弟弟给许某打了个收条，实际上许某没有给钱，许某要求签这个协议实际是为了掩盖我们公司给他送车这个事。"证据有：殷某与许某签订的汽车购买协议，殷某出具的收到许某 68 000 元购车款收条。）事实上车辆就是提供给许某的。朱某不存在收受他人财物的事实，卷宗的证据也无法形成完整的证据链证明宝来汽车是朱某的受贿财物，那么朱某何谈受贿行为？

四、起诉书指控的第三起事实

朱某帮助殷某追回 35 万元混凝土款，该行为并非属于为他人谋取利益。依据我国《刑法》第三百八十五条第一款的规定，受贿罪的客观要件要求为他人谋取利益；依据第三百八十八条的规定，受贿罪还要求为他人谋取不正当利益。那么何为利益？张三借给李四 10 元钱，王五帮助张三从李四处要回了 10 元钱，这叫张三获得了利益吗？张三何来的利益？10 元钱本来就应该属于张三。我们可以认为，如果王五帮助张三从李四那里要回了 11 元钱，那 1 元钱算是张三获得的利益。同样的道理，殷某找到朱某寻求帮助："你能不能帮帮忙，新城建工欠我们公司 100 多万元的混凝土款好多年了，一直要不上来，……你在给新城建工拨付工程款的时候，能不能扣他们公司一部分工程款还给我们公司?”（殷某询问笔录）很明显，殷某为新城建工提供了价值35万元的混凝土，殷某理应拿到这35万元，朱某对殷某的帮助是合法的、正当的，请问这里朱某为殷某谋取到了什么利益呢?既然朱某没有为他人谋取利益，那此处认定朱某的受贿事实显然是不符合法律规定的。

市技师学院阳光花园职工住房项目部给山东某建工公司发了一份《交房通知》，约定将市技师学院阳光花园8号楼某房及配套储藏室转给某混凝土公司，以抵偿35.11881万元混凝土款。后殷某委托朱某帮其出售该房产，朱某、殷某在笔录中不约而同地说明卖房款多余的24万元是给朱某帮忙要回混凝土款的好处费。种种证据表明朱某与殷某之间形成了有偿委托法律关系，属于民法调整范围。新城建工欠某混凝土公司的100多万元货款多年了，殷某一直都没有要回来，委托朱某帮他要回拖欠款项，就连殷某自己也说朱某帮了他很大的一个忙，自己应有的权益被朱某争取回来，于是将卖房款多余的24万元作为殷某给朱某的委托费用，这是当事人之间意思自治的结果，不应认定为受贿事实。

五、起诉书指控的第五起事实

朱某先后两次收受许某、付某某的1.5万元不应认定为受贿事实。首先我们看许某、付某某交给朱某的1.5万元，都是在一个特定的情形下进行的。

（1）朱某的建业花园的住房正在装修，付某某（山东某建工公司项目经理）、李某某表示自己也帮不上忙，交给朱某10 000元现金让其买点家具；

（2）2009年下半年，朱某的母亲病重，付某某、许某探望老人时给了朱某5000元现金作为老人看病用的花销。

朱某、许某、付某某三人从2007年认识就开始共事，我们试想一下，在我们身边的同事，对方家里有婚丧嫁娶、乔迁之喜，我们也会自然地送上我们的心意，这是人之常情。许某、付某某在朱某母亲病重的时候送去5000元以表达自己的心意；在朱某住房装修之时送去10 000元以表对朱某的祝贺。在当时那种特定情形下，与其把许某、付某某给朱某这1.5万元理解为一种行贿行为，倒不如说是一种表达心意的行为更贴切。

如果我们硬要把朱某收受这1.5万元当作受贿行为，那么关于朱某先后两次收受许某、付某某1.5万元的事实是否能够认定朱某有为他人谋取利益。对此问题，辩护人与检察院起诉书中认定的第三起事实的意见一致（并不是为许某、付某某谋取利益），故不再赘述。

六、关于朱某不构成挪用资金罪的辩护意见

辩护人对公诉机关起诉书中指控被告人挪用资金罪的事实和罪名有异议，辩护人认为本案不构成挪用资金罪。我国《刑法》第二百七十二条第一款规定，公司、企业或者其他单位的工作人员，利用职务上的便利，挪用本单位资金归个人使用或者借贷给他人，数额较大、超过3个月未还的，或者虽未超过3个月，但数额较大、进行营利活动的，或者进行非法活动的，处3年以下有期徒刑或者拘役。本案中，挪用的资金是圣亚房地产尾号为2024账户上的资金，朱某、许某并不是挪用本单位的资金，不构成挪用资金罪，从卷宗的证据来看是许某写借据借用圣亚房地产的钱，并不是挪用资金。另外，许某挪用在先，朱某签字在后，朱某对许某挪用资金并不知情，而是后补的借据，朱某没有参与挪用资金犯罪。况且，圣亚房地产尾号为2024账户，不是共管账户，只有圣亚房地产控制使用这个账户。因此，朱某不构成挪用资金罪。

案件结果

被告人朱某犯受贿罪被判处有期徒刑5年，并处罚金30万元；犯挪用资金罪，判处有期徒刑10个月，决定执行有期徒刑5年6个月，并处罚金30万元。

案件评析

《最高人民法院、最高人民检察院关于办理受贿刑事案件适用法律若干问题的意见》（以下简称《意见》）第九条第一款所规定的“国家工作人员收受请托人财物后及时退还或者上交的，不是受贿”仅限于国家工作人员客观上虽然收受了他人财物，但主观上没有受贿故意的情形。在司法实务中，以下几种情形不构成受贿：第一，国家工作人员明确拒绝请托人给付的财物，请托人放下财物立即走人，来不及推掉，国家工作人员事后及时退还或者上交，这类情形足以说明其没有受贿故意；第二，在请托人给付财物时，因为客观原因不能拒绝，事后及时退还或者上交；第三，请托人在国家工作人员不知情的情况下，比较隐蔽地将财物置于国家工作人员支配的场所，国家工作人员发现后及时退还或者上交。

《意见》第九条第一款所规定的情形仅限于国家工作人员没有受贿故意的情形，所以只能从行为人主观上是否具有受贿故意来判断是否及时退还，不能“一刀切”。国家工作人员发现请托人给付财物后在合理的时间内退还一般能够表明国家工作人员没有受贿故意，都属于《意见》第九条第一款的“及时”。国家工作人员收受财物很久以后，听到风声或东窗事发后再退还，这种行为是犯罪既遂后的事后行为，完全符合《意见》第九条第二款的规定，当然具备受贿的故意。而国家工作人员是否具有受贿故意，又不能仅凭退还或者上交的时间作出判断；国家工作人员在什么状态下客观收受了请托人的财物，也是重要的判断依据。而且，在不同的案件中，收受请托人财物的具体情况与退还或者上交的时间，对判断国家工作人员是否具有受贿故意所起的作用可能并不完全相同。

要准确认定退还的财物是否从受贿数额中扣除，还要对《意见》第九条第一款与第二款的关系作进一步分析。《意见》第九条第二款规定：“国家工作人员受贿后，因自身或者与其受贿有关联的人、事被查处，为掩饰犯罪而退还或者上交的，不影响认定受贿罪。”《意见》第九条第一款只是为了说明客观上收受他人财物，但主观上没有受贿故意的，不成立犯罪。《意见》第九条第二款的规定，只是对常见的行为人具有受贿故意应当以受贿罪论处的一种列举。因此，只要行为人客观上利用职务上的便利收受了他人财物，主观上具有受贿故意，即使不符合《意见》第九条第二款的规定，也要直接根据《刑法》第三百八十五条的规定认定为受贿既遂。概言之，《意见》第九条第一款与第二款所规定的并不是 A 与非 A 的关系，或者说不是完全的对立关系。属于《意见》第九条第二款规定的情形的，当然应认定为受贿罪。然而，虽然不属于《意见》第九条第二款规定的情形，但基于非法占有的目的收受贿赂既遂后退还的，也应认定为受贿罪。

受贿、行贿、涉毒案件一般都比较隐蔽，客观性证据比较少甚至没有，这种情况下，被告人供述显得尤为重要。为准确打击犯罪、保障被告人合法权益，2014 年修订的《人民检察院讯问职务犯罪嫌疑人实行全程同步录音录像的规定》第二条第一款和第二款规定：“……讯问犯罪嫌疑人时，应当对每一次讯问的全过程实施不间断的录音、录像。讯问录音、录像是人民检察院在直接受理侦查职务犯罪案件工作中规范讯问行为、保证讯问活动合法性的重要手段。讯问录音、录像应当保持完整，不得选择性录制，不得剪接、删改。”在办案过程中，经常听当事人说，笔录中有些话不是自己说的，有些是被迫说的。比如，以逮捕被告人的家属或者继续查其他问题为威胁，强迫被告人签字，笔录的内容也不让被告人看。后来阅卷发现，笔录的内容和录音录像内容不一致，有些内容差别很大，辩护律师要求播放录音录像，办案单位找各种理由不提供，或仅提供部分讯问录音录像，此种情况下，辩护律师须依法启动非法证据排除程序。本案中有一个细节，侦查人员要求被告人自书认罪材料，播放了被告人家属的录音录像，以此威胁被告人，如果不写立即把被告人的妻子抓起来，这种情况下，一个正常的人为了保护家人，都会选择妥协，这种压力超出了人的正常承受范围，很容易导致被告人违背客观事实违心地供述，这样的证据必须依法排除，不得作为定罪量刑的依据。辩护实务中，关于审查讯问笔录的证据资格，《刑事审判参考》第 1166 号王某受贿案中有一个非常细致的总结：“讯问是否在刑事立案之后进行；讯问笔录是否明确载明讯问时间地点；讯问是否违反规定较长时间持续进行；讯问过程中是否保证犯罪嫌疑人饮食和必要的休息时间；讯问场所是否符合法律规定；讯问人员是否符合法律规定；讯问时是否告知如实陈述自己罪行可以从轻或者减轻处罚的法律规定；讯问笔录是否交犯罪嫌疑人核对或者向其宣读；讯问笔录是否由犯罪嫌疑人签名捺指印；讯问过程是否进行录音录像，等等。”如果存在刑讯逼供则一定排除；如果在被威胁情况下做的供述，只有在可能严重影响其如实供述的情况下才能排除，可见，不是所有在威胁的情况下所做的供述都能排除。

依据《人民检察院讯问职务犯罪嫌疑人实行全程同步录音录像的规定》第二条的规定，在朱某对此质疑的情况下，无法确保讯问笔录的合法性，也无法确保讯问笔录内容的真实性，故不得作为定案的根据。朱某辩称遭到刑讯逼供，并提供了相关线索，办案单位不能提供证据证明取证的合法性，又不能提供讯问录音录像，由于相关供述不能排除以非法方法收集的情形，应当作为非法证据予以排除。此外，基于重复性供述排除规则，除要依法排除未对讯问录音录像的供述外，后续的重复性供述可能也要予以排除。

2017 年“两高三部”联合印发的《关于办理刑事案件严格排除非法证据

若干问题的规定》第五条规定："采用刑讯逼供方法使犯罪嫌疑人、被告人作出供述，之后犯罪嫌疑人、被告人受该刑讯逼供行为影响而作出的与该供述相同的重复性供述，应当一并排除，但下列情形除外：（一）侦查期间，根据控告、举报或者自己发现等，侦查机关确认或者不能排除以非法方法收集证据而更换侦查人员，其他侦查人员再次讯问时告知诉讼权利和认罪的法律后果，犯罪嫌疑人自愿供述的；（二）审查逮捕、审查起诉和审判期间，检察人员、审判人员讯问时告知诉讼权利和认罪的法律后果，犯罪嫌疑人、被告人自愿供述的。"通过播放审讯时的录音录像，我们发现讯问笔录与讯问录音录像的内容有重大实质性差异的，该讯问笔录的相关内容应被排除。

关于讯问时间，《刑事诉讼法》未作出专门规定，但 2012 年《刑事诉讼法》第一百一十七条第二款规定，传唤、拘传持续的时间不得超过 12 小时，特殊情况不得超过 24 小时。个人的承受能力都有一定的极限，超过极限，任何人都无法承受，连续不断的疲劳讯问很显然是一种变相的刑讯逼供。2013 年最高人民法院印发的《关于建立健全防范刑事冤假错案工作机制的意见》第八条将疲劳讯问明确规定为非法取证方法。但是没有明确规定多长时间算疲劳审讯，这给辩护带来很大的困难，明明被告人被疲劳审讯，但是苦于没有具体的时间规定，导致犯罪嫌疑人的不利供述不能被排除。尽管法律没有对讯问持续的时间作出明确规定，但如果长时间连续讯问超出合理的限度(一般认为每次讯问不得超过 4 小时)，没有为犯罪嫌疑人、被告人提供必要的休息时间，使犯罪嫌疑人、被告人遭受难以忍受的痛苦而违背意愿作出供述，就应当认定为疲劳讯问，并依法排除有关供述。

近几年，非法证据排除较更早之前有明显的进步，但是实践中，还是经常听被告人反映，遭遇不同程度的刑讯逼供。因为犯罪嫌疑人在看守所，一切都是侦查机关掌握，很难提供证据线索，在个别极端的情况下，侦查人员为规避看守所的监控录像，将犯罪嫌疑人转所，在转所途中进行刑讯逼供，这种情况要求犯罪嫌疑人提供证据是不可能的。实践中，非法证据排除非常困难，我们一直有重实体轻程序的思维传统，认为刑讯逼供逼对了就没错，只有刑讯逼供逼错了，造成严重后果才予以纠正。法秩序对我们每个人都很重要，因为我们每个人都是潜在的犯罪嫌疑人，不要等自己成为被刑讯逼供的对象时才知道程序正义的珍贵，云南"杜培武案"、河南"赵作海案"等案件仍历历在目。

同时，手握权柄者对法律必须有敬畏之心，权力是一把“双刃剑”，是有边界的，一旦越界，前方可能就是万丈深渊。

承办律师：彭　坤

第六部分

其他类型案件

本部分介绍经济犯罪、职务犯罪之外的其他犯罪的辩护思路，选取了故意杀人罪，宣扬恐怖主义、极端主义罪的案例，旨在通过对常规犯罪案件的分析展示有效辩护的切入思路。

故意杀人罪和宣扬恐怖主义、极端主义罪是行为犯，在客观上没有太大的辩护空间，工作重点在于如何通过被告人的精神状态、言语行动等个性化因素证明行为人主观恶性小并适用法定和酌定从宽情节以减轻刑事责任。

行为人的家庭背景、成长经历，被告人的悔罪态度、是否得到被害人方的谅解以及被害人自身的过错等因素在此类犯罪的量刑中起到重要作用。

犯罪类型各有不同，但是辩护始终以找准辩点为要义，重者恒重、轻者恒轻。辩护思路要围绕案件的关键问题展开，找准法律依据，结合理论观点，从法律和情理上为当事人争取出罪空间。同时，要在案件进程中的每一个阶段从实体和程序上为当事人寻找有利的机会，在案件结果上为当事人争取最大的合法利益，这就是本人所倡导的有效辩护之道。

张某故意杀人案

故意杀人案二审积极赔偿，争取被害人家属谅解的辩护实务

案情简介

被告人张某与被害人孔某系大学同学，孔某向张某借了10万元并写了借条。2012年3月被告人岳母不幸离世，张某遂回家料理后事，把自己厂子的钥匙交给被害人孔某。张某返京后发现借条不见了。2012年4月3日下午被害人去被告人厂房时，被告人向其询问此事并要钱。被害人不认可借钱一事，双方因此发生争执，进而打斗，均有所伤，张某顺手拿起一把刀，朝孔某砍去，孔某被砍数刀，遂逃跑，但因失血过多，跑到厂房门口时倒下，张某追上后从路边捡起一水泥块向孔某后脑猛砸数下，致孔某重度颅脑损伤死亡。后张某逃至郑州，2012年5月20日在家人的陪同下去公安局自首，同年6月27日被逮捕，北京市人民检察院第二分院于2012年10月6日以故意杀人罪提起公诉，建议判处死刑，刑事附带民事诉讼原告人提起附带民事诉讼。

辩护思路

一、本案纯属由民间借贷纠纷导致矛盾激化引发的故意杀人刑事犯罪案件

被告人张某与被害人孔某之间并无太大矛盾，只是因为10万元借款纠纷没有及时处理好而使矛盾激化，辩护人反对检察院判处死刑的量刑建议。《全国法院维护农村稳定刑事审判工作座谈会纪要》规定，“被告人有法定从轻处罚情节的，一般不应判处死刑立即执行”。最高人民法院在《刑事审判参考》第289号指导案例刘某、李某某抢劫、诈骗案的评论意见中也有类似的论述：“在司法实践中，对于具有法定可以从轻、减轻情节的犯罪分子，如果认为罪行极其严重，对其可不予从轻、减轻处罚，仍然应当依法判处其死刑的，在决定是否必须立即执行死刑的时候，应当充分考虑这些法定从轻、减轻处罚

情节。原因在于，自首、立功特别是重大立功表现，在一定程度上表明了犯罪分子有悔罪之意，愿意接受国家法律的制裁，或者以实际行动补偿自己对社会的侵害，其人身危险性也有所减小，通过刑罚改造后复归社会的可能性较大。在对其不予从轻、减轻处理的情况下，如果仍然判处死刑立即执行，不仅会降低惩办与宽大相结合政策的社会感召力，而且也不能取得犯罪分子亲属和社会公众的同情。因此，对于具有法定从轻特别是减轻处罚情节的犯罪分子，一般不应适用死刑立即执行。”在《刑事审判参考》第476号指导案例赵某某故意杀人案中，该案被告人的杀人情节和本案相似，该案被告人仅因为发生口角而持菜刀朝被害人头部猛砍数刀导致被害人死亡，最高人民法院在死刑复核中认为，被告人确已准备投案而被抓获，应认定自首，可不判处死刑立即执行，故未核准死刑。举重以明轻，上述两个案例均未判处死刑立即执行，本案被告人虽然造成了被害人死亡的后果，但纵观被告人犯罪的全过程，被害人具有重大过错，被告人属于激情犯罪，不能被认定为手段极其残忍、罪行极其严重、情节特别恶劣，因此不宜判处死刑。根据《刑法》第四十八条第一款的规定，死刑只适用于罪行极其严重的犯罪分子。可见，立法对适用死刑的限制是极其严格的。是否属于“罪行极其严重”，应根据案件中各种可能影响量刑的诸多情节综合考虑，而不能简单地以犯罪所造成的危害结果来认定。因此，仅仅因为犯罪造成的严重危害后果而一律排除酌定从轻情节是违背立法原意的。

综上，建议法庭在量刑时，考虑被害人的过错等酌定从轻情节，根据案件具体情况，结合被害人过错的大小、被告人行为的危害后果等情节综合考虑，建议对被告人判处有期徒刑。

二、充分发挥民事赔偿、取得被害方家属谅解的作用

故意杀人的案件取得被害人家属的谅解对于争取对被告人的宽大处理至关重要。这就要求刑辩律师在办理侵害人身权利的案件时注意与被害方的沟通，尽量安抚被害人家属的情绪，并强调愿意通过民事赔偿弥补过错，努力获得对方的谅解，或至少以增加经济赔偿的民事途径减轻被告人的刑事责任。另外在庭审发表辩护意见时，辩护律师适时向被害方表达尊重和缅怀也是为己方塑造良好形象的重要方式。要记住辩护律师的终极目标是为被告人争取法律宽大处理，为了达成这一目标需要在言行态度上格外谨慎。

案件结果

北京市第二中级人民法院于2012年12月20日作出（2012）二中刑初字第2287号刑事附带民事判决，判处被告人张某犯故意杀人罪，判处无期徒刑，赔偿刑事附带民事诉讼原告70余万元。原告对民事判决部分不服提起上诉，被告人张某对刑事判决不服，提起上诉。2013年3月19日北京市高级人民法院作出终审判决：（1）准许孔某、徐某某撤回上诉；（2）维持北京市第二中级人民法院（2012）二中刑初字第2287号刑事附带民事判决主文第四项，即随案移送的扣押物品予以没收，发还被害人近亲属或变价折抵附带民事诉讼赔偿款；（3）撤销北京市第二中级人民法院（2012）二中刑初字第2287号刑事附带民事判决主文第一项，即被告人张某犯故意杀人罪判处无期徒刑，剥夺政治权利终身；（4）上诉人张某犯故意杀人罪，判处有期徒刑15年，剥夺政治权利3年。

案件评析

办理命案时律师压力特别大，一方面我们对受害方家属想方设法补偿，因为一条鲜活生命的戛然终止，带给受害方家属无尽的精神痛苦。人心都是肉长的，将心比心，被害方家属的苦难无法用金钱来衡量，我们能做的只是让被告人真诚地认罪悔罪。生命虽然无法用金钱来衡量，但是能些许安抚被害方家属，尽量多补偿家属几乎是唯一能做的；另一方面作为辩护律师，工作不容有失误，律师手里可是托着被告人的生命，这种压力，不亲身经历是不能理解的。

实务中常见的可能判处死刑的案件，主要有两类，一类是故意杀人的案件，俗称“红案”；另一类是涉毒犯罪，俗称“白案”。故意杀人案件，除了常规的辩护点，积极赔偿及取得被害人家属的谅解尤为重要。我们在接手本案之初就制定了包括二审的辩护思路，一审时，建议当事人家属向北京市第二中级人民法院缴纳部分赔偿款，即使被害方家属不谅解，也会获得从轻处罚，避免极端情况出现，如果能谅解则更好，同时也能避免被害方主张过高的民事赔偿。所有从轻的情节在一审时都已被考虑周到，上诉到二审，再进行赔偿，取得谅解，必然会在一审的基础上争取到更轻的判决。如果一审时草率赔偿，就会彻底失去跟办案单位谈判的筹码。法官从公正的角度考虑，为使双方都满意，一方面希望被害方多获得赔偿，一方面也不希望对被告方量刑过重。通过民事赔偿可同时满足双方的需求，所以很多法官都愿意积极促成民事部分的和解。作为辩护方，要充分掌握这一客观情况，把握好时间点，为被告方争取利益最大化。本案就是在这一思路的指导下，在二审时继续赔偿，取得被害方家属的谅解，最终由无期徒刑改判为 15 年有期徒刑。

任何辩护方案都存在风险，虽然事情的发展方向大部分会在计划之内，但是有原则就有例外，一个小小的因素可能会改变事情的走向，这些因素根本不是律师能左右的。可是，不管是好的结果还是坏的结果，最终都要被告人承担，所以，任何一个辩护方案必须向被告人及被告人家属说清利害关系，充分考虑风险，由他们自己做决定。

一个案件，两家悲剧。被告人与被害人是大学同学，关系紧密，家境都很好。案发缘于一次借贷纠纷，被告人张某主张，被害人孔某向其借了 10 万元，写了借条，2012 年 3 月被告人岳母不幸离世，回家料理后事，把自己厂子的钥匙交给被害人，返京后发现借条不见了。2012 年 4 月 3 日下午，被害人去被告人厂房时，被告人向其要钱，双方因此发生争执，发生了上述悲剧。被告人 48 岁，在会见时，我很难想象眼前这位看上去很稳重的人会是一名故意剥夺他人生命、犯下罪恶行径的被告人。案发时到底发生了什么，让这一位即将知天命的人如此疯狂？带着这些疑问，慢慢了解了被告人的经历——被告人只身来京打拼，开始租赁厂房，生产销售豆蛋白，生意由小到大，后来自己租了几十亩土地，兴建工厂，生意风生水起，家庭也比较幸福，有一个女儿当年读大四。按理说，被告人的工作生活是比较美满的，但是，突如其来的事件，将两个家庭的平静生活彻底打破。在数十次的会见中，被告人每次都反复问我一个问题："我会被怎么判？"其求生的本能更加重了其对不确定判决的恐惧，使其内心备受煎熬，不知道下一刻自己还能不能活着。死亡可怕，更可怕的是对死亡的恐惧，这种苦应属于人世间最难承受的苦。

一审时检察院建议判处死刑立即执行，受害方家属坚决要求判死刑，受害方家属的态度会直接影响法官的量刑考量。一审时，被告人家属提出赔偿给被害人家属 40 万元，未取得谅解，法院遂判处无期徒刑。在法定期限内，被告人提起上诉，北京市高级人民法院最终改判为 15 年有期徒刑。笔者认为，刑事案件也涉及私人之间的权利义务关系，法院在判决书中除考虑国家意志、社会公共利益外，也应充分考虑当事方的立场、利益，在达到法律效果的基础上兼顾社会效果，最终案结事了。作为辩护律师，我们希望被告人获得轻判，希望法院刀下留人，同时我们也呼吁每个人都要尊重他人的健康、生命，善待他人，愿每一个生命都能被温柔相待，让人间少一些悲剧。

承办律师：彭　坤

汪某宣扬恐怖主义、极端主义，非法持有宣扬恐怖主义、极端主义物品案

关于非精神病性精神障碍影响刑事责任承担和量刑的辩护实务

案情简介

汪某，案发前系北京市某职业学院在校生，因涉嫌犯非法持有宣扬恐怖主义、极端主义物品罪于2019年1月2日被羁押，次日被刑事拘留，同年2月3日被取保候审。因涉嫌犯宣扬恐怖主义、极端主义罪和非法持有宣扬恐怖主义、极端主义物品罪，2020年9月9日经北京市人民检察院第二分院决定逮捕，后羁押于北京市第一看守所。北京市人民检察院第二分院以京二分检刑诉（2020）151号起诉书指控被告人汪某犯宣扬恐怖主义、极端主义罪和非法持有宣扬恐怖主义、极端主义物品罪，并于2020年9月11日向北京市第二中级人民法院提起公诉，该院依法组成合议庭，对本案进行了公开审理。

辩护思路

笔者在接受委托后，得知汪某个人情况比较特殊，其家族基因中一支有精神病史（精神分裂症）。汪某4周岁就开始接受治疗，高中时因遭受校园欺凌，病情由此开始恶化，经北京安定医院诊疗，确认其患有广泛性发育障碍亚型之一：阿斯伯格综合征。从汪某的患病经历以及案发前的日常表现、诊疗记录分析、判断，该病症的恶化很可能造成了汪某辨认和控制能力的下降。据此，笔者将对其刑事责任能力的评定作为重要突破口，起初将工作聚焦在《精神障碍者刑事责任能力评定指南》（SF/Z JD0104002——2016）中关于刑事责任能力的评定依据上，但随着办案推进，不断出现影响案件走向的学术理论和司法实践问题，看似简单的责任能力评定变得日益复杂和棘手。笔者的思路根据现实情况发生了多次转换，经过全力争取，最终实现预定辩护目

标。现笔者将办案经过和办案思路做以下展示。

一、办理非精神病性精神障碍案件的基本方法

进行刑事责任能力评定时，首先应评定被鉴定人的精神状态，根据CCMD《中国精神障碍分类与诊断标准》或ICD《国际疾病及相关健康问题的分类》进行医学诊断，在医学诊断的基础上再考察辨认和控制能力受损程度，根据辨认或控制能力的损害程度评定责任能力等级。因此我们向办案机关提出，法医精神病医学鉴定的前提是该病症属于CCMD或ICD进行医学分类或诊断的范围。

汪某所患为广泛性发育障碍，具体为六大亚型之一的阿斯伯格综合征（广泛性发育障碍可以分为六大亚型：儿童期孤独症、非典型孤独症、rett氏综合征、童年瓦解性障碍、阿斯伯格综合征、待分类的广泛性发育障碍）。1993年世界卫生组织出版的《ICD-10国际疾病及相关健康问题的分类》已将阿斯伯格综合征归入广泛性发育障碍范围之内。且广泛性发育障碍属于器质性精神障碍，符合CCMD-3诊断标准，因此应当对汪某患有广泛性发育障碍亚型阿斯伯格综合征的情况进行鉴定，并以此结论作为刑事责任能力评定的依据。

而后，辩护律师根据病例以及密接人群评价情况，向办案机关提出法医精神病鉴定申请。北京市公安局监所管理总队司法鉴定中心出具了京公监管司鉴（2019）精鉴字第290号《精神病司法鉴定意见书》，结论为：被鉴定人汪某诊断为抽动障碍，实施违法行为时无精神病导致的辨认和控制能力障碍，评为完全刑事责任能力。辩护律师在研究这个鉴定意见时开始是一头雾水，因为所依据的抽动障碍是汪某儿童时期就有的诊断结论，也是案发前诊断结论中的次要诊断，而鉴定意见对其成年时期所患阿斯伯格综合征（案发前的主要诊断）却没有进行医学和价值判断。鉴定机关之所以得出该结论，笔者认为有以下原因：一是非精神病性精神障碍所涉范围极广，与精神病性精神障碍不同，并非由特定已知种类的精神病引起，且该概念相对较新，司法鉴定实践中病例较少，鉴定人员对此不一定有清晰的认识；二是在司法鉴定实践中，惯常的做法就是将非精神病性精神障碍排除在实质鉴定之外，不管是何种非精神病性精神障碍患者通过鉴定得出的结论都是唯一的，即评定为完全刑事责任能力人。

二、非精神病性精神障碍在办案中遭遇的困境及原因分析

我国在医学领域，精神疾病的概念是与国际医学接轨的。国际精神疾病（亦称精神障碍、广义精神病，为上位概念）通常分为精神病性精神障碍（重性精神病、狭义的精神病）和非精神病性精神障碍（轻性精神病）之称谓，其中精神病性精神障碍指严重的精神障碍，包括精神分裂症、情感性精神障碍、偏执性精神病、反应性精神病、脑器质性精神障碍等。该类患者的思维、情感、言语及行为与外界环境不相适应，接受现实检验能力受损，甚至完全脱离或歪曲现实，经常给家庭、集体、社会造成不良的影响和负担。非精神病性精神障碍指的是较轻的精神障碍，包括各类神经症、人格异常、心身疾病及病情较轻的精神发育迟滞与不够精神病程度的反应状态或情绪反应。该类患者大多能控制自己的言行，除有时影响工作效率外，对家庭和社会一般不会造成危害，能够料理自己的日常生活，基本能够维系原来的工作。

我国现行《刑法》仍沿用原名称“精神病”，但从立法原意上看是与国际医学概念接轨的，采用的是广义的概念。我国《刑法》第十八条规定了特殊人员不负刑事责任的情形，但是并没有对“精神病”的概念进行过界定，但如果仍以狭义的精神病（精神病性精神障碍即重性精神病）定义，不但与事实相违背，也与立法本意不符。在当前的医疗条件下，现有研究成果已经证明了许多严重的非精神病性精神障碍足以影响到行为人的辨认和控制能力。与此同时，最高人民法院在《关于刑法修改若干问题的研讨与建议》中指出：为了避免混淆，“精神病人”应修改为“患有精神疾病的人或精神障碍人”，但最终提交审议的草案使用的仍是“精神病人”。1997 年《刑法》遵循“可改可不改的不改”的原则，仍然沿用了“精神病人”这一用法。因此，我国《刑法》第十八条的“精神病”应当是指“精神障碍”这一更广义的上位概念，在外延上理应包含精神病性精神障碍和非精神病性精神障碍。

但是问题在于，对我国现行《刑法》第十八条中“精神病”的概念采用何种范围并没有法定解释，只有学理解释。故而这种从立法原意及体系分析推断出的“广义概念”不具有法律约束力，不能作为适用法律的依据。而在《精神疾病司法鉴定暂行规定》等具体操作性规定中，对精神障碍范围的规定通常以“由精神病引起”“严重”等前提来限定，将“精神病”等同于精神病性精神障碍，实质上将非精神病性精神障碍者排除在认定范围之外。反映

在本案中，该限缩解释的影响极其致命。阿斯伯格综合征为广泛性发育障碍亚型，属非精神病性精神障碍，在实际操作中，鉴定人员可以根据该病症在CCMD《中国精神障碍分类与诊断标准》中的章节位置直接作出结论（第1—6章为精神病性精神障碍，第7—10章为非精神病性精神障碍），鉴定人员若直接根据该分类作出评价，此时《精神病司法鉴定意见书》中所载的内容可能是完全出于形式上的判断，而非对该病症进行的实质评价。

不仅如此，即便家属和辩护律师对鉴定结论存有较大异议，但启动重新鉴定的程序也非常困难。根据我国《刑事诉讼法》规定，近亲属、辩护人只能提出启动精神病鉴定程序的要求，但最终精神病鉴定的程序是否启动由司法机关决定。在重新鉴定程序的启动上，是否达到启动标准也仅由权威机关判定，且无其他救济途径。本案中，辩护律师认为，该份鉴定仅对汪某儿时所患抽动性障碍进行了鉴定，对关键问题不具有现实评价意义，而案发阶段所患阿斯伯格综合征才是需要鉴定的核心内容，该针对性鉴定结论是汪某刑事责任能力评定以及量刑考量的重要参考。汪某在案发前出现病情恶化，即使未达到丧失或不负刑事责任的程度，但其辨认和控制能力也已经明显削弱，病情已经与其涉嫌的犯罪行为产生大概率的因果关联，而鉴定中心仅以抽动症的鉴定为依据对其作出具有完全刑事责任能力的结论，不能全面、真实、客观地反映实际情况。但办案机关仍作出了不同意进行重新鉴定的决定，鉴定结论具有垄断地位的主观判断给辩护造成较大的困难和障碍。

三、关于非精神病性精神障碍的辩护策略

由于司法精神病鉴定的高度专业性，绝大多数法律职业人存在知识和实践盲区，难以对专业鉴定人的意见作出质疑、判断、评定。但该鉴定不可避免地带有一定的主观性，如果司法人员对于鉴定人的鉴定结论全盘接受，那么结果将极易出现“一边倒”的情况。在本案中，辩护律师进行了三个方面的工作。

一是针对《精神病司法鉴定意见书》的结论采取相关行动。聘请具有专门知识的人，同时申请具有专门知识的人和鉴定人出庭，现场要求鉴定人对鉴定意见进行说明，并由具有专门知识的人进行质询并提出专业性意见。受限于该案中具有专业知识的人和鉴定人之间的师徒关系，虽未能实现预期目的，但在一定程度上影响了对该鉴定意见书权威性的撼动效果。辩护律师已

经和该具有专门知识的人进行过数次沟通，对于核心内容均已掌握清楚，主要利用具有专门知识的人出具的《精神病司法鉴定意见书》，从科学依据、鉴定步骤、鉴定方法、可靠程度等方面进行说明和阐述，通过质证使法官能够更好地发现鉴定意见存在的问题，确认应将而未将阿斯伯格综合征列入评价范围，以及该核心问题对审理结果的影响。

二是将阿斯伯格综合征作为影响量刑的重要因素进行单独辩护。辩护律师从鉴定意见应将而未将该病症列入评判范围入手，从专业角度对阿斯伯格综合征与案发的关联情况结合起来进行论证。有的辩护律师会质疑其能否在法庭上运用好专业医学的学术理论，这种基于身份的质疑是有一定道理的，但笔者在与专业人士进行交流的过程中发现，司法精神病鉴定专业人员对非精神病性精神障碍的专业掌握也比较有限。笔者认为，大胆而科学地运用权威理论作为支撑，必定会在一定程度上动摇法官的自由心证。我们通过深入研究该领域最具权威的著述——《阿斯伯格综合征完全指南》，结合阿斯伯格综合征个体体征之一，即患病者必然伴有异常强烈的兴趣模式，并且根据研究显示该类人群若存在长期焦虑、抑郁的临床状态，则高概率会出现对死亡话题的过分关注以至于失控，并有 1/3 比例的患者的认识和控制能力降低。汪某在北京安定医院诊断病例和现实表现出的症状完全符合以上描述，我们依据这种高概率的关联程度，动摇法官对《精神病司法鉴定意见书》的过分信任，即使在判决书中不会体现，笔者坚信法官也会在量刑中予以考量。

三是注意该病症中其他的重要因素。阿斯伯格综合征类属于广泛性发育障碍，这种发育障碍导致脑发育不完全，会造成认识活动的持续障碍以及整个心理活动的障碍，重要的临床表现就是边缘智商和情绪成熟度往往比实际年龄幼稚（情商低）。智力障碍范围包括边缘智力（IQ70-86），轻度智力障碍（IQ50-69），中度智力障碍（IQ35-49），重度、极重度智力障碍（IQ20-34）。检测结果表明汪某属于边缘智力。根据最高人民法院公布的参考性案例确定的审判规则，智力障碍范围与刑事责任能力的关系为：轻度及边缘智力多属完全责任能力，对部分初犯者可酌情评定为限制责任能力。辩护律师从这个审判规则出发，从作案动机、作案后表现、社会适应能力等角度对智力障碍情况与刑事责任能力之间的关联展开论证，这也是一个非常重要的辩点。

下面展示本案的辩护意见。

一、辩护人对该鉴定意见书有异议，故委托具有专门知识的人进行书证审查，通过审查发现该鉴定意见书在形式、程序及实体上均存在严重问题，缺乏科学性和客观性，依此得出的结论缺乏可采信性

（一）该鉴定意见书形式及程序方面存在的问题

（1）鉴定意见书缺项。按司法部鉴定意见书书写规范要求，鉴定意见书中应有鉴定过程、方法及标准。但在该鉴定意见书中并没有这些内容，违反了相关要求，造成鉴定意见书形式上的错误。

（2）鉴定意见书对检材使用不充分、不完整。委托单位提供的卷宗及病历材料是该鉴定意见书的检材，但鉴定人在调查材料一项中未对卷宗材料进行摘要。未对犯罪嫌疑人的讯问笔录进行摘要，缺少口供证据，不但影响证据链的完整，也影响刑事责任能力法学标准（辨认及控制能力）的评定。不了解犯罪动机、目的，犯罪嫌疑人对违法性及社会危害性的认识以及精神疾病与犯罪行为的关联性，是无法准确评定刑事责任能力的。

（二）该鉴定意见书实体方面存在的问题

（1）对送检材料进行书证审查是鉴定的重要方法，但该鉴定意见书的鉴定人未使用书证审查的方法进行鉴定。该鉴定意见书的鉴定日期及分析说明内容中均没有文证审查的描述，只有将文证审查与鉴定检查相结合，才能得出准确、客观的鉴定意见。没有文证审查，单凭鉴定检查是无法得出准确的鉴定意见的。

（2）该鉴定意见书的医学标准不充分。北京安定医院是三级甲等精神病专科医院。该院于2019年2月和9月对汪某的第一诊断均为：广泛性发育障碍，而抽动障碍仅是次要诊断。但鉴定人只认定抽动障碍的诊断，在没有充分依据的情况下排除了广泛性发育障碍，造成了医学标准不充分。医学标准是判定法定能力的基础，医学标准不准确、不充分，势必影响法学标准的判定。

（3）精神检查缺乏真实性。该鉴定意见书描述犯罪嫌疑人在精神检查时言语流利，但于同期（2019年9月18日）犯罪嫌疑人在北京安定医院做精神检查时，记录有“交谈时言语不流畅”，犯罪嫌疑人家属也介绍说：“汪某说话有口吃的现象。”言语不流畅也是抽动障碍的常见症状。故鉴定人的精神检查缺乏真实性。

二、汪某患有广泛性发育障碍（亚型之一：阿斯伯格综合征），该病症即使不属于精神病性精神障碍，但也应该在医学上进行评价，该病症与被指控犯罪之间存在关联，应在定罪、量刑中予以考量

《阿斯伯格综合征完全指南》是关于该病症的权威著述，该书指出，阿斯伯格综合征患者存在交流和情感控制上的缺陷，特别感兴趣的话题和爱好会控制他们的思想和时间，而且这些人的缺陷是终生的、稳定的。著述中的记载与汪某行为之间也是一一对应的。

（1）临床中约有四分之一的阿斯伯格综合征成人具有明显的强迫症临床症状，这与汪某不受控制地购买耳机的表现是一致的，汪某一共购买了四五百个耳机，而且相同型号的耳机就购买了二十多个。

（2）阿斯伯格综合征人群大部分时间处于焦虑状态，而且如果遭受严重的欺凌事件，会引发创伤后应激障碍，会更加陷入深度而长期的焦虑之中。汪某在上高中的时候遭受同班同学欺凌，鼻梁骨被打骨折，不能正常学习、生活，被迫休学。这与北京安定医院门诊病历 2019 年 9 月 21 日的记载“初步诊断：①强迫状态；②焦虑状态”也是相互印证的。

（3）阿斯伯格综合征个体会出现抑郁症状。情绪障碍的心理学和生理学模型指出，长期焦虑和抑郁会持续共存，即使汪某在诊断中未载明有抑郁状态，但长期深度、持续的焦虑必然伴随抑郁情绪。研究显示，如果该人群出现抑郁情绪，特殊兴趣会变得病态，甚至会极力关注与死亡有关的话题，约有 1/3 的成人的辨认、控制能力下降。回到本案，恐怖视频内载有的大量血腥、残忍的画面，如果让一个正常人观看，出于好奇可能会观看一两部，如果执着于收藏和观看较大数量的此类视频，绝非正常人能够忍受和理解的，汪某偏执于此，是与其患病相关联的。

结合阿斯伯格综合征人群表征、汪某的诊断结论和日常行为状态，可以判断出其病症与行为之间存在的关联性，在定罪量刑中应予以考量。

三、汪某自小患病属于边缘智商且情商幼稚，特殊经历和相对封闭、隔离的生活状态使其对社会事务缺乏理解，汪某完全是出于好奇观看、下载和持有恐怖视频，即使数量较大也要结合其他因素综合考量

据汪某周边共同学习和生活的人介绍，汪某胆小懦弱，从不惹是生非，在校没有不良记录，一直由家人全程照顾、管护，在学校遭到同学欺凌后，精神状态发生较大改变，甚至在汪某成年后，每天仍由家人接送上学，其与社会接触较少，社会同理心较之同龄人严重缺乏，对事物的认知能力不能以正常人的标准衡量。汪某从开始接触到下载恐怖视频完全是出于好奇，对个人行为的违法性认知远远不能达到同龄人的水准，其在供述中也称根本想不到会产生这样严重的后果。因此在评价汪某持有恐怖视频的客观行为时，要结合汪某的一贯表现、行为方式、手段、事后状态、智商情商表现等因素进行综合考量。

四、汪某传播恐怖视频，售卖动机单纯、售卖范围特定、售卖数量较少、案发时间短暂，也没有发生实害结果，不属于情节严重且法律上没有明确情节严重的具体标准

（1）汪某作为在校学生与恐怖组织、极端势力无任何关联，主观上并无散布恐怖主义、极端主义或者煽动实施恐怖活动的意图，即使存有视频 130 余部，但与那些出于传播恐怖视频、参加恐怖组织的犯罪分子有着本质的不同，其售卖的动机单纯，主观恶性较小，社会危害性不大。

（2）2020 年 8 月 27 日，北京市公安局反恐怖和特警总队出具的《关于对齐某持有视频内容的审查意见》确定齐某所持恐怖视频为 6 部，渤海新区公安分局临港派出所依据齐某持有量对其进行行政拘留 15 日的处罚。故依据现有证据，能够证明的是汪某售卖对象仅为齐某一人，其他售卖供述均未查实，孤证不能定案，故仅能认定售卖一起，不属于情节严重。

（3）司法的权威作用在于惩罚，更在于教育与预防，唯有兼顾惩戒与教化才能更好维系社会的稳定与长治久安。汪某系初犯、偶犯，具有坦白情节，且认罪认罚，按照最高人民法院及北京市高级人民法院关于量刑的司法解释和规范性文件的相关要求，可以在相应量刑幅度内对汪某减轻处罚，在对社会无害的情况下，恳请法官考虑案件的法律效果和社会效果的统一，作出符合法律而又兼顾人情的判决。

案件结果

在该案审查起诉和庭审阶段，我们积极与主办检察官、法官沟通，对是否构成“情节严重”、患病与犯罪之间存在高度盖然的联系、汪某特殊的成长经历和家庭背景等方面进行了广泛而深入的交流和沟通，对坦白、认罪认罚等情节进行了详尽的梳理，在公诉机关量刑建议为 5 年的情况下，法官最终采纳了辩护律师的观点，对“情节严重”未予认可，同时对患病情况、家庭背景等其他因素做了综合考虑。

北京市第二中级人民法院刑事判决书（2020）京 02 刑初 135 号判决如下：被告人汪某犯宣扬恐怖主义、极端主义罪，判处有期徒刑 7 个月，并处罚金 1000 元；犯非法持有宣扬恐怖主义、极端主义物品罪，判处有期徒刑 7 个月，并处罚金 1000 元；决定执行有期徒刑 1 年，并处罚金 2000 元。

案件评析

汪某案件从受理到结束历时半年，其所犯罪名敏感、特殊，直接由北京市人民检察院第二分院提起公诉，一审由北京市第二中级人民法院审判。其间，笔者多次与家属沟通，与精神病学专家交流，向检察官、法官阐述自己的观点，尽可能地让汪某的罪责降到最低。办案期间非常紧张、忙碌，因为错过任何一个点都可能让被告人面对更为严厉的惩罚。回顾整个办案过程，有以下几个方面的收获。

第一，从对《精神病司法鉴定意见书》书证审查入手，动摇其权威性和可采信性。我们委托具有专门知识的人进行书证审查，通过审查发现该鉴定意见在形式、程序及实体上均存在严重问题，缺乏科学性和客观性，依此得出的结论缺乏可采信性，对该鉴定意见提出了合理的质疑。即便办案机关认可其鉴定结论，但对该案的客观情况会有更为清晰、客观的认识，对汪某的病情有一个比较理性的认知，可以让办案人员知悉汪某确系患有精神障碍，但该非精神病性精神障碍是处于发展状态的，从焦虑、抑郁以及家庭精神病史角度看，病情影响到其辨认和控制能力。

第二，从被告人患有阿斯伯格综合征入手，在关联概率上影响量刑。对于该病症，辩护律师是存在知识空白的，多次请教有司法精神病鉴定经验的专业人士却未得到建设性意见。我们专门购买了书籍并咨询了北京安定医院精神病学专家，了解到阿斯伯格综合征系广泛性发育障碍的亚型之一，但在确诊时只能评定为广泛性发育障碍，辩护律师从这个角度进行分析突破，认为该病症即使不属于精神病性精神障碍，但也应该在医学上进行评价，该病症与被指控犯罪之间存在关联，应在定罪、量刑中予以考量。

第三，对于汪某的行为是否达到指控的“情节严重”据理力争。在法庭上，公诉机关认为，即使没有法律规定，从汪某持有量、售卖行为上看也已经完全达到了“情节严重”的标准，量刑建议在5年以上。如果认定为“情节严重”，那么辩护律师所做的所有工作都会因为刑期变得毫无意义，于是我们结合汪某所患病症与该类犯罪存在密切关联和最高人民法院公布的参考性案例中确定的审判规则对边缘智力的实际处理情况，从汪某的作案动机，售卖恐怖主义、极端主义视频的范围、收益以及没有造成他人实施恐怖袭击等后果分析，与公诉机关激烈对抗，论述其不构成“情节严重”，该辩护观点最终得到了法官的认可。

第四，立法的滞后性与医学的前瞻性不能有效衔接，是否会影响案件的公正审理？法律工作者有个基本思维，就是想尽办法让别人接受现有的规则，这种做法最符合自己的职业利益。而经济学、医学则是勇往直前，不断开拓，这也符合他们的职业利益，有如本案，在医学上已完全能诊断为阿斯伯格综合征，不具有刑事责任能力，但是法律没有及时修改，这时法官很难突破现有的法律规则而采用医学上的理论进行审判，这个问题目前还是无解，有待各方共同努力，完善立法，维护社会公序良俗。

在中国裁判文书网上检索，涉及该类罪名的犯罪只有7宗，至接受该案时，这是北京市唯一的一起涉及恐怖主义、极端主义案件，尽管被告人刚刚成年，系在校学生休学在家，同时根据一般人的判断，其精神也有一定的障碍问题，但是在羁押必要性审查上，办案机关依然按照最为严格的限制候审，不予取保候审。在与办案人员的沟通中，我们详细说明了汪某的个人基本情况，把冷冰冰的案卷文字用我们能够共情的话语表达出来，对刑法的惩罚、教育功能都进行了详细的阐述，目的就是让患有精神障碍的汪某减少刑期，尽早接受良好的治疗，尽早回归正常的家庭生活中，从刑辩律师的角度力争使社会最基本的家庭细胞稳定、健康。

承办律师：彭　坤　于建新

后　记

执业十余载，时光如白驹过隙，忽然而已。

这些年，作为一名刑辩律师，奔跑在祖国的大江南北，磨旧的公文包内装着的是不同的案卷和相同的期待。四季更迭，北国的风雪、南国的蝴蝶，见证着这一切。时至今日，为刑辩事业奋进的初心不改，而追求精细化、有效性辩护也镌刻入笔者的内心，成为笔者的办案原则。

本书是精选笔者十余年来办理的部分辩护成功的案例，根据案件性质分为六个部分：第一部分，侵犯财产类案件；第二部分，涉税、走私类案件；第三部分，生产安全类案件；第四部分，危害金融、市场管理等秩序类犯罪案件；第五部分，贪污、贿赂等职务犯罪案件；第六部分，其他类型案件。每个案例的写作逻辑结构为：案情简介、辩护思路、案件结果、案件评析。在本书中笔者结合十余年的刑辩经验，从办理案件如何进行有效辩护入手，介绍面对疑难案件的技术性应对策略，希望能给刑辩同仁以及即将踏入刑辩江湖的律界人士一些启迪和帮助，让入门者少走弯路。

提笔写书，经手过的案件像厚卷一页页在眼前展开：福建某企业家突然被刑事拘留，整个公司陷入严重危机，公司业务停滞、债权无法收回、债务无法清偿、工人工资无法正常支付，一时间，偌大公司濒临破产，笔者接手两个月后，被告人成功取保候审，企业因此“起死回生”；山东曹某某合同诈骗案，两次发回重审，历经四年，终审改判无罪；云南某著名企业，因涉嫌诈骗，公司高管被羁押，四个月后，全案无罪。律师界常谈一句话：“我们办的不是案子，而是别人的人生。”人生往往都是事情改变人，人不能改变事情，但作为刑辩律师，我们还是改变了一些事情。

刑法，既是善良公民的大宪章，又是犯罪人的大宪章。刑辩律师是被告人自由的捍卫者。自由是人类共同价值观中最具有魅力的核心价值，是生命个体最根本、最终极的追求。作为道德伦理规则最低标准的刑法，其根本属性决定了其强制力度较其他部门法严厉得多，违反了刑法，就意味着可能会受到剥夺财产、自由甚至生命等严厉制裁，因此刑事辩护直接关系到被告人的自由权、生命权，关系到被告人家庭的根本利益，也关系到中国特色社会主义法治理念在司法活动中的彰显。刑辩律师作为司法公正重要的“平衡器”，肩挑恪守服务和践行法治双重责任，一方面要坚持诚信，用自己的专业为委托人争取合法权益，另一方面要维护正义，与法院等司法机关保持良好的沟通关系，保障法律正确实施，避免伤害无辜。力求在两端中找寻最佳平衡点，是每一位刑辩律师应该努力的方向。

“为坏人辩护”？现实生活中仍有很多人对刑事辩护律师或多或少存在偏见，有着朴素正义感和道德观的社会大众很多时候不理解律师为什么愿意为“坏人”辩护，错误地认为律师是为了金钱而可以摒弃公平正义。对此，我想解释的是，首先，在我国，1982 年《宪法》就将辩护权作为一项宪法权利予以确立，刑事辩护权的行使与保护直接体现了我国公民人权保障的状况和法治文明的程度。其次，为委托人提供辩护是律师的天职，辩护的目的之一是防止冤假错案，在未进行深入透彻的取证、分析、推理之前，我们是无法准确区分有罪无罪和罪轻罪重的。如果按照大众朴素的逻辑，只有明显无辜的人才有权得到刑事辩护，就必然会导致大量无辜的当事人因得不到有效辩护而蒙受冤屈，这与社会主义核心价值理念背道而驰。保障犯罪嫌疑人和被告人能够获得有效辩护，落实保障人权的具体举措，是实现以审判为中心的诉讼制度改革的重心，也是实现社会公平正义的体现。这也正是赵作海案、佘祥林案、聂树斌案带给我们的启示。我们需要铭记，刑法是为所有人而定，不是为个别人所定，因为我们每个人都是潜在的犯罪嫌疑人。

律师是保障委托人权益，践行社会正义的职业。而刑事辩护是律师职业皇冠上的明珠，是站在法治第一线的战士。作为一名刑辩律师，我深切感受着中国法治的进步。目前我国的刑事司法环境正在不断改善，司法制度也在不断完善，律师作为新时代法治队伍的重要力量，应不断加强理论学习和经验总结，在实践中展示过硬的专业素养和严谨负责的工作态度。日日精进、久久为功，共同营造公平正义的社会主义法治环境，是律师队伍共同的使命与担当。

最后，在我的刑辩律师生涯中，吴桂阳律师是我的领路人，与我亦师亦友，给了我莫大的帮助，他的工匠精神、睿智沉稳永远值得我学习，借本书出版之际，奉上我诚挚的感谢！本书出版过程中，北京市盈科律师事务所管委会主任叶庚清律师、中国政法大学出版社牛洁颖老师给予了大力支持。案例整理、校对过程中，于建新律师、王源律师、曾然律师、马莉莉（实习）律师做了大量工作，在此一并表示衷心的感谢！

刑辩之路道阻且长，希望我们在独行时也能有雄兵在握的信心和底气。笔者暂将执业十多年的经验、教训凝结成这本书，奉献给读者朋友。

因职业立场、辩护职责等因素，书中观点可能存在对法律的不同解读。囿于笔者水平有限，成书过程不免有疏漏和错误之处，欢迎读者朋友批评斧正。

筚路蓝缕，以启山林。

彭　坤

2022年2月于北京